ネットとテープで作るバッグと雑貨の基礎BOOK

山本加那子

この本は、今までにないテープバッグの基礎本です。
誰もが作れるよう、
難易度順に5つのステップに分け
必要な技術を確実に習得できるようにしており、
ステップ作品の作り方は
写真プロセス解説で丁寧に説明しています。

また、ネットの切り間違いを減らすために
ネットの下に置いて使う実物大の型紙も付けました。

作り方が想像しにくいところがある、このテープ手芸。
綺麗に仕上げるにはコツも必要です。
何より、最初のネットを切る工程で失敗してしまう方も。
テープバッグにかかる費用は安くないので、
ここで間違えてしまうと途方に暮れる気持ちになるのもよく分かります。

一見難しそうに感じますが、工程としては単純です。
大人はもちろん、小さいものならお子さんでも作れますし、
実際わたしの子どもも幼稚園の頃から作っていました。

チャレンジしてもらうからには、必ず完成していただけるように。
そして、自分で作ったバッグを使う楽しみ、
褒められる喜びを味わっていただけるように。
そんな思いを込めてこの本を作りました。

今回掲載しているバッグは、
普段使いのしやすさに焦点を置きました。
フォーマルシーンだけでなく
日々のお買い物やちょっとしたお出かけ、お食事など、
様々な場面で使っていただけるようなデザインになっています。

まずは本の通りに作ってみて
慣れたら作品の大きさやパーツを変更してみるなど、
是非オリジナルのバッグにも挑戦して、
テープ手芸を楽しんでいただければ幸いです。

山本加那子

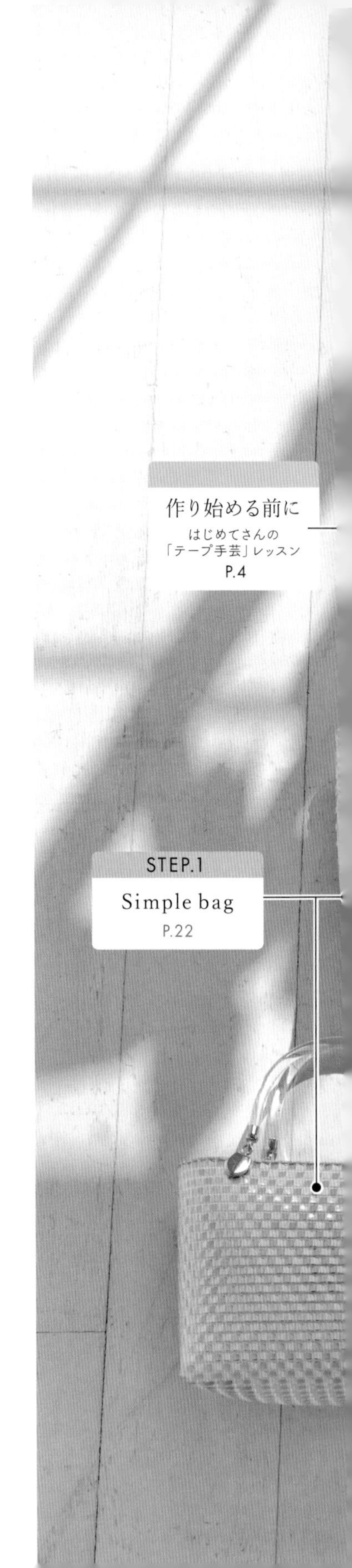

Contents

はじめてさんの「テープ手芸」レッスン

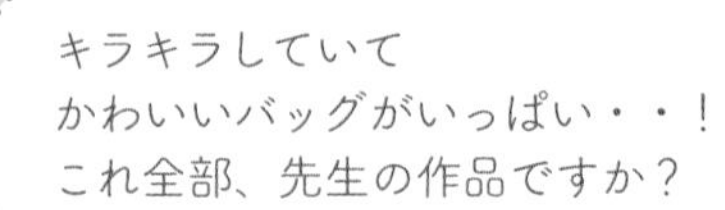

キラキラしていて
かわいいバッグがいっぱい・・！
これ全部、先生の作品ですか？

美咲

手芸初心者。テープバッグに興味を持って先生のアトリエを訪問。

はい。
これらは全部、ネットにテープを通して作る「テープ手芸」の技法を使ったバッグなんですよ。

山本先生

手編みワイヤーバッグ協会代表理事。
テープ手芸の魅力を伝えるべく活動中。

難しそうに見えるかもしれませんが、
メインの技法は「通すだけ」。
しかもきれいで丈夫な仕上がりが
好評で、今人気沸騰中の
ハンドメイドなんです♪

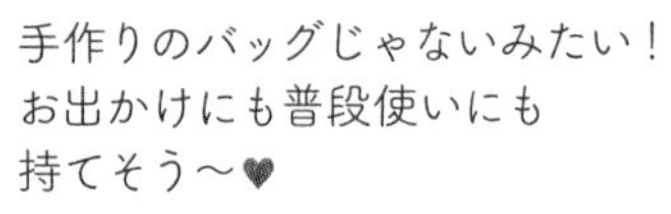

手作りのバッグじゃないみたい！
お出かけにも普段使いにも
持てそう～♥

素敵～！
テープ手芸では
バッグ以外にもなにか
作れるんですか？

ポーチなどの小物や平たいコースター、
トレイなどの雑貨も作れます。

土台となるネットが柔らかく、いろいろ
な形にできるので、バッグも雑貨も作れ
ちゃうんです。

材料はどんなものが
必要ですか？

メインの材料は「ネット」と「テープ」の大きく
2種類だけですから、安心してくださいね。
詳しくは次のページで紹介します。
手芸店に取り扱いがありますし、この本で出て
くる材料は

手編みワイヤーバッグ協会のホームページ
（https://www.handmadewirebag.com）

にてすべてお求めいただけます。
店頭で見当たらない場合はそちらも見てみてく
ださいね。

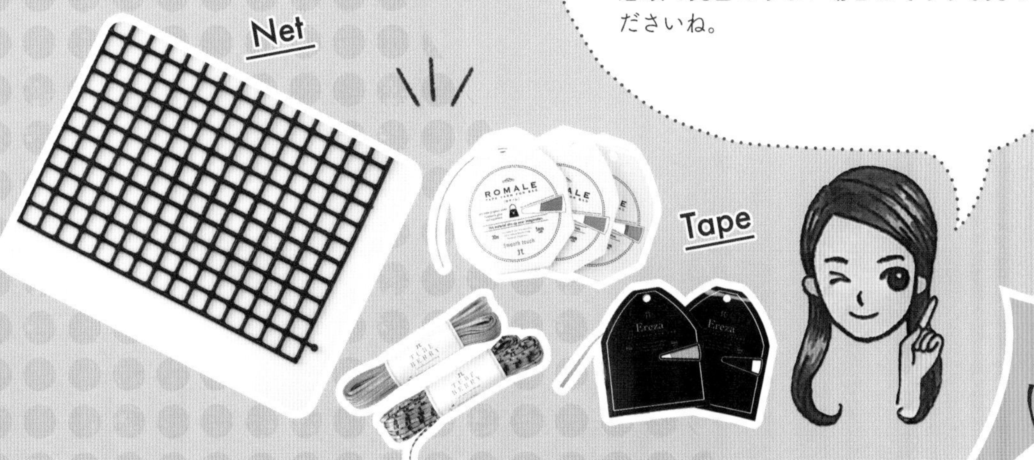

NEXT
材料

MATERIALS

テープ手芸で使用する材料をご紹介します。

※★のついている商品はすべて、ハマナカ株式会社の取扱商品です。このページで掲載している商品の情報は2021年4月現在のものです。

どの作品でも使うもの

テープ 3種類のテープを使用しています。

ロマーレ★

【実物大】

パール調の輝きが特徴の薄手のテープです。パステルカラーの色味を中心に16色展開。表裏に色のついたリバーシブルタイプもあります。ネットに通しやすい薄さでありながらしっかりとした強度があります。

構成 ポリプロピレン50%、ポリエチレン50%
仕立 30m巻(約5mm幅)
色数 16色

【テープの質感】

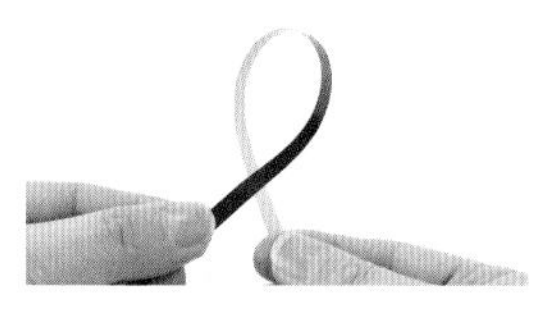

【通し地の例】

【色展開】

色番	色名
101	ホワイト
102	イエローオレンジ
103	ピンクベージュ
104	コーラル
105	グリーン
106	ライトブルー
107	パープル
108	レッド
109	ネイビー
110	ブラック
111	ゴールド
112	シルバー
113	ピンクゴールド
201	紫/薄もも
202	抹茶/薄茶
203	こげ茶/水色

チューブベリー★

【実物大】

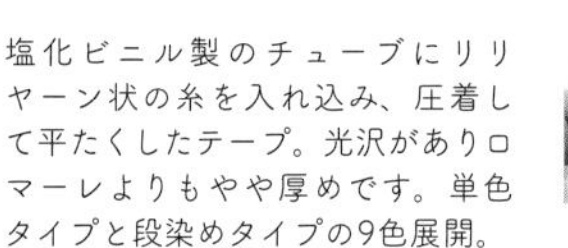

塩化ビニル製のチューブにリリヤーン状の糸を入れ込み、圧着して平たくしたテープ。光沢がありロマーレよりもやや厚めです。単色タイプと段染めタイプの9色展開。

構成 塩化ビニル89%、ポリエステル11%
仕立 30m巻(約5mm幅)
色数 9色

【テープの質感】

【通し地の例】

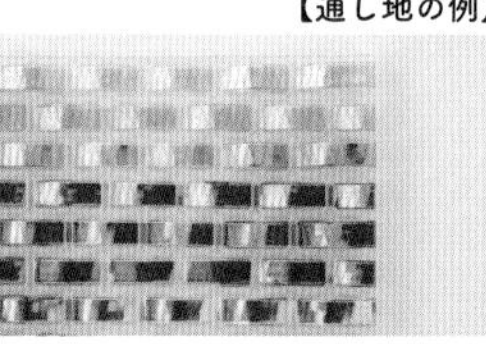

【色展開】

色番	色名
1	段染めパステル
2	段染めベージュ
3	段染めパープル
4	段染めレッドグリーン
5	ラメゴールド
6	ラメシルバー
7	ラメブラック
8	ブルーシルバー
9	ブラックシルバー

エレザ★

【実物大】

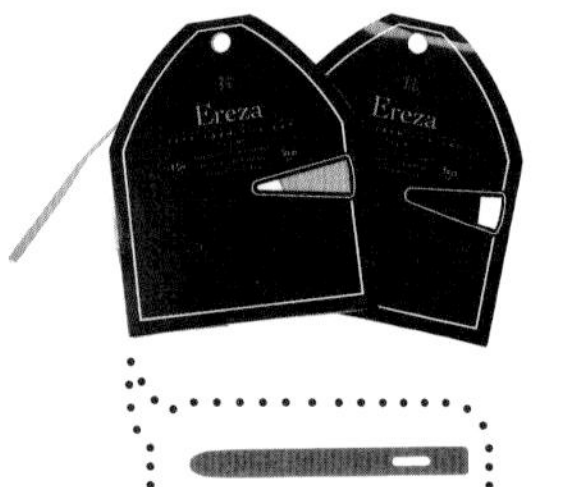

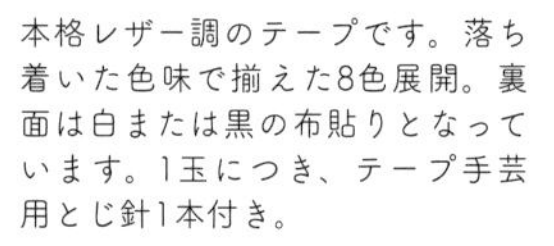

本格レザー調のテープです。落ち着いた色味で揃えた8色展開。裏面は白または黒の布貼りとなっています。1玉につき、テープ手芸用とじ針1本付き。

構成 塩化ビニル80%、ポリエステル(テトロン)14%、レーヨン6%
仕立 9.5m巻(約5mm幅)
色数 8色

【テープの質感】

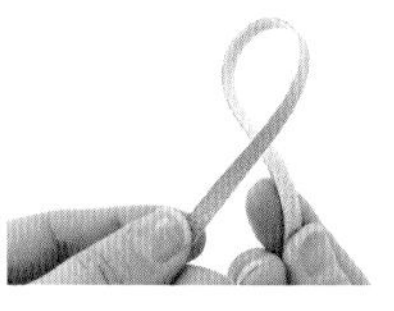

【通し地の例】

【色展開】

色番	色名	裏布の色
1	ホワイト	白
2	ベージュ	
3	イエロー	
4	ブラウン	黒
5	レッド	
6	カーキ	
7	ネイビー	
8	ブラック	

ネット　2種類のネットを使用しています。

あみあみファインネット★

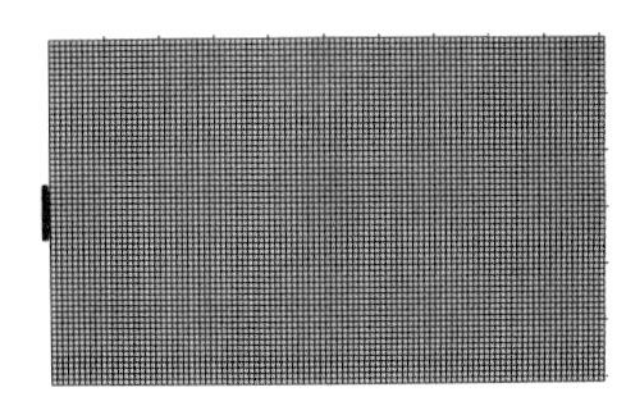

ポリエチレン製の柔らかいシート状のネットです。1マス約6mmで、61×101マスが1枚分となっています。このマスにテープを通して使います。ハサミで切って好きな形に成形が可能。6色展開。

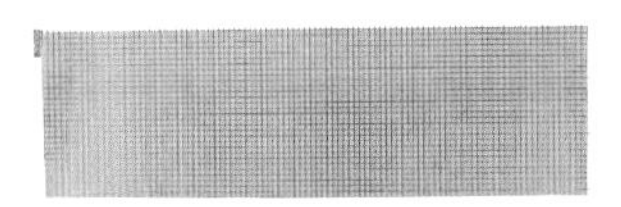

金・銀には半分の大きさの「あみあみファインネット ハーフサイズ」もあります。裏の色は半透明です。

ハーフサイズ金　H200-603-101
ハーフサイズ銀　H200-603-102

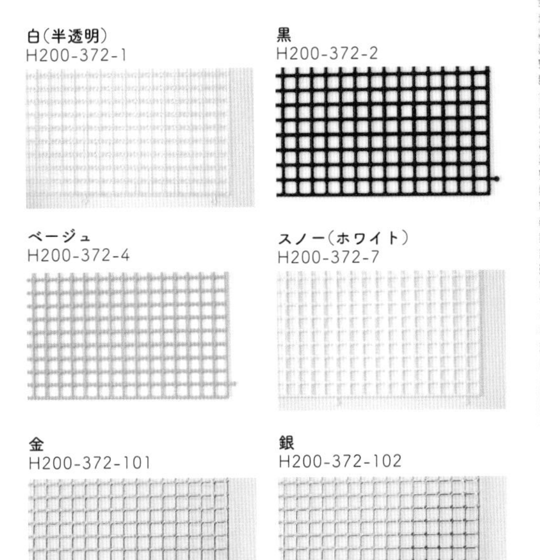

白(半透明)
H200-372-1

黒
H200-372-2

ベージュ
H200-372-4

スノー(ホワイト)
H200-372-7

金
H200-372-101

銀
H200-372-102

バイアスネット★

マス目が斜め方向に並んでいるネットです。2色展開。

白(半透明)
H200-448-1

黒
H200-448-2

作品によって選んで使うもの

持ち手

① 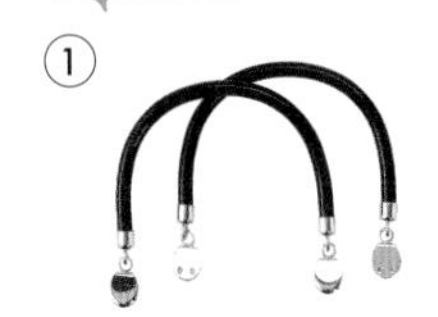
ハサミカンがついたタイプ★

② 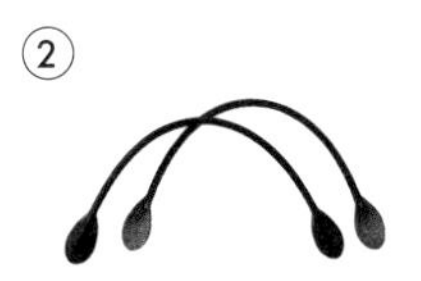
縫い付けタイプ

③ 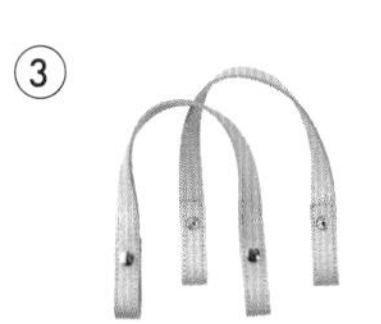
スナップボタン留めタイプ

①はハンドルの先にハサミカンがついており、バッグのフチに挟んで留めるだけで使える手軽なタイプです。初心者さんにもおすすめ。②は糸を通す穴が空いており、針と糸でバッグに縫い付けるタイプです。③はあらかじめネットに通し穴を空けておき、通したあとにスナップボタンで留めるタイプです。何度も付け外しができ便利です。

ショルダーベルト

① 
キラキラタイプ

② 
レザー調タイプ

③ 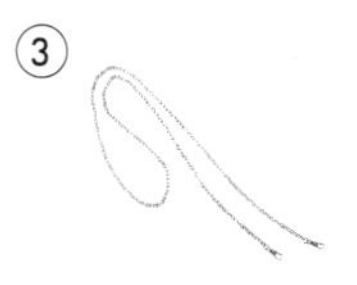
チェーンタイプ

①と②は平たくしっかりしたタイプです。作品のイメージに合わせて選びましょう。どちらもベルトの長さを調節できる金具がついています。③は軽くて華奢なタイプのバッグにおすすめ。①、②、③全て両端にナスカンが付いており、付け替えが可能です。バッグに角カンや丸カンを付けておき、そこに装着します。

留め具

① 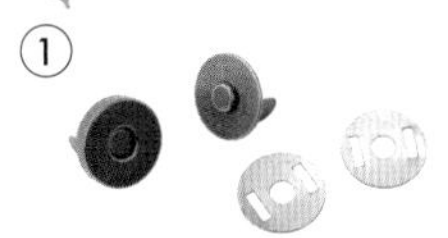 
マグネットタイプ★

② 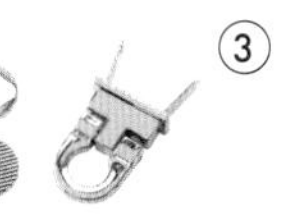
つまみタイプ★

③ 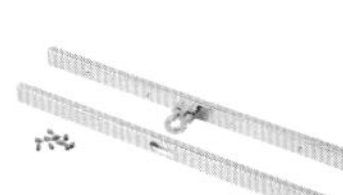
バータイプ

①のマグネットタイプはあらゆるバッグの入れ口に使えます。直接バッグの内側にはつけず、別の小さなネットを用意してそこに装着して使います。②はショルダーバッグなど、フラップのあるバッグに取り付けることが多い金具です。③はバッグの入れ口をバーの内側に入れ込み、平たく閉じることのできる金具です。クラッチバッグなどに使用します。

装飾パーツ

① 
カデナ（南京錠）

② 
飾りベルト

③ 
フラワーモチーフ

装飾パーツは作品にオリジナリティを与えたり、華やかさを増してくれるアイテムです。①と②は、STEP5のClassic bagで使う装飾パーツです。②のベルトをバッグに通し、①のカデナで中心を施錠します。③のフラワーモチーフはEXTRAのテトラポーチで使用しています。作品の印象がパッとかわいらしくなります。

その他

① 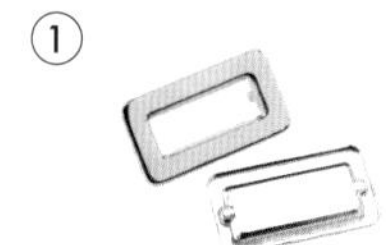
ワンタッチハトメ

② 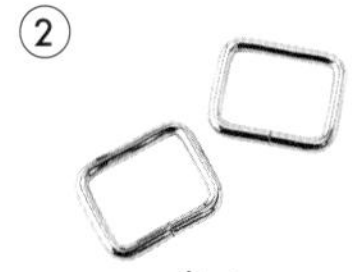
角カン

③ 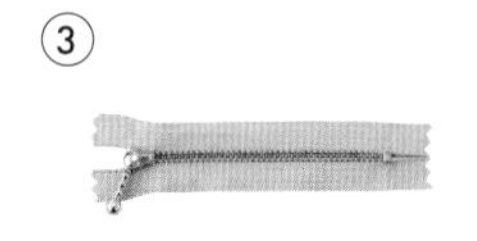
ファスナー

①は「スナップボタン留めタイプ」の持ち手を使用する際、穴を空けたネットの部分を補強するために使う金具です。ネットの四角く開いた部分にこの金具を当て、表裏から挟んで装着します。②は主にショルダーベルトのナスカンを装着するための金具として使います。丸カンタイプも使用しています。③はテトラポーチの開閉部に登場します。

TOOLS

テープ手芸で使用する用具をご紹介します。

※★のついている商品はすべて、ハマナカ株式会社の取扱商品です。このページで掲載している商品の情報は2021年4月現在のものです。

どの作品でも使うもの

クラフトハサミ★
ネットやテープを切るときに使います。使いやすく切りやすいものを用意しましょう。ネットとテープとで同じものを使用して構いません。

メジャー
テープの長さやネットのサイズを測るときに使います。長さは少なくとも1.5mあると便利です。100円ショップなどでも購入できます。

作品によって選んで使うもの

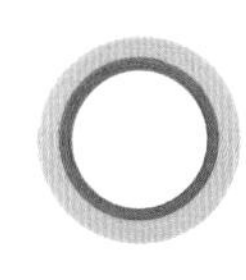

テープ手芸用両面テープ（5mm幅）★
手芸用ボンド★
テープを裏で留める際の処理に使います。ロマーレとチューブベリーは両面テープを使います。エレザは両面テープでは外れることが多いのでボンドを使います。

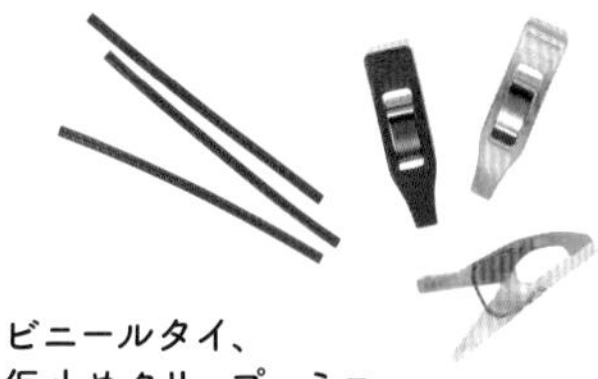

ビニールタイ、仮止めクリップ・ミニ
立体に成形したネットを留めるときに使います。どちらを使っても構いませんが、バッグの底の部分など、手の届きにくい箇所は仮止めクリップの方が使い勝手がよいです。

ラジオペンチ、当て布
ラジオペンチはハサミカンなどを取り付けるときに使います。刃先に滑り止めがあるしっかりしたタイプを選びましょう。当て布は金具とラジオペンチの刃の間に挟んで使い、傷がつくのを防止するために使います。

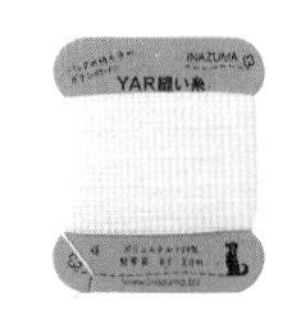

糸、針
縫い付けタイプの持ち手を取り付ける際に使います。持ち手の縫い付け用には、やや太めの糸を使いましょう。針も糸に対応した太さのものを選びます。

ダブルクリップ
実物大の型紙とネットを重ねる際に使います。2枚がずれないよう両方を挟みます。型紙のサイズによって数個用意しておくと便利です。

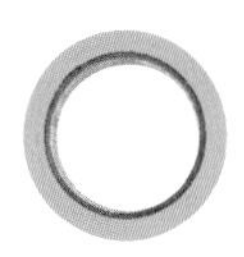

マスキングテープ
ネットに直接貼り、切る部分や残す部分の目印として使います。複雑な形のマチの部分など、細かくて間違えやすい部分で使うと便利です。

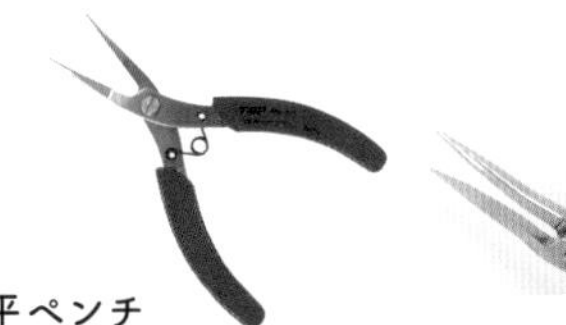

平ペンチ
ネットにエレザを通す際、テープの先端を平ペンチで挟んで引っ張ると通しやすくなります。先が平たくコンパクトなものがおすすめ。ロマーレやチューブベリーでも、巻きかがりや細かい作業で活躍します。

テープ手芸用とじ針★
主にエレザの作品で使用します。針穴にテープを通し、ネット同士をかがるときなどに使用すると、作業がしやすく便利です。エレザのパッケージに1本付属しているほか、3本セットの単品もあります。

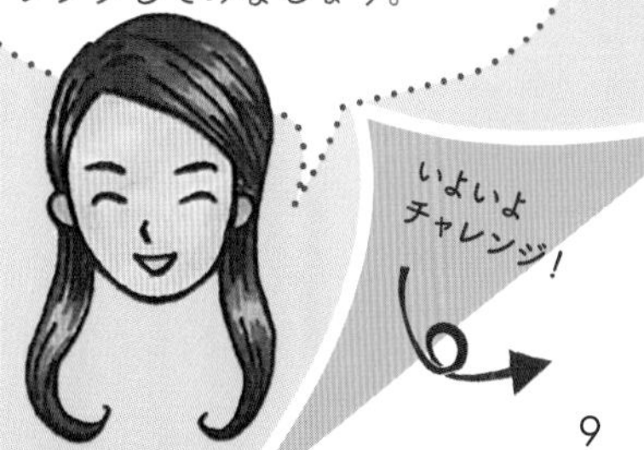

練習作品1
横通しのコースター

まずはネットとテープに触れるところからスタートです。通し方のコツもここでマスターしましょう。

テープ通し図

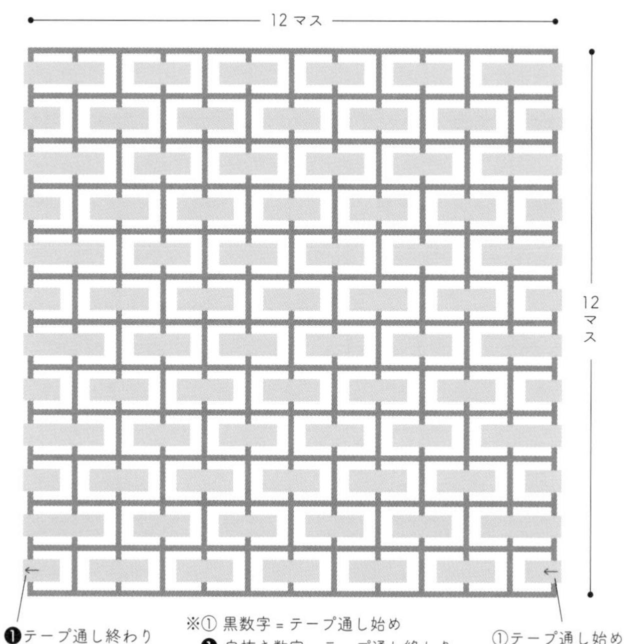

❶テープ通し終わり
※① 黒数字 = テープ通し始め
❶ 白抜き数字 = テープ通し終わり
①テープ通し始め

材料

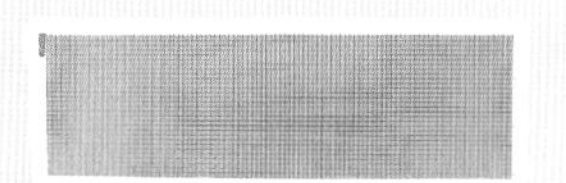

ネット あみあみファインネット ハーフサイズ(H200-603-102・銀)1枚(使用分は12×12マス)

テープ ロマーレ(No.106・ライトブルー)1巻(使用分は計204cm)

用具

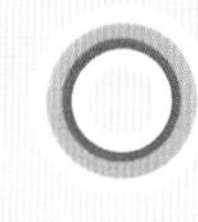

ハサミ、メジャー、両面テープ、ダブルクリップ

作り方

1. ネットを必要なマス分切る
2. テープを必要な本数分切る
3. ネットにテープを通す
4. 両面テープで端を始末する
5. ネット全てにテープを通し、仕上げる

1 ネットを必要なマス分切る

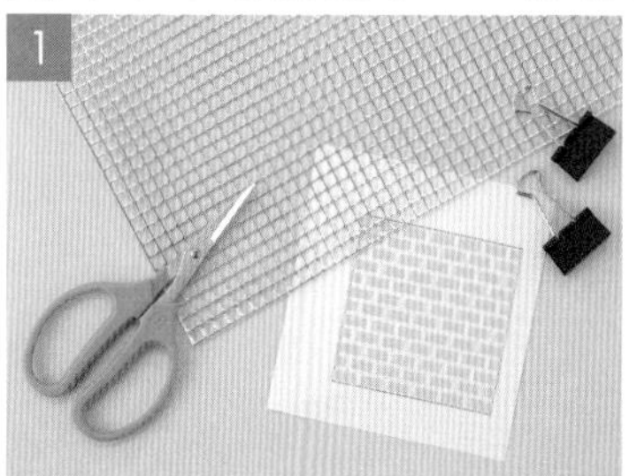

ネットを切ります。今回は12マス×12マス(約9cm×9cm)のコースターを作ります。型紙は本誌から外し、コピーをして用意しましょう。(型紙は付録とは異なりますが使い方は同じです)

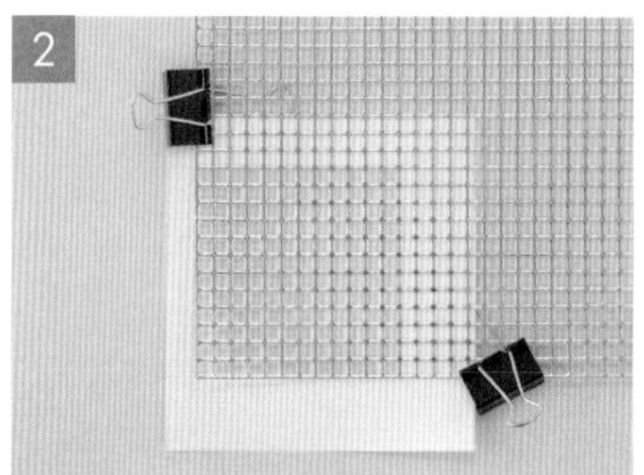

型紙の上にネットを重ね、ネットの角を合わせます。2個のクリップで型紙とネットを一緒に挟み、固定します。

POINT

ネットの端についている突起は10マスごとの目印です。バッグなどたくさんのマス目を数える必要があるときはこの突起をガイドとして使います。突起は作り始めにハサミで切り落とします。

ネットの格子状の線を「柱」と呼びます。左端から数えて12マスめの柱の、必ず右端にハサミの刃を当てます。

POINT

「型紙とネットを重ねたとき、型紙と重なっている線（柱）は残す」と覚えましょう。型紙の線を残すので、この場合は線の右横を切る要領です。

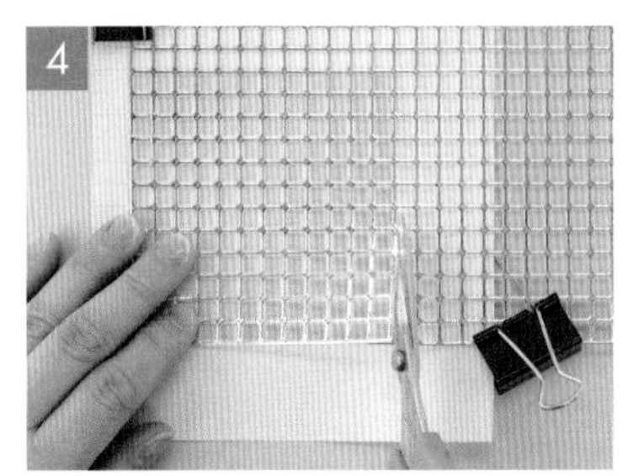

柱の端に沿ってハサミで切っていきます。

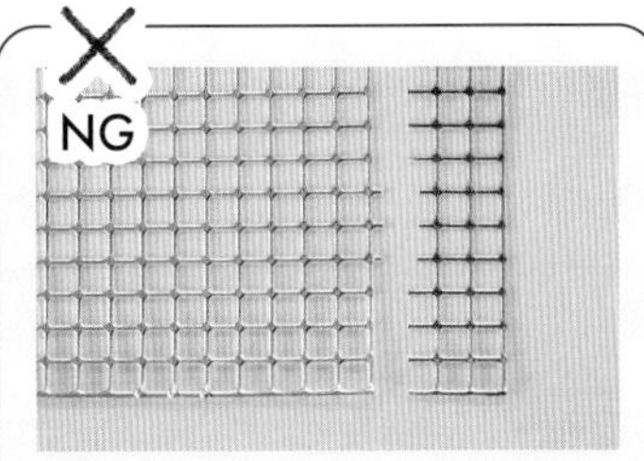

横の柱を残すとデコボコしてしまいます。できるだけきわで切るか、切り終えた後にデコボコをきれいに切り落としましょう。

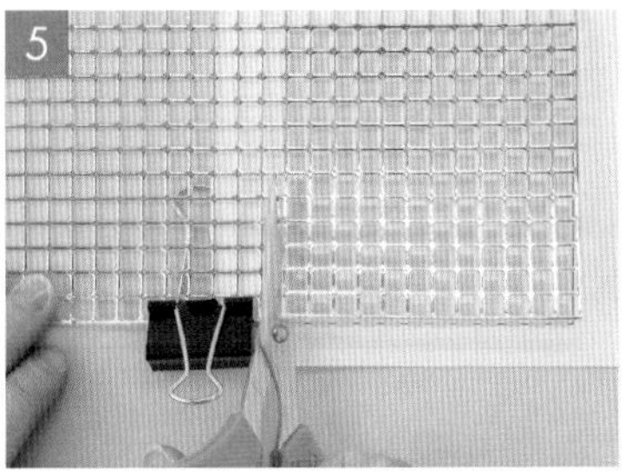

横のラインも同様に、柱を残して切っていきます。ネットを回転させて下から上に切ります。

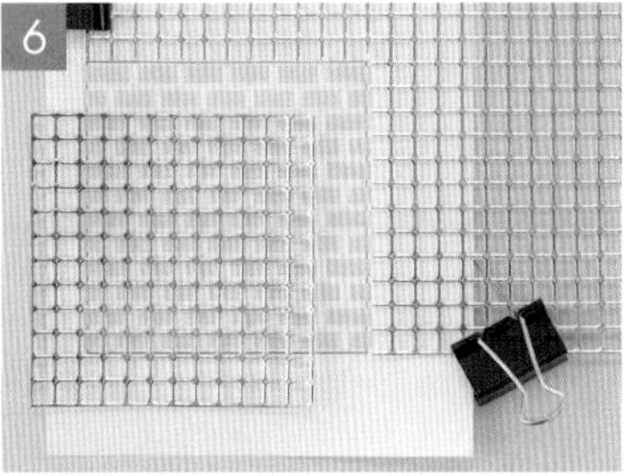

ハサミで切ったラインが交差し、ネットが切れました。

POINT

コースターなどのシンプルな形で、型紙を使わずにネットを切りたいときはマスキングテープを使いましょう。ネットに直接貼り、柱とマスキングテープのすき間を切るようにすると間違いにくく、おすすめです。

2 テープを必要な本数分切る

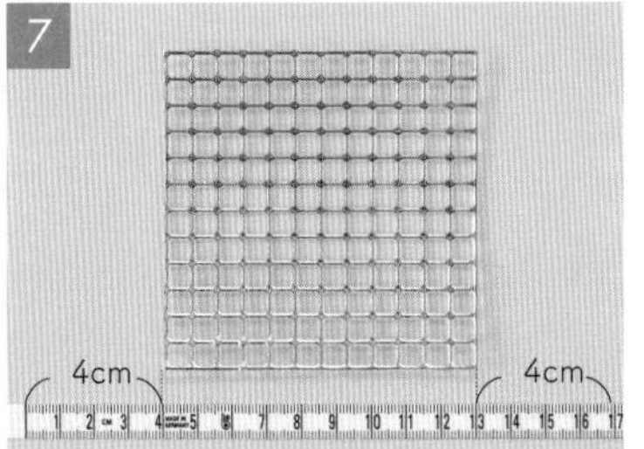

テープは基本的に、ネット1段につき1本必要です。今回は12マス（12段）ありますので、12本のテープが必要となります。この作品では、テープの長さはネットの横の長さ＋左右4cmほどを目安に用意します。ネットが9cmなので、今回は17cmを12本用意します。

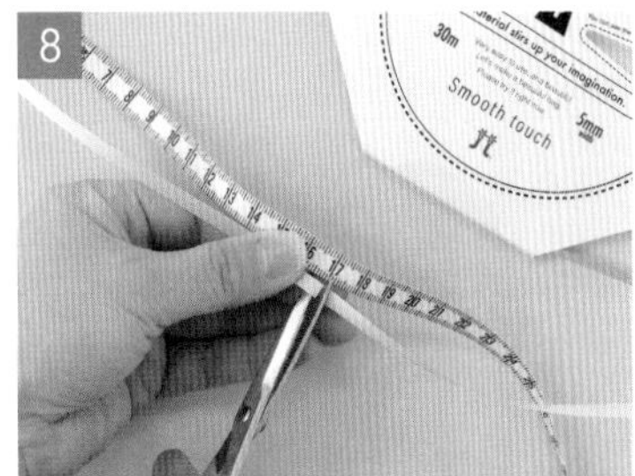

今回使用するテープはロマーレです。ケースからテープを引っ張って1〜2m出し、メジャーで17cmを測ってハサミで垂直に切ります。指定以上に長めに切る必要はありません。

POINT

エレザはロマーレと同様に、ケースから引き出して使います。チューブベリーで作るときは、かせのラベルを取り、結び目をほどいて使いましょう。

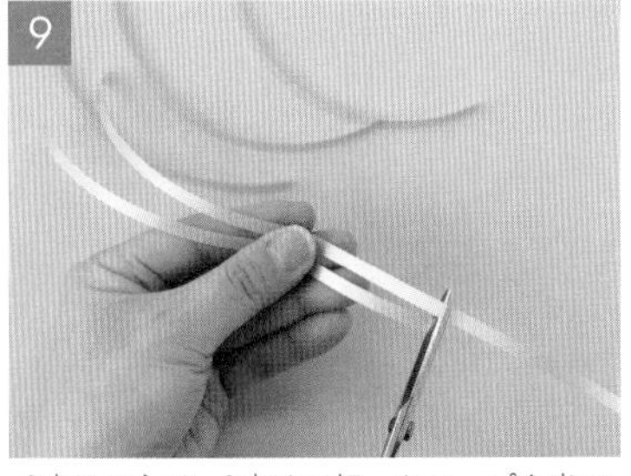

2本めからは、1本めで切ったテープを当てて長さの目安にし、切っていきます。

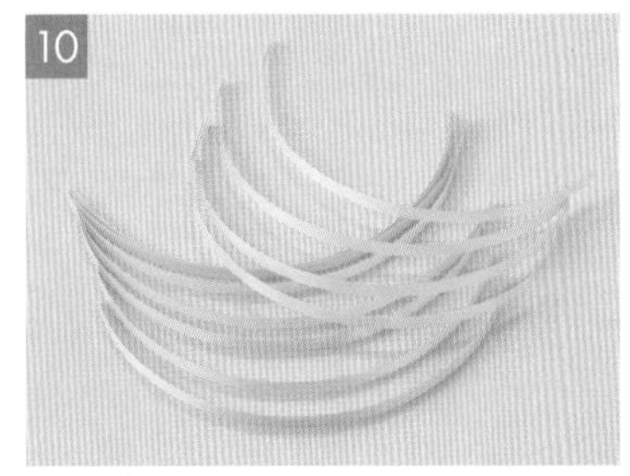

テープが12本切れました。

3 ネットにテープを通す

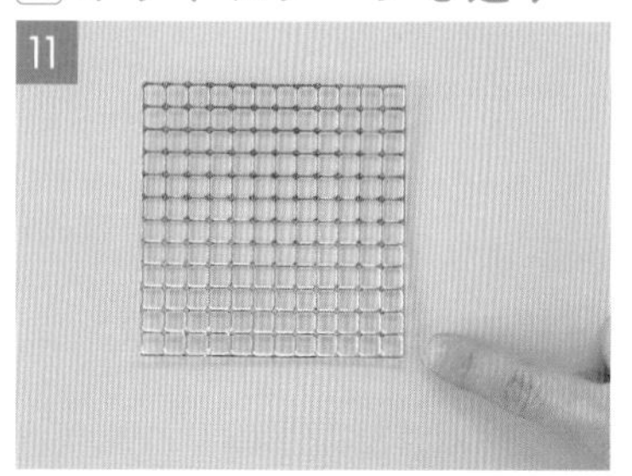

10ページの【テープ通し図】を見ながらネットにテープを通していきます。通し始めは【テープ通し図】の①の印がついている右下です。

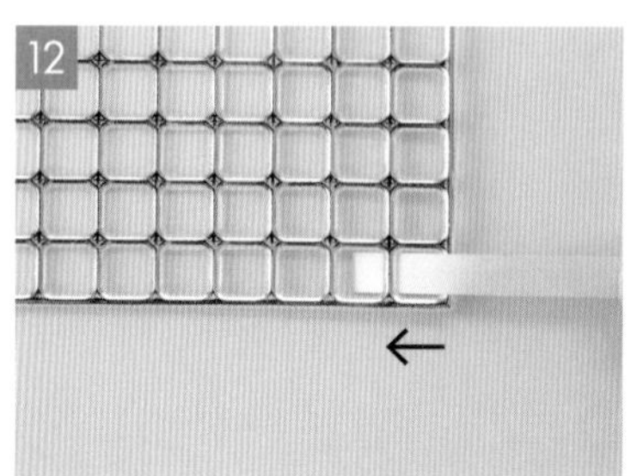

右下角のマスに、テープを上から下に差し込みます。テープの進行方向は右から左です。

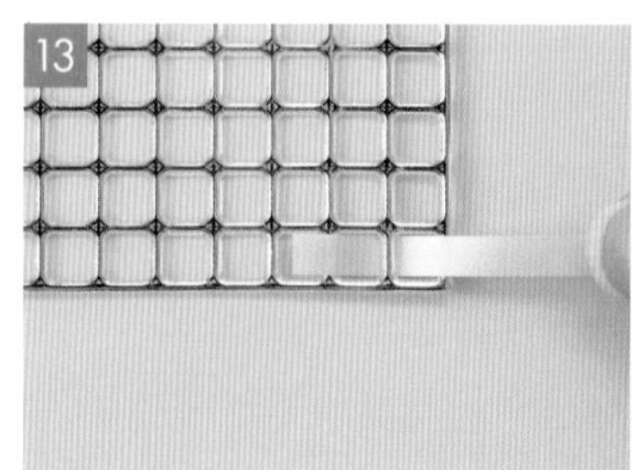

柱の下をくぐらせ、差し込んだテープをすぐ左隣のマスから出します。

12と13の動作をもう1回繰り返したところ。マスに4回程度通したところで、右端を4cmほど残してテープを引いておきます。

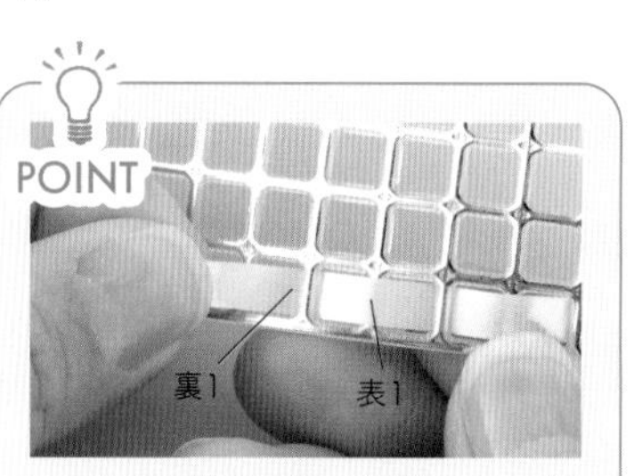

このように「1本の柱の表側にテープが通り、そのすぐ隣の柱の裏側をくぐる」通し地のことを『表1裏1』と呼びます。この作品は『表1裏1』の技法のコースターです。

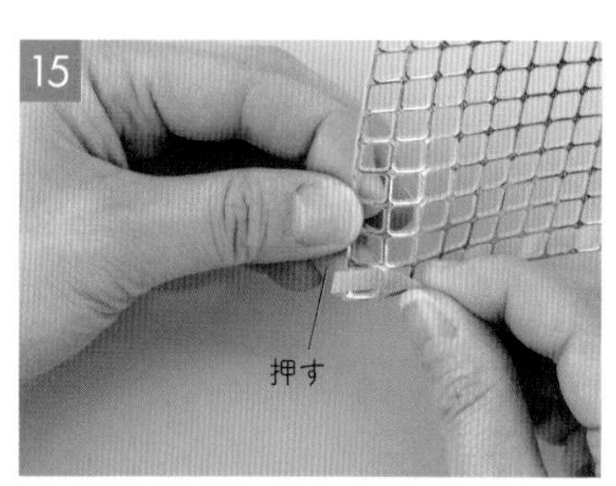

同様に表1裏1を繰り返していきます。テープの先端がネットの裏に来ているとき、左手の薬指の腹でテープを押してやると先端が表に出やすくなります。

端まで通し終え、1段めができました。

POINT

金色と銀色のネットは、テープを通す時の摩擦で色が剥げてしまうことがあります。テープを通す時は無理に引っ張らず、ネットの表面を擦らないようにしましょう。

4 両面テープで端を始末する

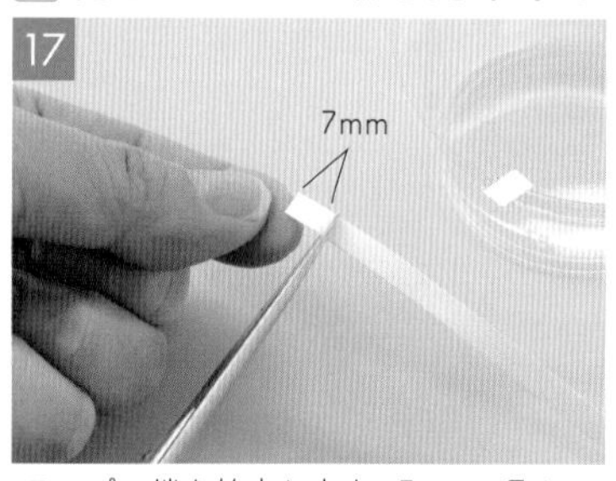

テープの端を始末します。7mmの長さに切った両面テープを2枚用意します。切ったものは空き容器などの縁に仮置きしておくと便利です。

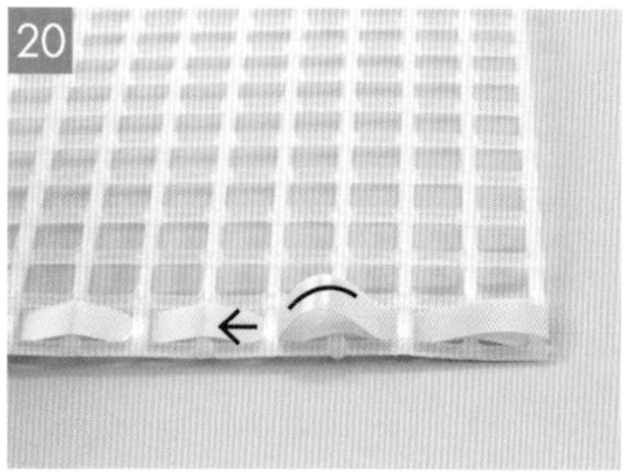

1段めを通し終えたネットを裏返したところ。右端のテープを折り返し、すぐ左横の柱に入れ込みます。

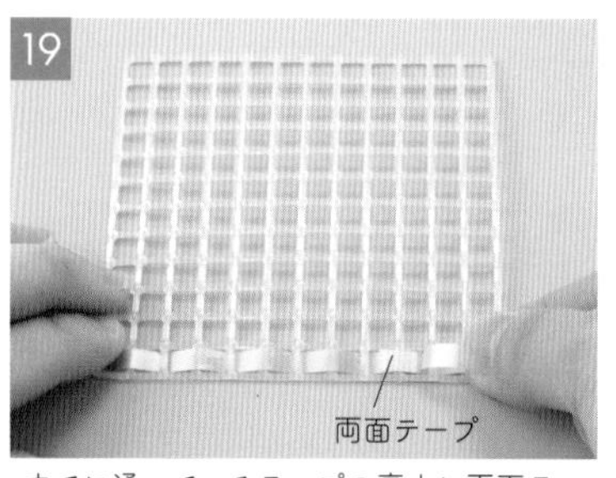

すでに通っているテープの裏山に両面テープを貼ります。

はくり紙をはがし、テープの端をもう1本先の柱に通し、引きます。

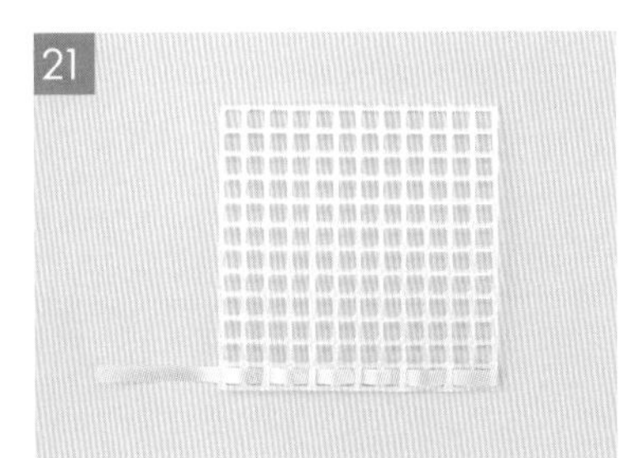

両面テープを貼った部分を軽く押さえます。右側のテープが始末できました。

左側も同様にテープを始末します。右側のテープはちょうどよい長さでしたが、左側はテープがやや長すぎたので、テープの先を少し切っておきます。

テープ処理のあとに残ったテープは、長すぎても短すぎでもよくありません。柱のすぐ横でテープを切ってしまうとネットからテープが外れやすくなりますし、長いままにしておくと仕上がりがきれいでなく、手触りも悪くなります。マスの真ん中くらいを目安に切りましょう。

5 ネット全てにテープを通し、仕上げる

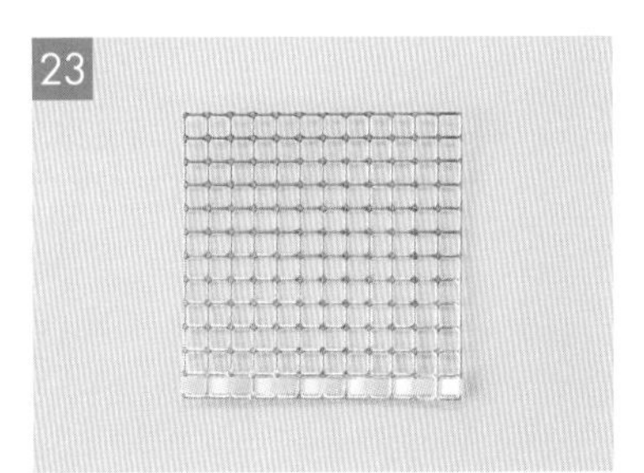

1段めが仕上がりました。

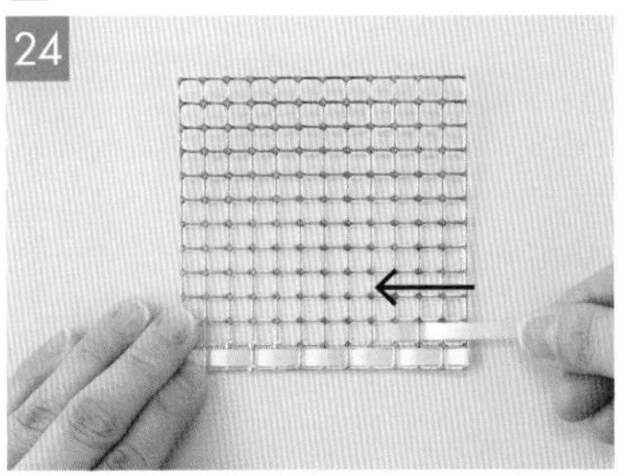

2段めは1段めと通し方のルールは同じですが、開始のマスを1マスずらします。右端のマスは飛ばし、右から2マスめにテープを上から下に差し込みます。

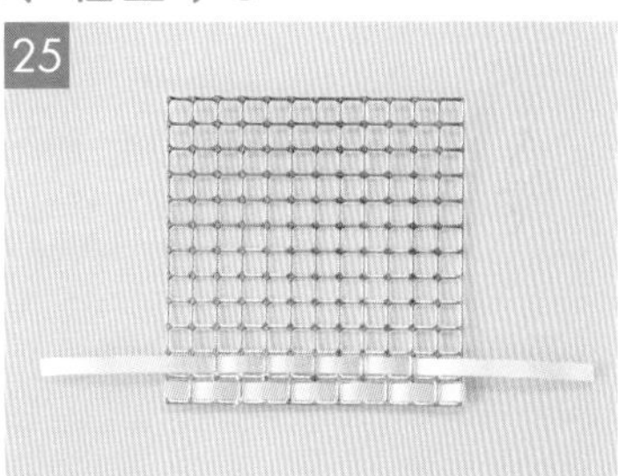

柱の下をくぐらせ、差し込んだテープをすぐ左隣のマスから出します。その後は「表1裏1」で通していき、一番左端のマスには通さずに2段めを終えます。

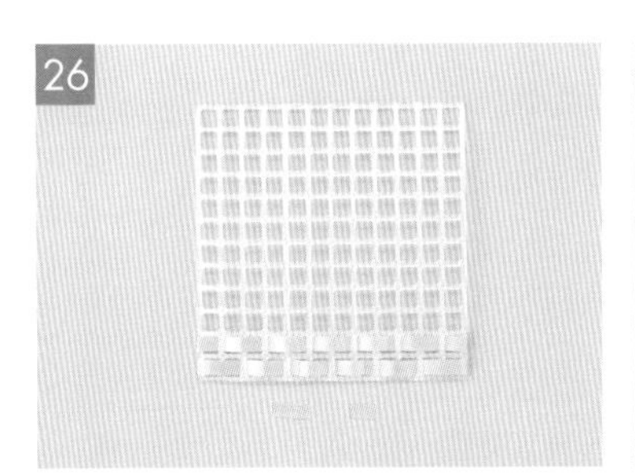

1段めと同様に、ネットの裏側にテープを折り返し、両面テープで端を始末します。(写真は裏側です)

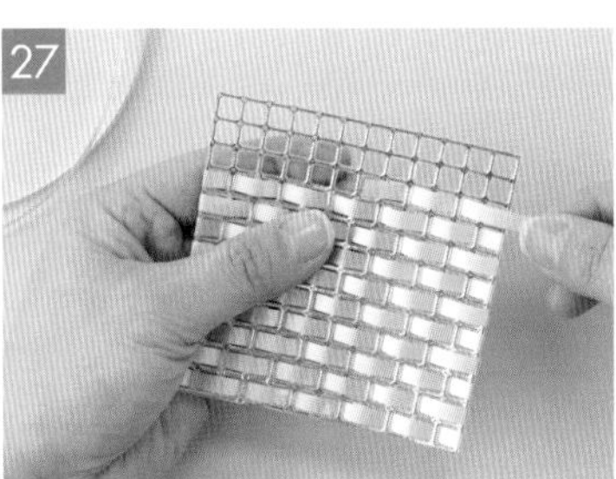

以降は、奇数段は1段め、偶数段は2段めと同様に通していきます。

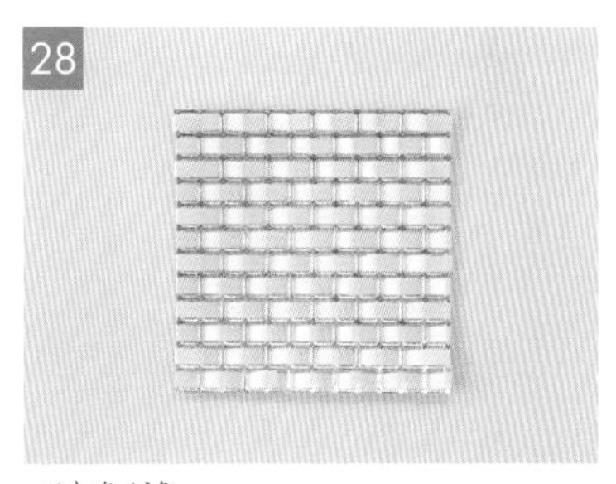

できあがり。

わたしにもコースターが作れて嬉しいです！使うテープの種類や通し方で、いろんな模様ができるのですか？

そうです。
ネットやテープの色や種類、通し方のパターンで、現れる柄が違ってきます。
大きなバッグもこのコースターの延長ですから、いくつかパターンを知っておくとよいですね。18ページから組み合わせ例をご紹介しますので、オリジナルの作品作りの参考にしてみてください。

練習作品 2
縦横通しのコースター

横に通すタイプのコースターができあがったら、次は縦にも通すパターンにチャレンジしましょう。通し方は少し複雑になりますが、魅力的な柄に出会えますよ。

テープ通し図

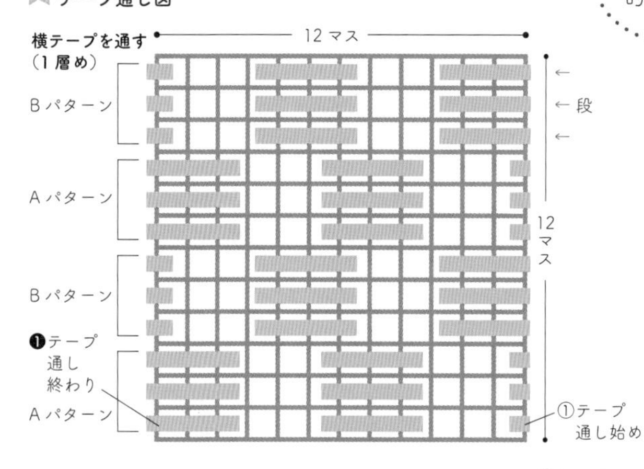

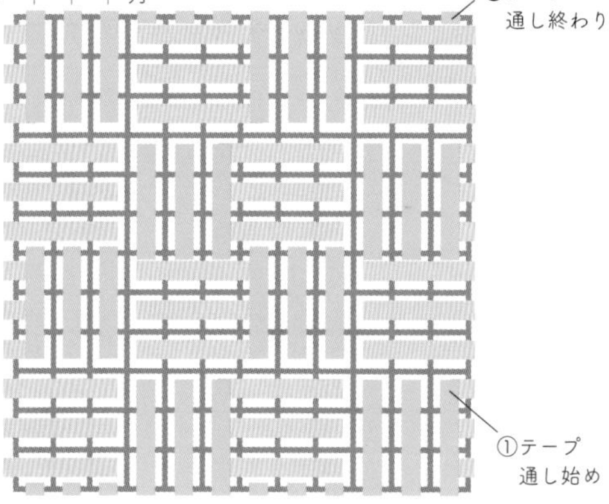

材料

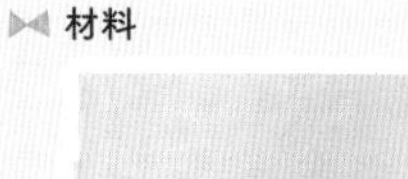

ネット あみあみファインネット（H200-372-1・白）1枚（使用分は12×12マス）

テープ エレザ（No.3・イエロー）1巻（使用分は計252cm）
エレザ（No.1・ホワイト）1巻（使用分は計252cm）

用具

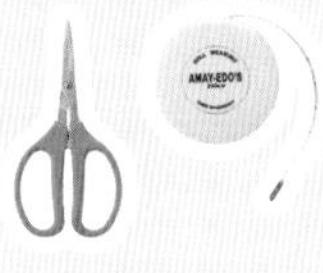

ハサミ、メジャー、ボンド、平ペンチ、ダブルクリップ

作り方

1. ネットを必要なマス分切る
2. テープを必要な本数分切る
3. ネットに横のテープを通し、ボンドで端を始末する
4. ネットに縦のテープを通し、ボンドで端を始末する

※① 黒数字＝テープ通し始め
❶ 白抜き数字＝テープ通し終わり

1 ネットを必要なマス分切る

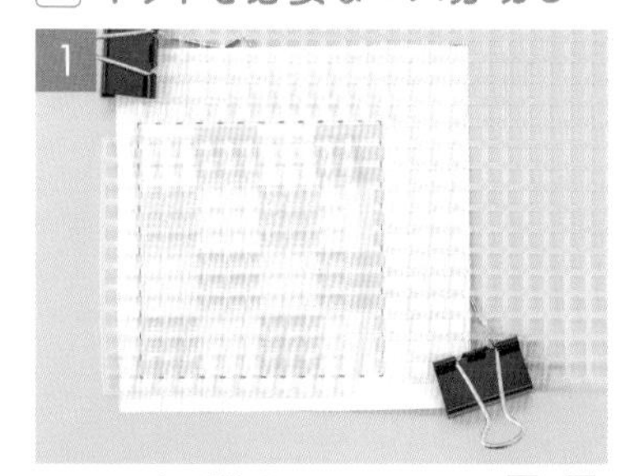

10ページの「横通しのコースター」の1～6を参照して、同じようにネットを切ります。ここは「横通しのコースター」と全く同じです。（型紙は付録とは異なりますが使い方は同じです）

2 テープを必要な本数分切る

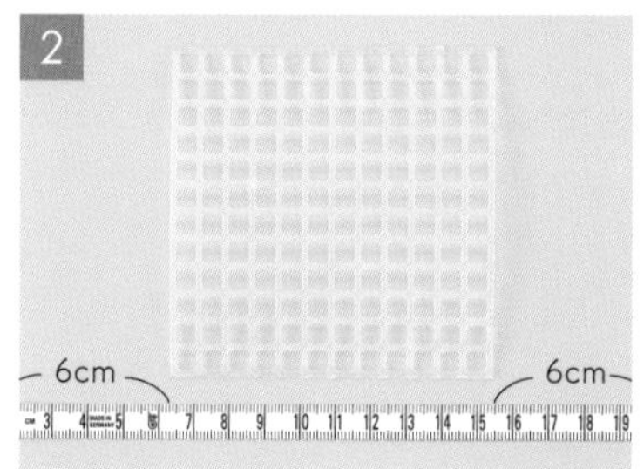

この作品では、横にイエローのテープ、縦にホワイトのテープが通っています。縦横ともそれぞれ12段・12列ありますので、イエロー・ホワイトともに12本用意します。この作品では、テープの長さはネットの横の長さ＋左右6cmほどを目安に用意します。今回は21cmを各色12本用意します。

今回使用するテープはエレザです。ケースからテープを引っ張って1～2m出し、メジャーで21cmを測ってハサミで垂直に切ります。

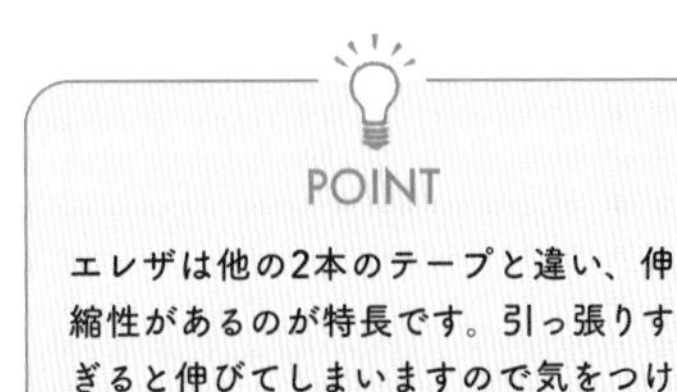

POINT

エレザは他の2本のテープと違い、伸縮性があるのが特長です。引っ張りすぎると伸びてしまいますので気をつけましょう。

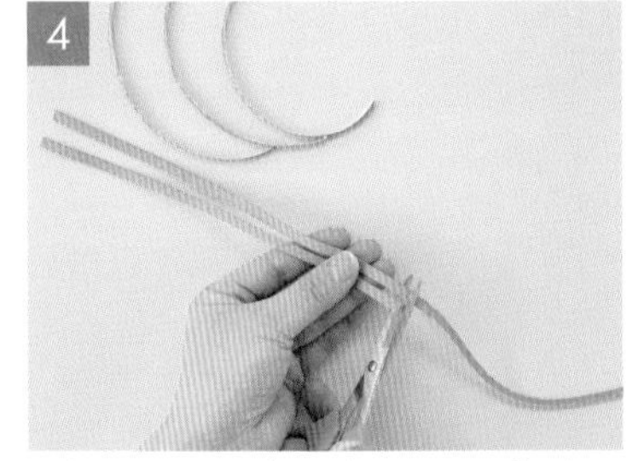

2本めからは、1本めで切ったテープを当てて長さの目安にし、切っていきます。

ホワイトテープもこのとき一緒に切っておきます。テープが各12本切れました。

3 ネットに横のテープを通し、ボンドで端を始末する

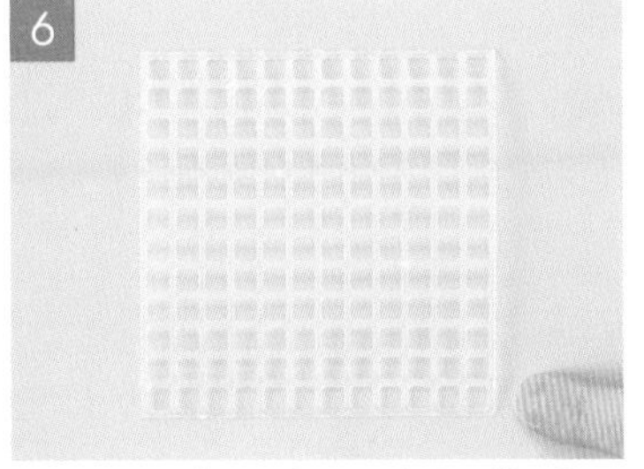

14ページの【テープ通し図（1層め）】を見ながら、ネットにテープを通していきます。横のテープ（イエロー）から通し始めます。通し始めは【テープ通し図】の①の印がついている右下です。

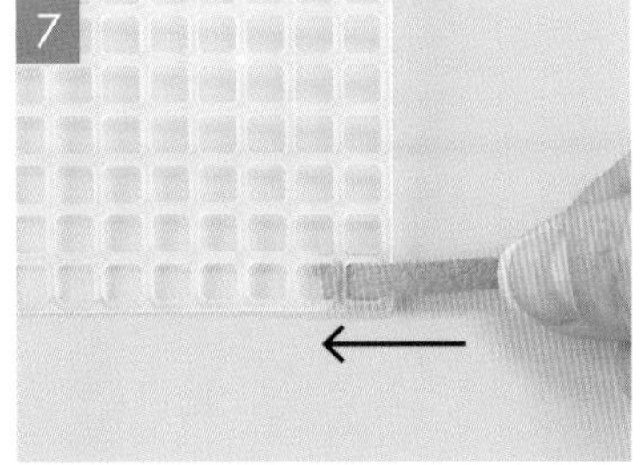

右下角のマスに、テープを上から下に差し込みます。テープの進行方向は右から左です。

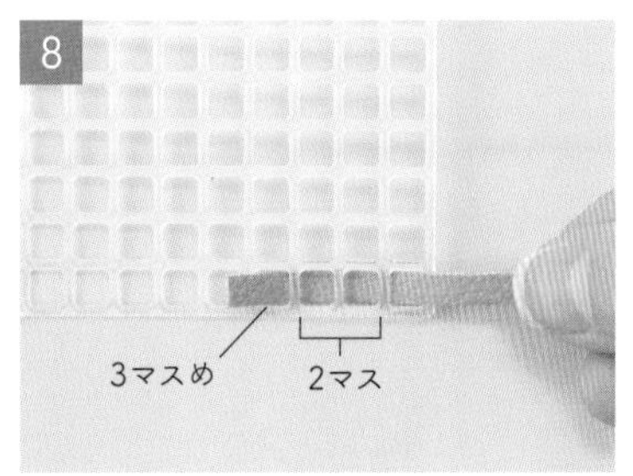

柱の下をくぐらせ、差し込んだテープを2マス飛ばした3マスめから出します。

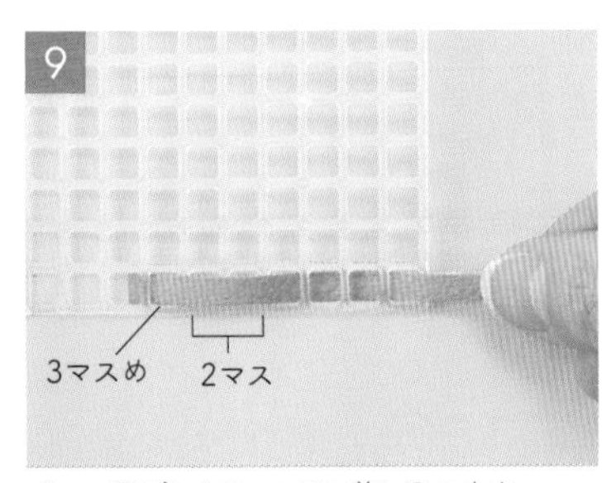

2マス飛ばした3マスめに差し込みます。

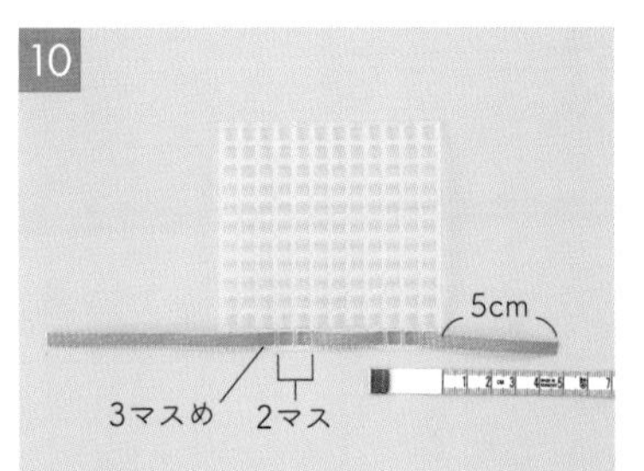

柱の下をくぐらせ、差し込んだテープを2マス飛ばした3マスめから出します。1段めができました。この7～10までの1段めのパターンをAとします。このAのパターンでは右端を5cm残します。

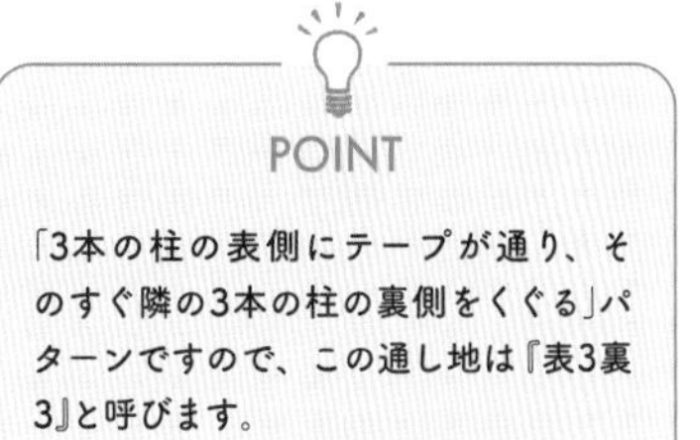

POINT

「3本の柱の表側にテープが通り、そのすぐ隣の3本の柱の裏側をくぐる」パターンですので、この通し地は『表3裏3』と呼びます。

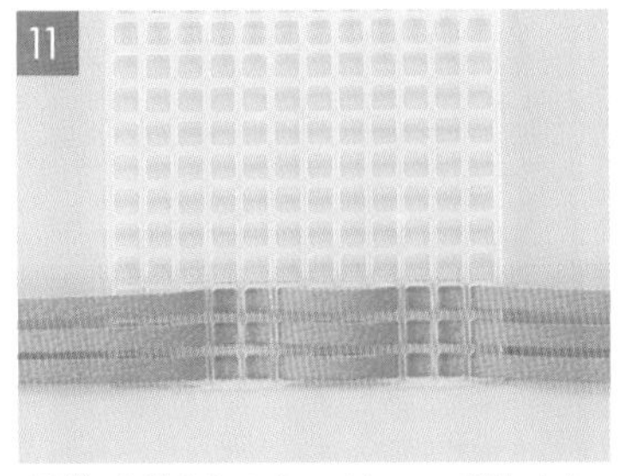

同様に3段めまで、Aのパターンで通します。

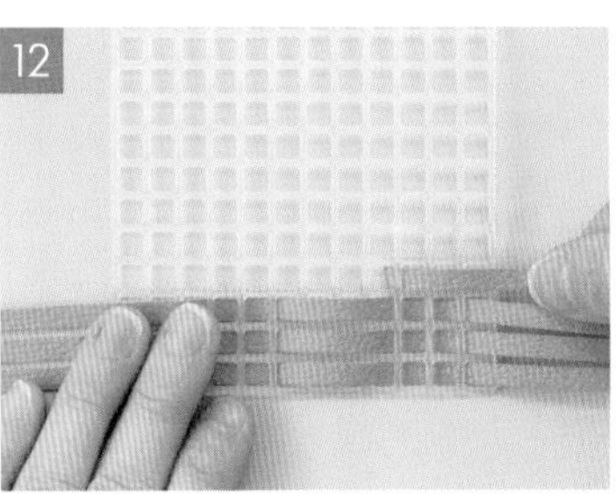

4段めは右端から3マスめにテープを上から下に通します。

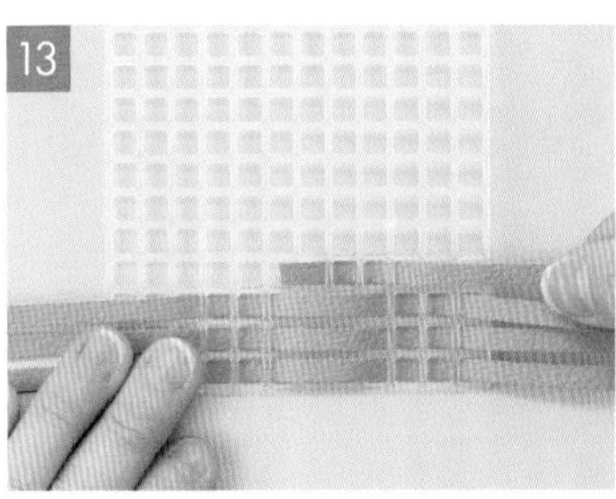

柱の下をくぐらせ、差し込んだテープを2マス飛ばした3マスめから出します。

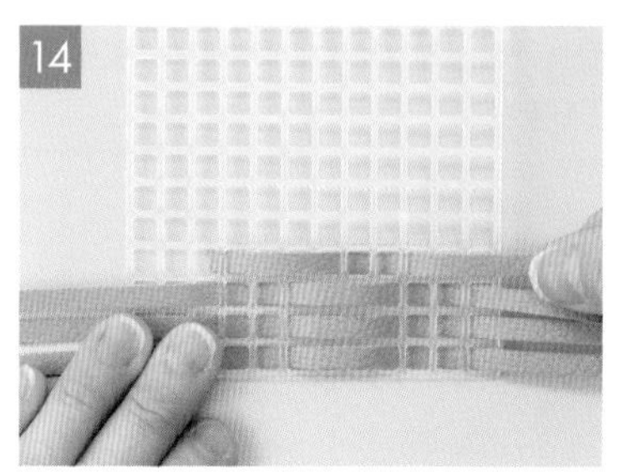

2マス飛ばした3マスめに再び差し込みます。

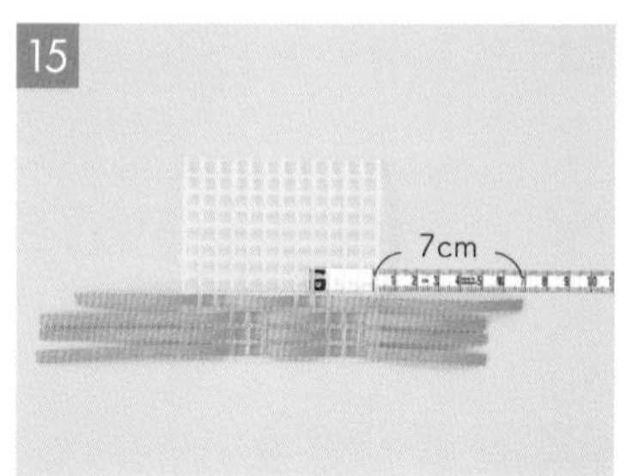

柱の下をくぐらせ、差し込んだテープを2マス飛ばした3マスめから出します。4段めができました。この12～15までの4段めのパターンをBとします。Bのパターンでは右端を7cm残します。

同様に6段めまで、Bのパターンで通します。

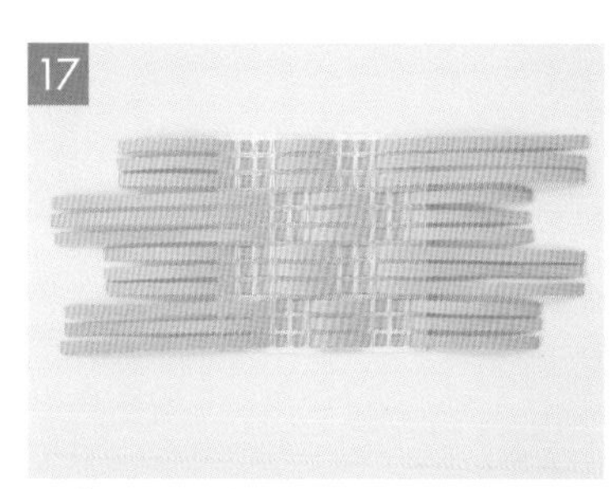

以降は、7～9段めをA、10～12段めをBのパターンで通します。横のテープを通し終わりました。

横のテープを全て通し終えたところで一旦端を始末します。ネットを裏返し、テープの裏山にボンドを塗ります。

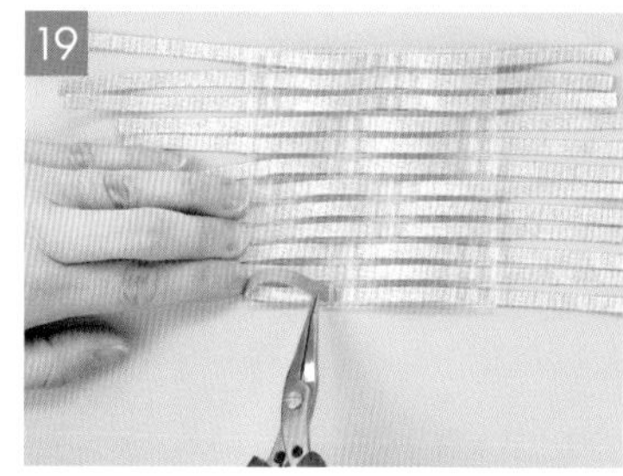

左端のテープを折り返し、すぐ横の柱に入れ込みます。エレザを使った細かい作業では、平ペンチで先端をつまむとやりやすくなります。

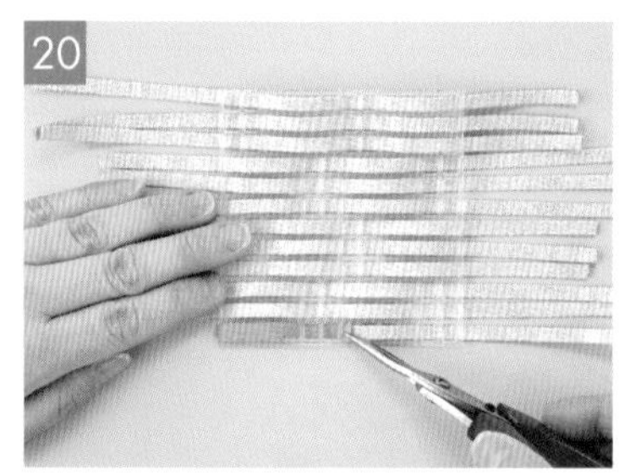

柱に3本通し、テープを引きます。ボンドを塗った部分を軽く押さえ、接着します。

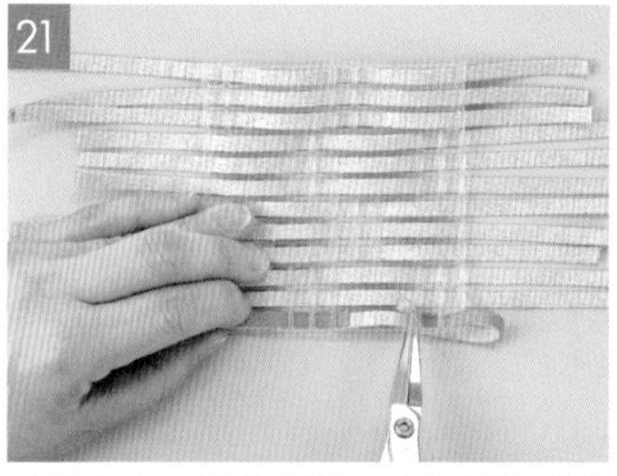

右端のテープを折り返し、すぐ左横の柱2本に入れ込みます。

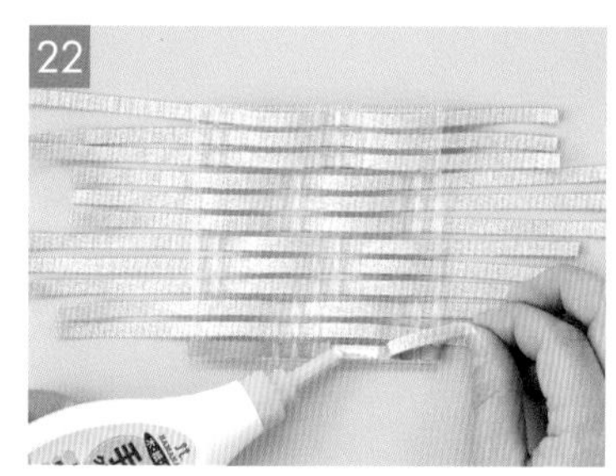

テープの裏山にボンドを塗ります。

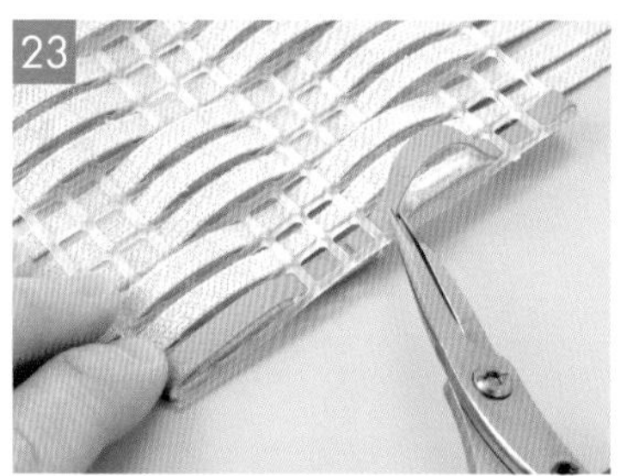

20で通した3本の柱に再度通します。テープが3本重なりますので通しにくいですが、平ペンチを使いながら少しずつ通しましょう。

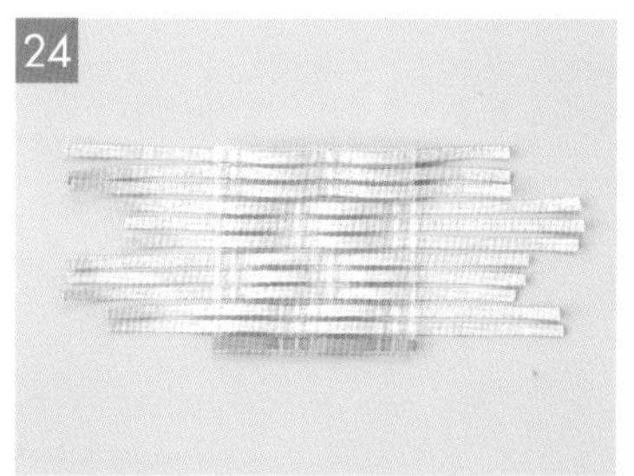

テープを引いてボンドを塗った部分を軽く押さえ、接着します。1段めのテープが始末できました。

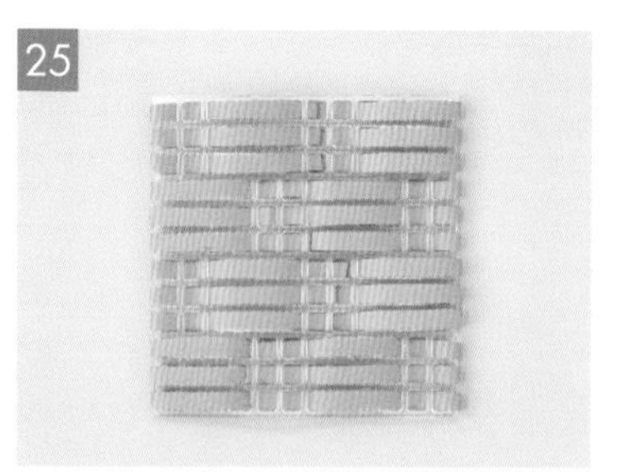

同様に他の段も始末していきます。左右のどちらか短い方のテープから先に始末すると覚えておきましょう。（写真は裏面です）

4 ネットに縦のテープを通し、ボンドで端を始末する

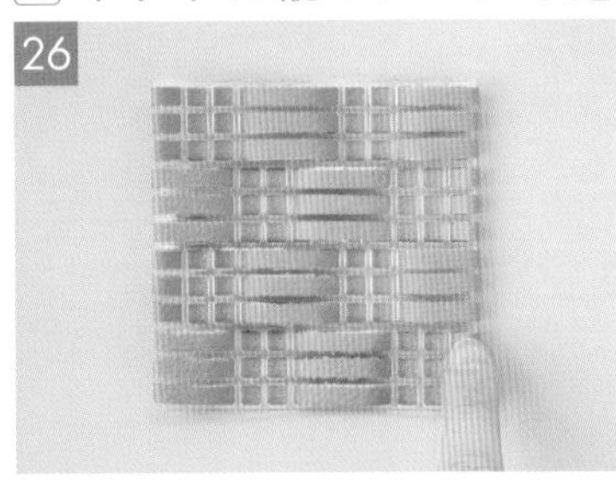
26 表に返し、14ページの【テープ通し図(2層め)】を見ながら、ネットにテープを通していきます。縦のテープはホワイトです。通し始めは①の印がついている右端、下から3マスめです。

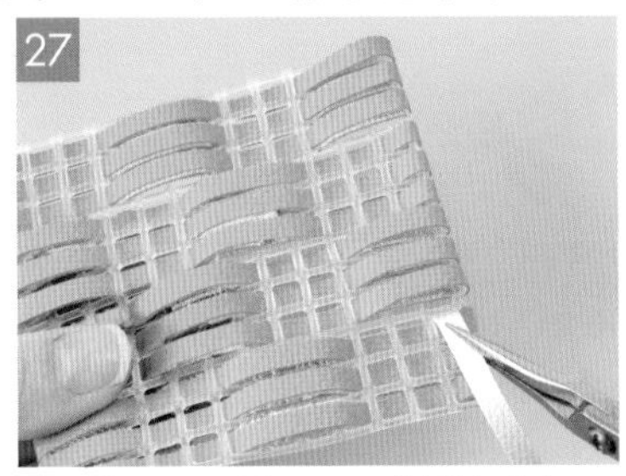
27 ネットにホワイトのテープを通します。

POINT

このとき、2重になっている横のテープのループの間に通したりしないよう、しっかりとイエローのテープの下までホワイトのテープを通しましょう。

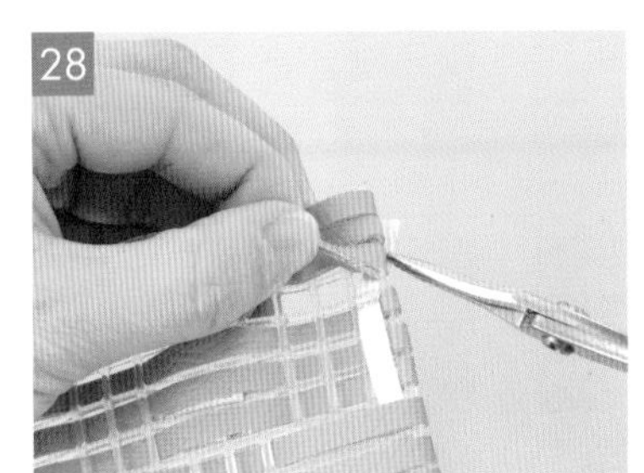
28 1列めは「表3裏3」で、Bのパターンで通します。

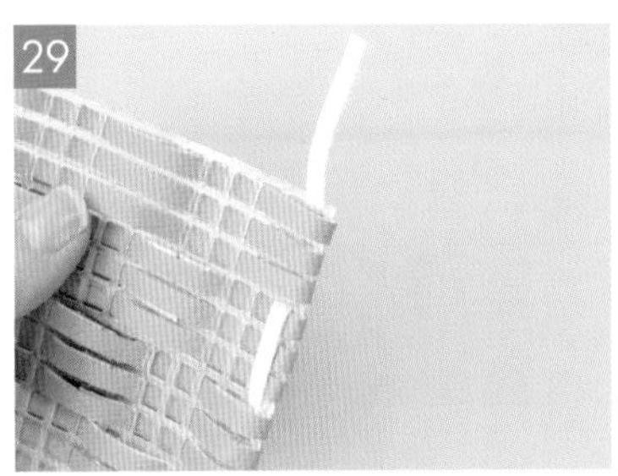
29 最後のマスからテープを出したところ。

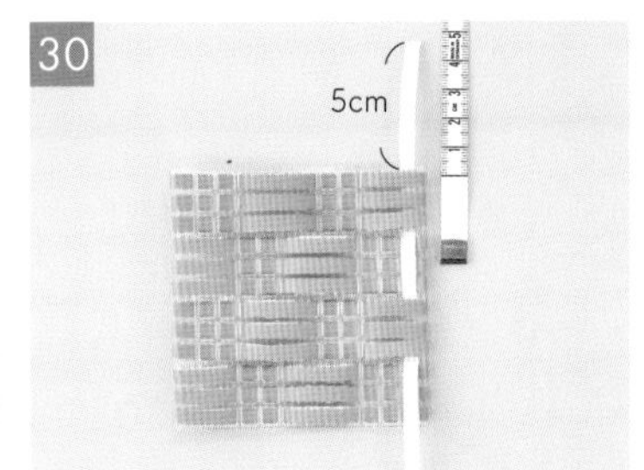

30 すでにイエローのテープが通っているマスはやや通しづらいですが、すき間から通しましょう。1列めができました。上端を5cm残します。

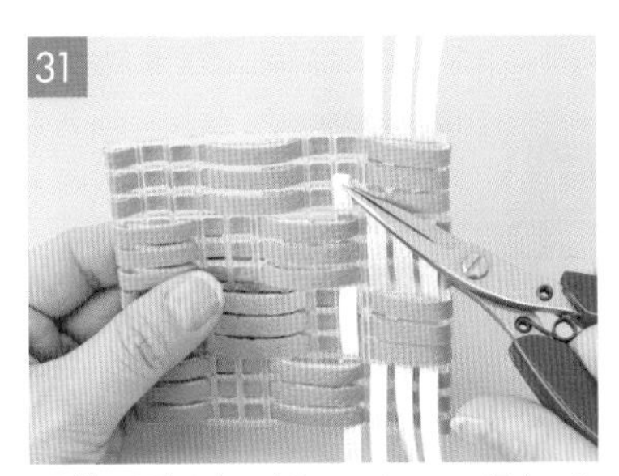
31 同様に3列めまでをBのパターンで通し、4列めはAのパターンで通します。通すマスを【テープ通し図(2層め)】で確認しながら通していきます。

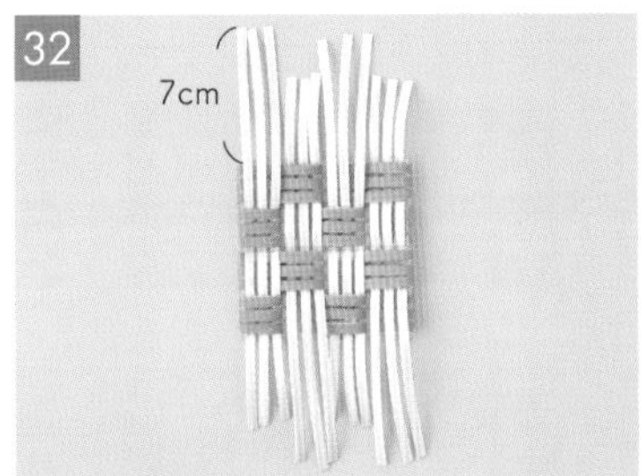

32 4～6列めをA、7～9列めをB、10～12列めをAのパターンで通します。Aのパターンでは上端を7cm残します。

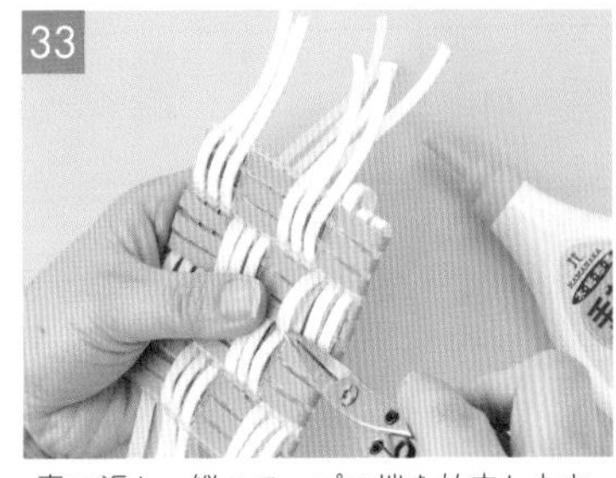
33 裏に返し、縦のテープの端を始末します。やり方は横のテープのときと同様です。上下のどちらか短い方のテープから先に始末していきます。柱を拾うときはすでに通っている横のテープの下から通しましょう。

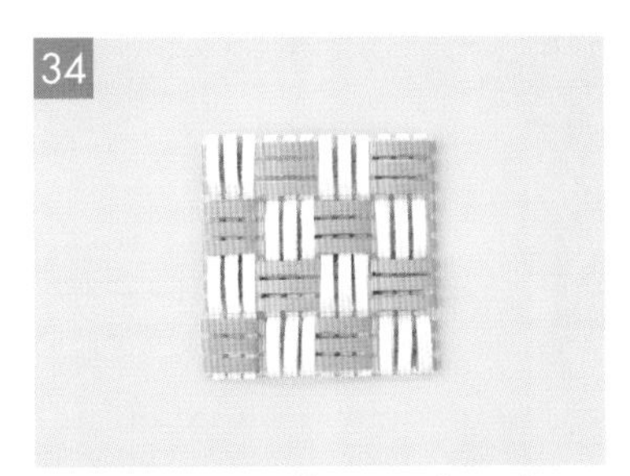
34 ボンドをしっかりと乾かし、できあがり。

ちょっと手こずったけどできた！
通し方のパターンを覚えれば、
あとは横通しの要領でできました。

縦と横の両方にテープを通すことで作品の強度が増し、実用性がアップするという利点もあります。いろいろな通し方のパターンを覚えると楽しいですよ♪

柄バリエーション表

ロマーレ Romale

この表は組み合わせの一例です。自分の好きな色の組み合わせや、通し地のパターンを見つけてみましょう。

			ネットの色					
			白	黒	ベージュ	スノー	金	銀
横通し	表1裏1	1色のテープで	パープル	ライトブルー	イエローオレンジ	イエローオレンジ	パープル	★ライトブルー
		2色を交互に	ピンクベージュ パープル	ライトブルー ネイビー	イエローオレンジ ピンクベージュ	グリーン イエローオレンジ	ゴールド パープル	ライトブルー シルバー
	表2裏1	1色のテープで	コーラル	ブラック	ネイビー	ネイビー	コーラル	ブラック
		2色を交互に	コーラル シルバー	ブラック ピンクゴールド	ネイビー シルバー	ネイビー ホワイト	コーラル ピンクゴールド	ブラック ホワイト
	表2裏2	1色のテープで	水色	紫	抹茶	紫	抹茶	水色
		2色を交互に	水色 こげ茶	紫 薄もも	抹茶 薄茶	紫 薄もも	抹茶 薄茶	水色 こげ茶
縦横通し	表3裏3	1色のテープで	ライトブルー	グリーン	レッド	ライトブルー	レッド	グリーン
		縦横で色替え	ホワイト ライトブルー	ライトブルー グリーン	ピンクベージュ レッド	イエローオレンジ ライトブルー	イエローオレンジ レッド	ホワイト グリーン

※色名と色番の対応表は6ページにあります
★…練習作品1（10ページ）

「表２裏１」などの数字の部分はネットの柱を意味していますよ。表に柱２本分通したら、次は裏に柱１本分通す、という意味合いです。

チューブベリー Tubeberry

		ネットの色					
		白	黒	ベージュ	スノー	金	銀
横通し 表1裏1	1色のテープで	段染めパープル	ラメブラック	ラメゴールド	段染めパープル	ラメゴールド	ラメブラック
	2色を交互に	ラメシルバー 段染めパープル	ラメゴールド ラメブラック	ラメシルバー ラメゴールド	ラメゴールド 段染めパープル	段染めパステル ラメゴールド	段染めパステル ラメブラック
横通し 表2裏1	1色のテープで	ラメゴールド	ブラックシルバー	段染めベージュ	ラメゴールド	段染めベージュ	ブラックシルバー
	2色を交互に	段染めパープル ラメゴールド	ラメブラック ブラックシルバー	ラメシルバー 段染めベージュ	ラメシルバー ラメゴールド	ラメゴールド 段染めベージュ	ラメシルバー ブラックシルバー
横通し 表2裏2	1色のテープで	ラメシルバー	ラメゴールド	ラメゴールド	段染めパステル	ラメシルバー	段染めパステル
	2色を交互に	ラメブラック ラメシルバー	ラメシルバー ラメゴールド	段染めベージュ ラメゴールド	ブルーシルバー 段染めパステル	段染めベージュ ラメシルバー	ブラックシルバー 段染めパステル
縦横通し 表3裏3	1色のテープで	ブルーシルバー	ラメシルバー	段染めベージュ	ラメシルバー	段染めパステル	ブルーシルバー
	縦横で色替え	ラメシルバー ブルーシルバー	ブラックシルバー ラメシルバー	ラメゴールド 段染めベージュ	段染めパープル ラメシルバー	段染めパープル 段染めパステル	ラメブラック ブルーシルバー

※色名と色番の対応表は6ページにあります

POINT 「表1裏1」…ステップ1、ステップ2で使用　「表2裏2」…ステップ4、ステップ5で使用　「表3裏3」…ステップ3で使用

エレザ *Ereza*

			ネットの色					
			白	黒	ベージュ	スノー	金	銀
横通し	表1裏1	1色のテープで	レッド	レッド	ベージュ	ホワイト	ベージュ	ホワイト
		2色を交互に	ホワイト レッド	ブラック レッド	ブラウン ベージュ	ブラック ホワイト	レッド ベージュ	ネイビー ホワイト
	表2裏1	1色のテープで	イエロー	カーキ	カーキ	ベージュ	ベージュ	イエロー
		2色を交互に	ベージュ イエロー	ブラック カーキ	ブラウン カーキ	ホワイト ベージュ	ホワイト ベージュ	ベージュ イエロー
	表2裏2	1色のテープで	カーキ	ホワイト	ホワイト	レッド	カーキ	レッド
		2色を交互に	ベージュ カーキ	カーキ ホワイト	ブラウン ホワイト	イエロー レッド	イエロー カーキ	カーキ レッド
縦横通し	表3裏3	1色のテープで	ホワイト	ネイビー	ブラウン	ホワイト	ブラウン	ネイビー
		縦横で色替え	★ イエロー ホワイト	レッド ネイビー	レッド ブラウン	ベージュ ホワイト	ベージュ ブラウン	イエロー ネイビー

※色名と色番の対応表は6ページにあります
★…練習作品2(14ページ)

先生、
今度はわたしもバッグに
挑戦してみたいです！

コースターを作れた
美咲さんならバッグ
も作れますよ。

でもバッグはコースターと
違って立体だから、難しそう‥

そうですね。
コースターは平たいネットのまま
テープを通しましたが、バッグは
ネットを立体にします。
ネットは柔らかく軽いので、立体を
作るのに最適なんですよ。立体にす
るコツを覚えてしまえば、テープを
通す方法はコースターと同じですの
で大丈夫。

へー！もっと大変かと
思っていました。

最初はシンプルで小さめのも
のからはじめ、徐々にステッ
プアップしていきましょう。

はい。最初のバッグ
が楽しみです♪

バッグの完成までの
工程は、おおまかに
3つです。

①ネットを切り、立体に組み立てる
②ネットにテープを通す
③持ち手や留め具をつけて仕上げる

この本では難易度順に、5段階に分け
て作品を紹介しています。
それぞれのステップには身につけたい
スキルのポイントをまとめています。
バッグをステップごとに完成させなが
ら、楽しくテープ手芸のノウハウを習
得していきましょう。

STEP.1

Simple bag

- ネットを組み立ててみましょう -

まず始めは基本的なバッグに挑戦してみましょう。こちらは、最初から最後までずっと同じ通し方で作る作品です。ネットを組み立てられればあとはテープを通すだけ。ハンドル（持ち手）の装着も容易です。スマホやお財布を入れてちょっとそこまで出かけるのにぴったりの大きさで、シンプルながら使い勝手のいい作品です。

テープ a…ロマーレ（No.104・コーラル）
b…チューブベリー（No.6・ラメシルバー）

ネット a…白　b…スノー

持ち手 a…透明×金　b…透明×銀

a

b

Features
この作品の特長

テープ

単色のシンプルな通し地

テープは1種類のみをチョイスし、基本の「表1裏1」で通しています。色味や素材感を生かしたシンプルな作りです。

ネット

小ぶりで使いやすい形

バッグの型となるネットは、一番オーソドックスな展開図を使っています。ポケットなどの装飾もなく、すぐに作れます。

金具・持ち手

持ち手はハサミカンタイプで簡単に

本体部分が作れたらすぐに完成させられるよう、持ち手はハサミカンのついたタイプに。縫い合わせる必要がなくお手軽です。

Point
このステップで習得したいポイント

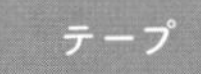

テープ

- 指定の長さ・本数通りにテープを用意する
- 長く通す時にマスを間違えないようにする
- 「表1裏1」のベーシックな通し方をマスターする

ネット

- 立体物のネットの切り方をマスターする
- バッグの型紙の使い方と切り方に慣れる
- クリップやビニールタイをうまく使う
- マチの合わせ方のコツを知る

金具・持ち手

- 装着の簡単なハサミカンタイプを使って、持ち手のついたバッグにトライする

Style
スタイル

片手でハンドルを持ったところ。
軽やかな存在感です。

テープをみっちりとすき間なく通すことで、
内側が透けることなく使えます。

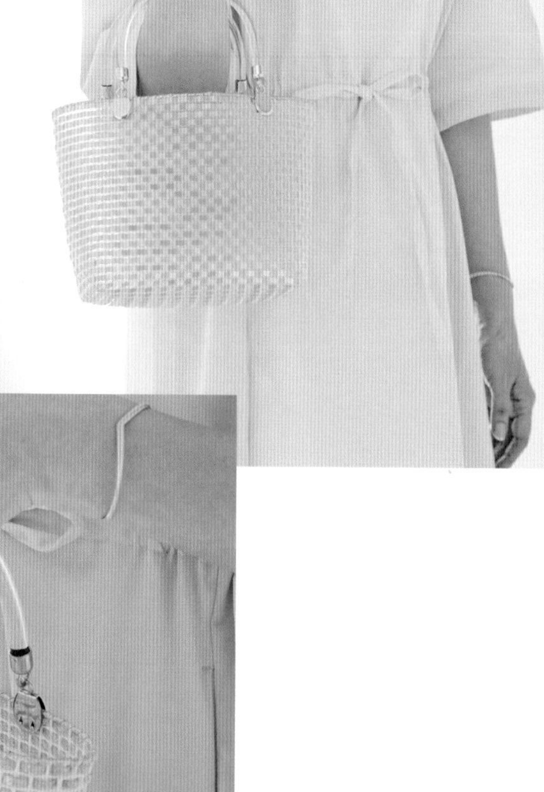

コンパクトながら、スマホやハンカチ、
小さめのペットボトルなら充分入ります。

Variation

色違い・テープ違いで
作ってみましょう

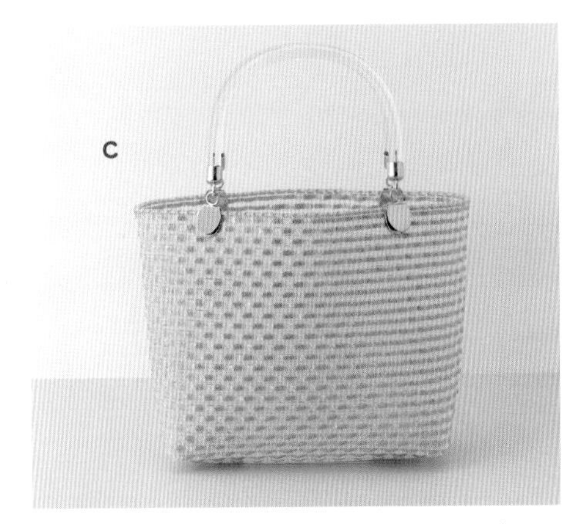

c

テープ　チューブベリー（No.5・ラメゴールド）
ネット　白
持ち手　透明×金

d

テープ　エレザ（No.1・ホワイト）
ネット　ベージュ
持ち手　透明×金

e

テープ　チューブベリー（No.3・段染めパープル）
ネット　白
持ち手　透明×銀

f

テープ　チューブベリー（No.7・ラメブラック）
ネット　黒
持ち手　黒×銀

g

テープ　エレザ（No.4・ブラウン）
ネット　黒
持ち手　べっ甲×黒メタ

STEP.1 Simple bag

Photo P.22~25

a: コーラル　b: ラメシルバー　c: ラメゴールド　d: ホワイト　e: 段染めパープル　f: ラメブラック　g: ブラウン

材料

【テープとネット】 ※あみあみファインネット　1/2枚

	ネットの色	テープ	テープの色	用尺（m）
a	白	ロマーレ	コーラル	21.9
b	スノー	チューブベリー	ラメシルバー	21.9
c	白	チューブベリー	ラメゴールド	21.9
d	ベージュ	エレザ	ホワイト	21.9
e	白	チューブベリー	段染めパープル	21.9
f	黒	チューブベリー	ラメブラック	21.9
g	黒	エレザ	ブラウン	21.9

テープ1セット

【その他】

クラフトハンドル 1組　※品番等詳細はP.99を参照

出来上がり寸法

20×18×9cm

用具

ハサミ、メジャー、両面テープ、ボンド、仮止めクリップ、ダブルクリップ、ラジオペンチ、平ペンチ、マスキングテープ

作り方

1　ネットとテープを用意する(P.28)。
2　底にテープを通す(P.28～29)。
3　バッグの形に組み立てる(P.29～30)。
4　側面にテープを通す(P.30～32)。
5　バッグ口を巻きかがる(P.32～33)。
6　持ち手をつける(P.33)。

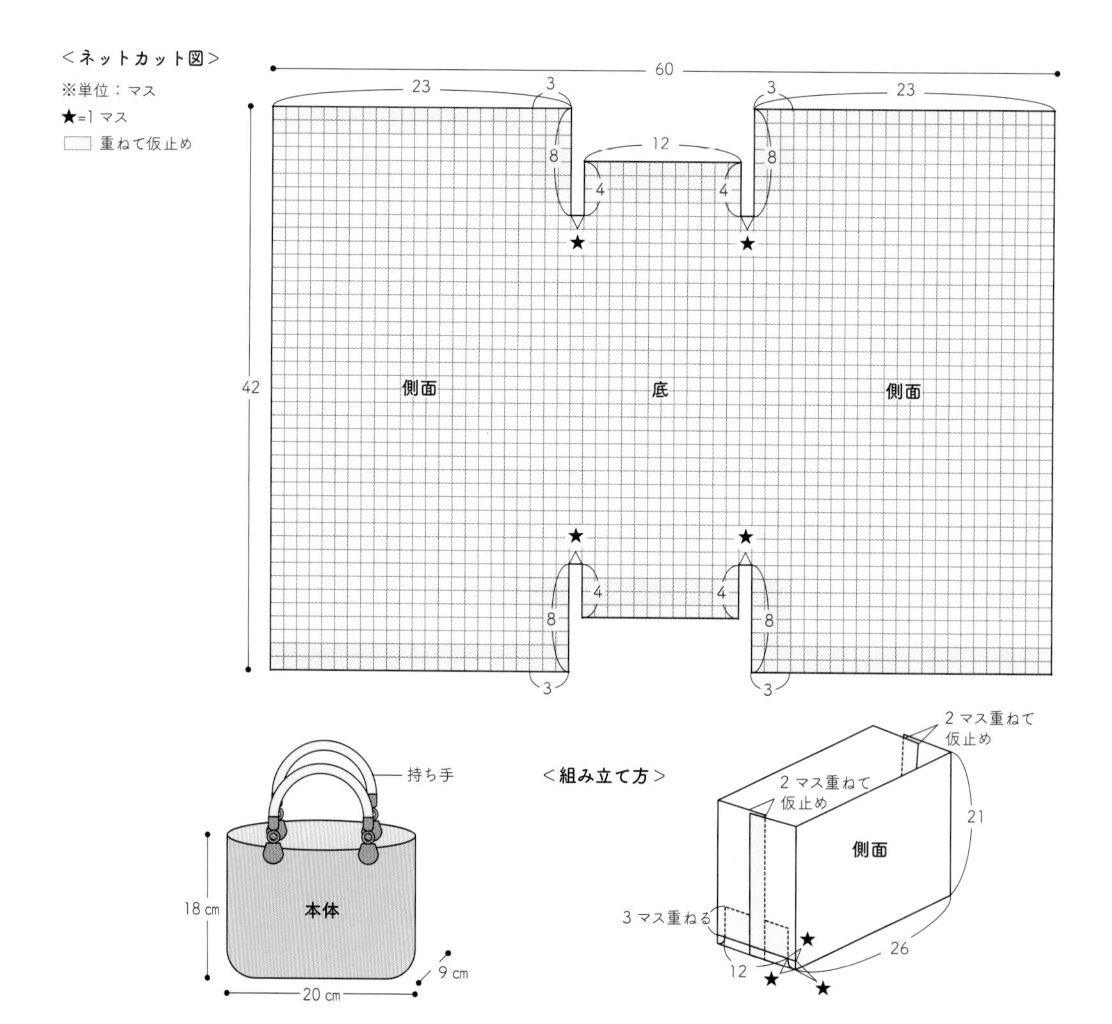

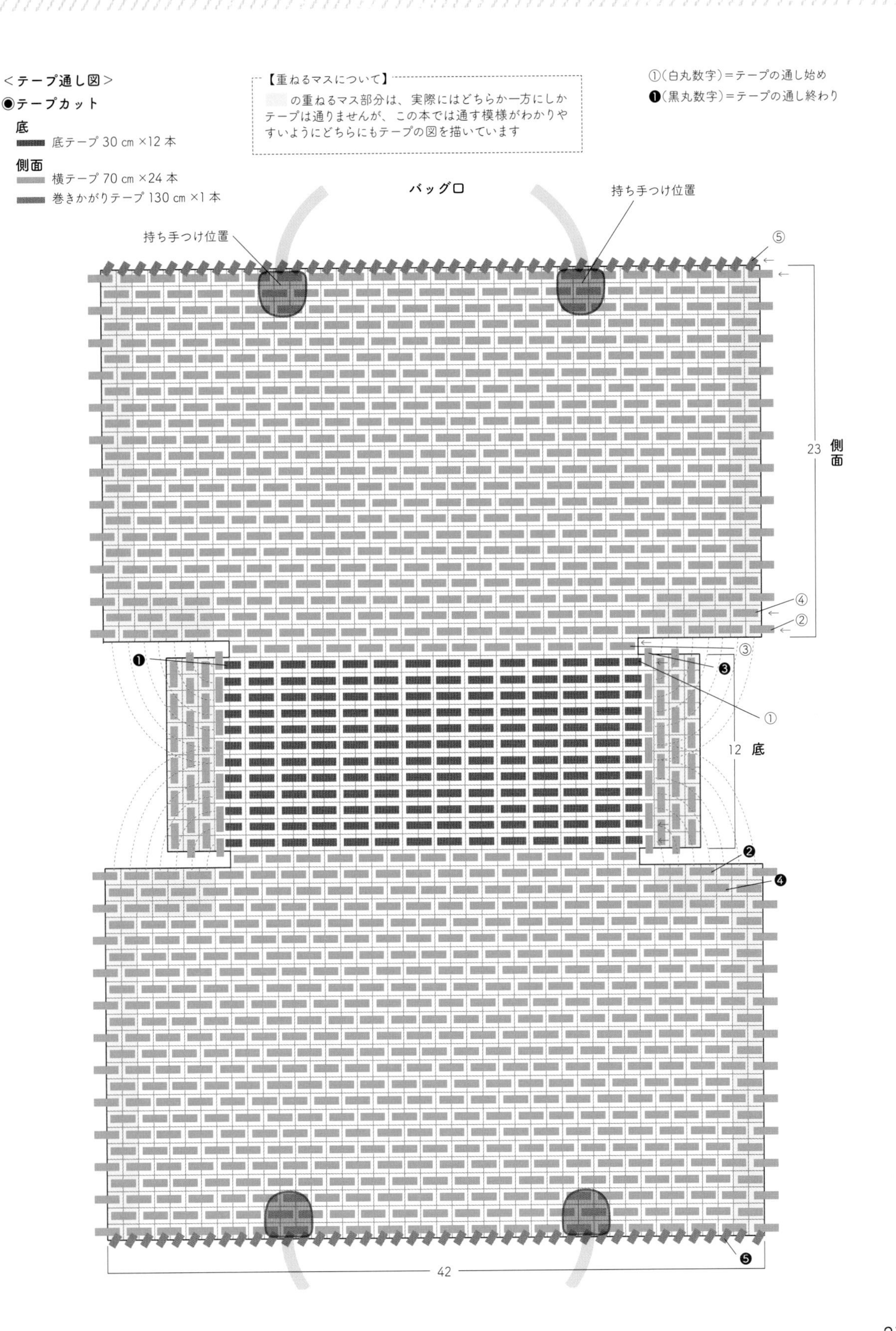
<テープ通し図>
◉テープカット
底
底テープ 30 ㎝ ×12 本
側面
横テープ 70 ㎝ ×24 本
巻きかがりテープ 130 ㎝ ×1 本
【重ねるマスについて】
の重ねるマス部分は、実際にはどちらか一方にしかテープは通りませんが、この本では通す模様がわかりやすいようにどちらにもテープの図を描いています
①(白丸数字)=テープの通し始め
❶(黒丸数字)=テープの通し終わり
バッグ口
持ち手つけ位置
持ち手つけ位置
⑤
④
②
③
❶
❸
①
23
側面
12
底
❷
❹
❺
42

※見やすいように一部テープの色を変えています

1 ネットとテープを用意する

●型紙に合わせてネットをカットする

1

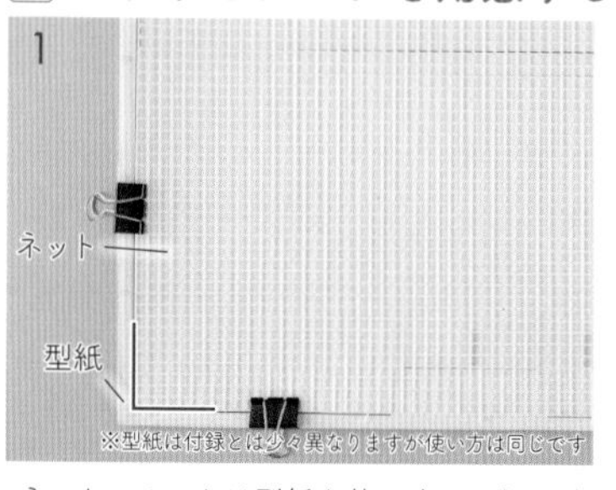

ネットのカットは型紙を使いましょう。型紙の赤線とネットの角を合わせて置き、ダブルクリップで固定します。

2

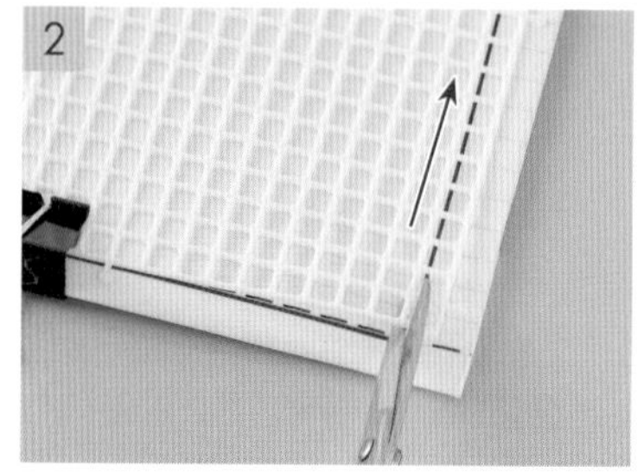

赤線上のネットの柱が残るように、赤線の外側にあるマスをカットしていきます。

3

特に、凹んでいる部分はカットを間違えると組み立てられないことも。慎重に赤線の外側の不要部分をカットします。

POINT

誤ってカットしないように、残したいマス側にマスキングテープを貼り、残ったところをカットするのも良いでしょう。

または、柱のカットする位置に油性ペンで印をつけ、印部分をカットしていく、という方法も効率的です。

4

全体を型紙通りに切り抜きました。ダブルクリップを外して型紙を取ります。

5

テープは、レシピ（P.27）の「テープカット」に従ってあらかじめ切り分けておきます。長さごとにまとめておくと良いでしょう。

2 底にテープを通す

1

底テープ30cmを1列めに「表1裏1」で通していきます。図では右端から通していますが、左端から通しても構いません。

●底の1列目を通す

2

底の右端の下から5マスめにテープを表から裏に入れます。端は約5cm残します。

●端を始末する

3

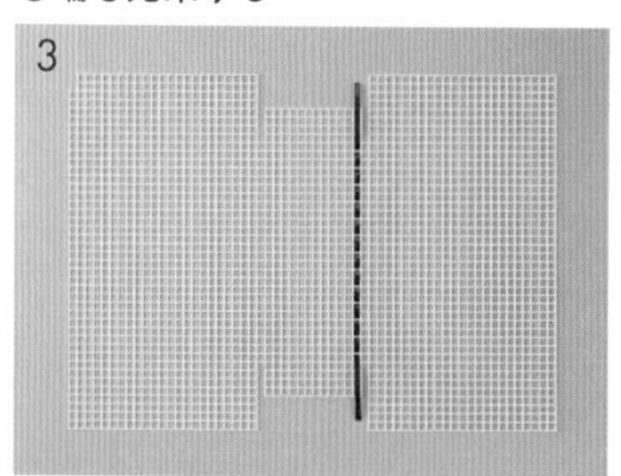

1列めを通し終わりました。

4 <裏側>

通し終わり部分の裏側。テープ端はネットの下（表側）に出ています。

5

裏側（＝バッグ内側）に折り返して始末しますので、通し終わりのテープを次のマスから裏へ出します。

次のマスから出したところ。

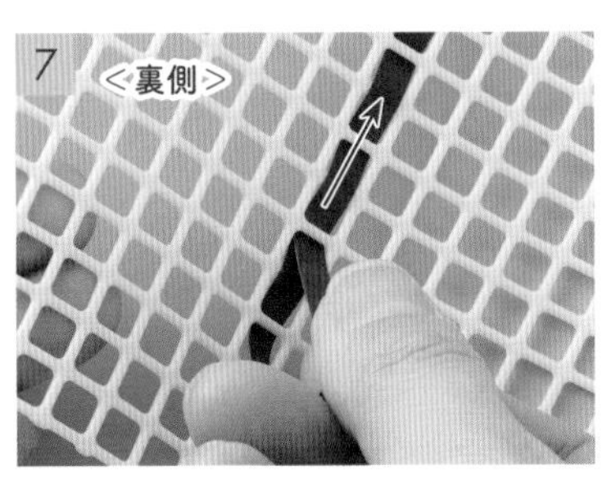

折り返して、次に見えている柱にテープを、すでに通したテープに重ねて通します。

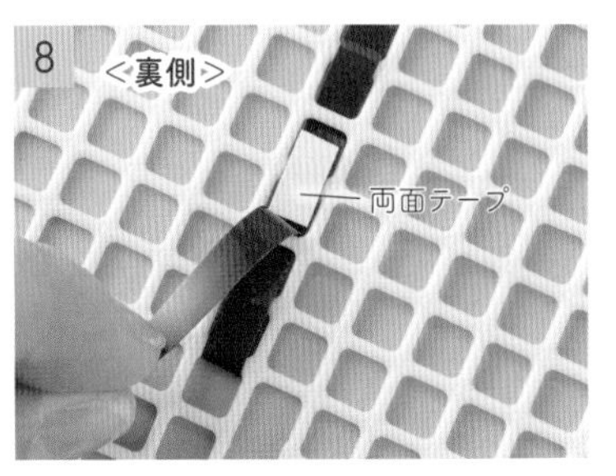

次に見えている「裏1」の模様部分に、両面テープを貼ります（＊エレザの場合ははがれにくいようにボンドでつけます）。

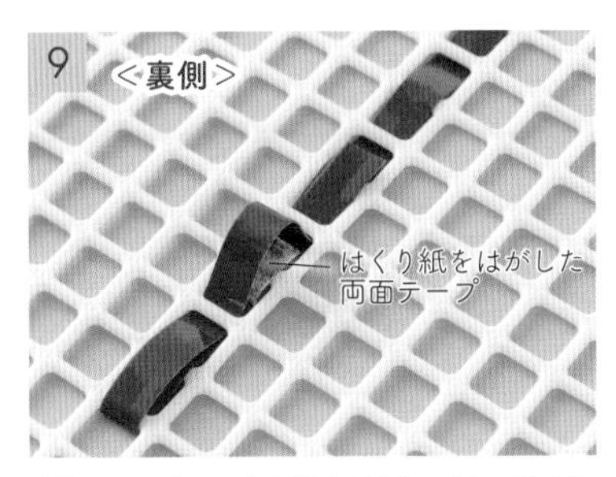

両面テープのはくり紙をはがし、次の柱を1本拾って通します。

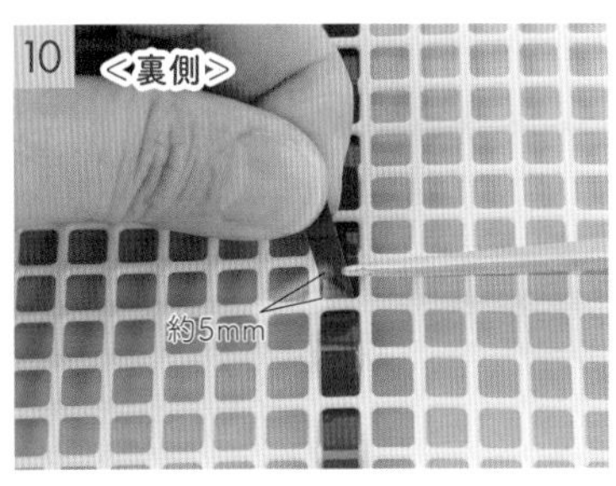

ネットの柱の際から約5mm出たところでカットします。

両面テープを貼ったところを軽く押さえます。始末ができました。

表に返します。通し始めのテープも同様に始末します。1列めができました。

●底のできあがり

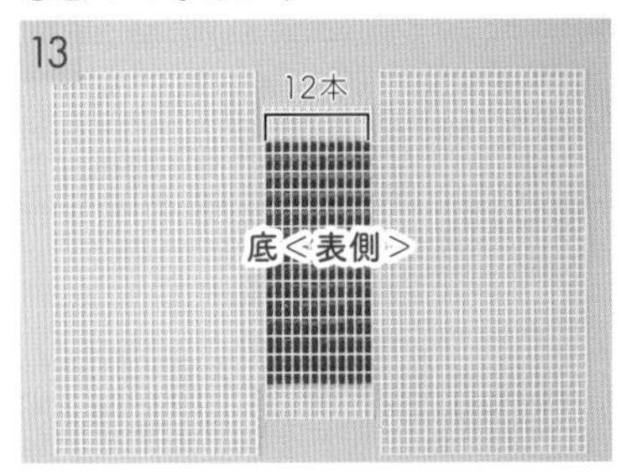

同様に30cm×合計12本通して始末します。底ができあがりました。この表側＝バッグの底の表側（外側）になります。

3 バッグの形に組み立てる

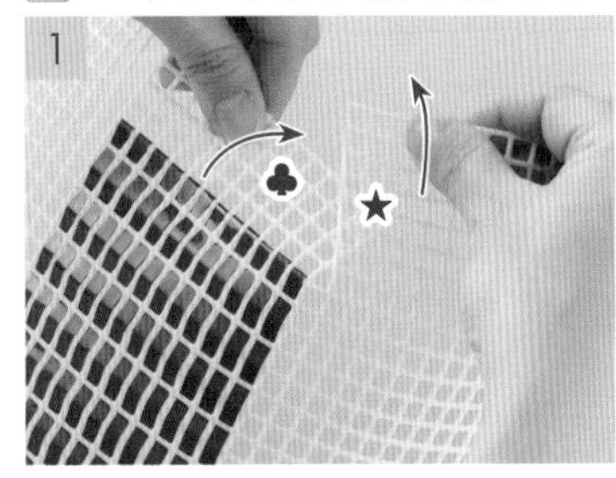

表側を見ながら、底マチ（♣）を上に折り曲げます。次に、右側の側面マチ（★）を左に倒してかぶせます。

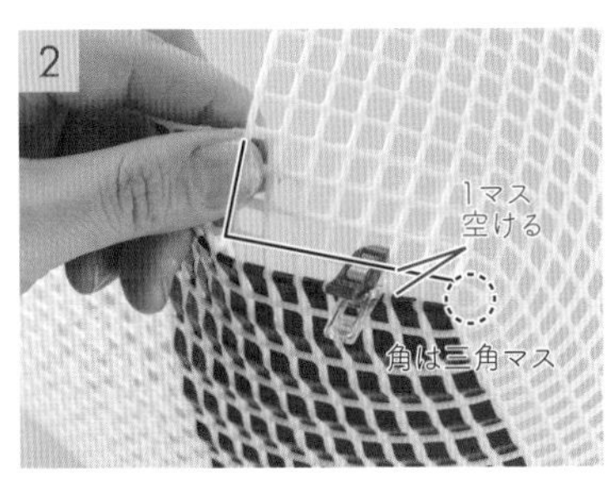

底マチと側面マチを仮止めクリップで仮止めします。底と側面の端は1マス空けます。

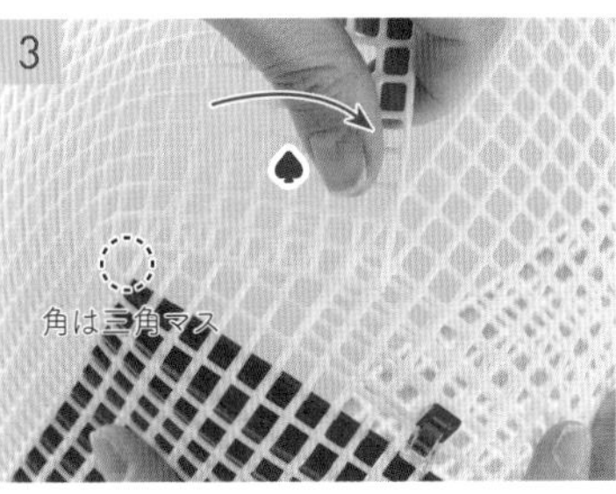

次に左側の側面マチ（♠）を右へ倒してかぶせます。

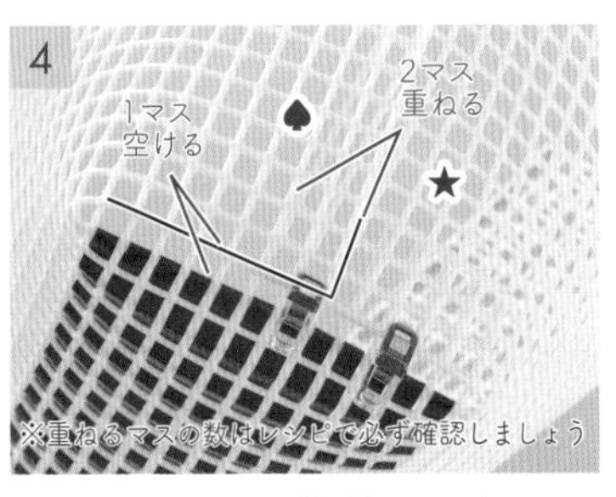

左右のマチを2マスずつ重ねて、底マチと一緒に仮止めクリップで仮止めします。左側の側面も底とは1マス空けます。

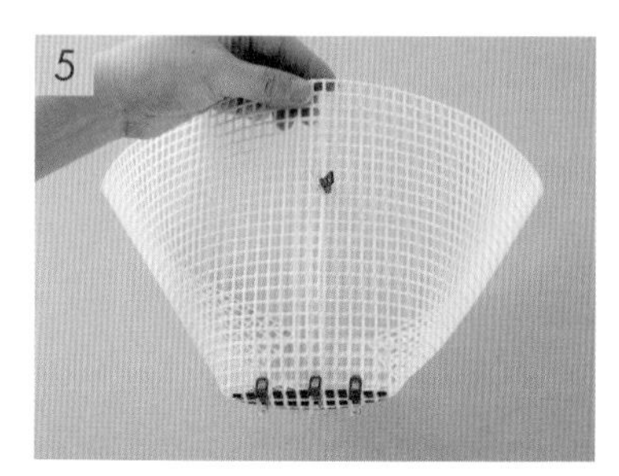

側面の上の方も同様に2マス重ねて1カ所仮止めクリップで仮止めします。

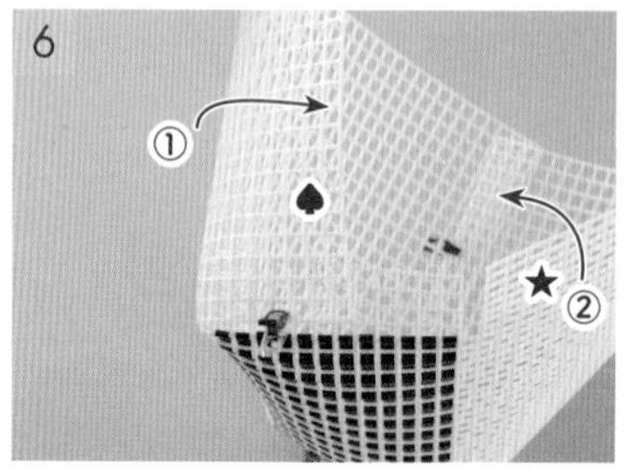

反対側のマチも同様にします。ただし、側面の重ねる順番は先に左(♠)、次に右(★)を重ねます。

同様に上の方も仮止めします。

8

このようにバッグの形に組み立てます。

4 側面にテープを通す

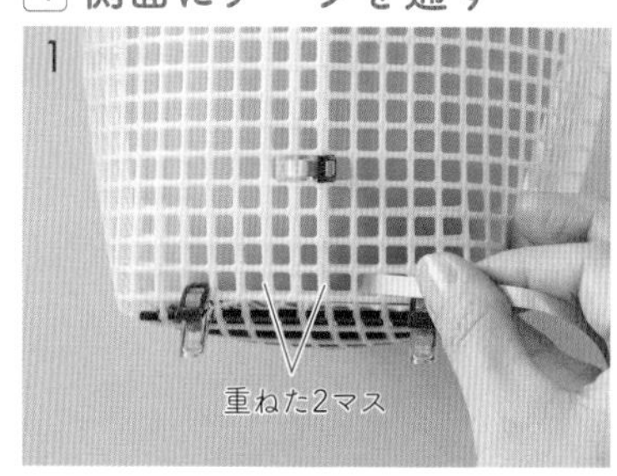

右側の側面マチの2段め(=側面ネットの最下段)から通し始めます。重ねたマスの2つ右のマスに横テープ70cmを入れます。

●底から2段めにテープを通す

左隣のマスから出します。底マチと側面マチの2枚のネットに一緒に通します。

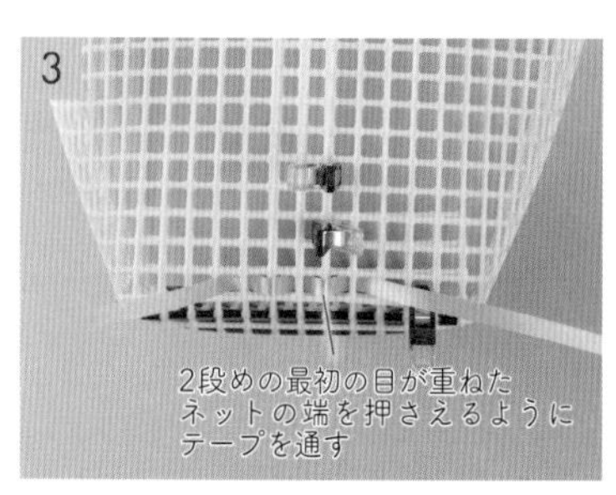

「表1裏1」で2〜3模様通します。側面を一周通しますが、後からテープを引っ張ることは難しいので、一旦位置を調整します。

すでに通した模様のテープを、右から順に引き出し、次に左の模様から引き出して、テープを左側に寄せていきます。

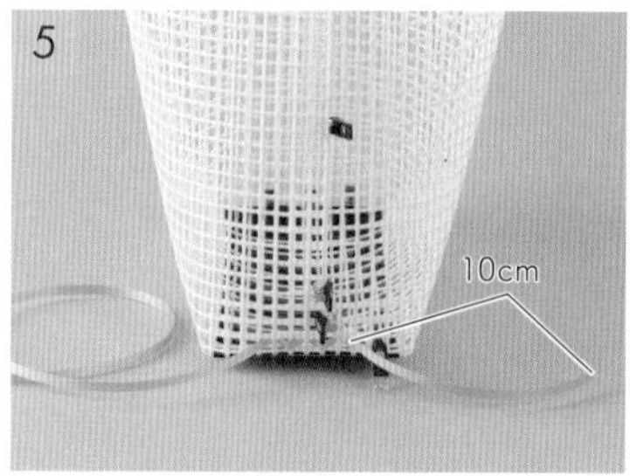

右端に10cm残るようにしてテープを引き終わりました。これで側面を一周する準備ができました。

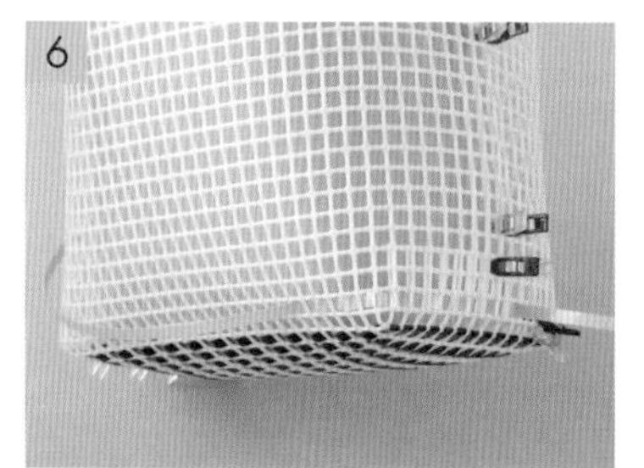

続けて「表1裏1」で側面を一周します。2〜3模様通すごとにテープを引きます。

●テープを始末する

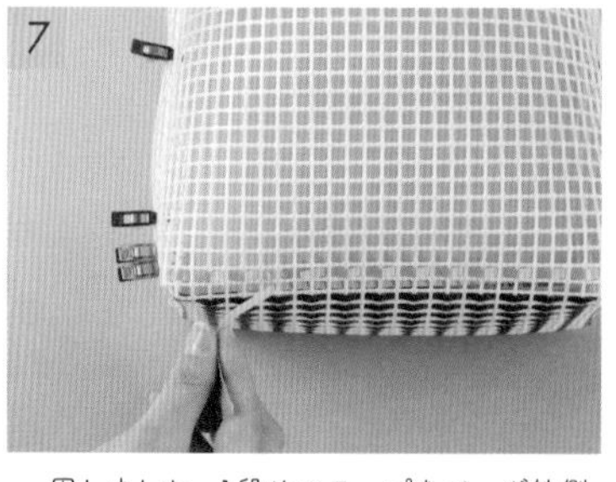

一周しました。1段めのテープをバッグ外側で始末します。通し始めに残したテープを反対方向へ通します。

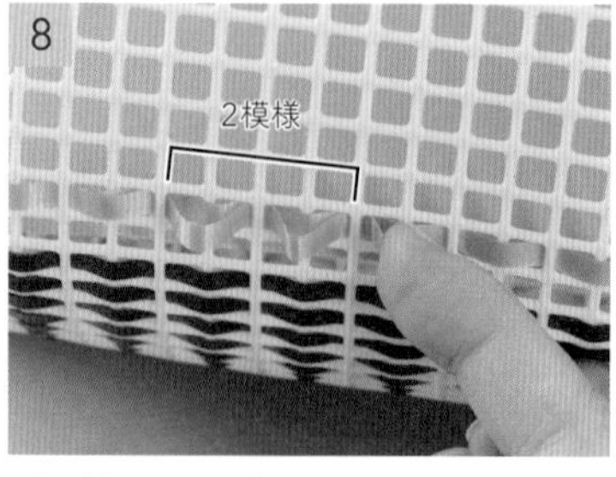

通し始めのテープを、通し終わりの上に重ねて2模様通します。

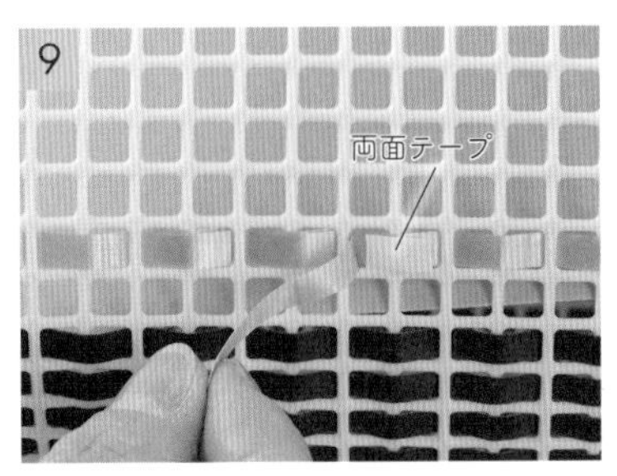

次の模様のテープに両面テープを貼り、はくり紙をはがして、上から通し始めのテープを重ねて通します。

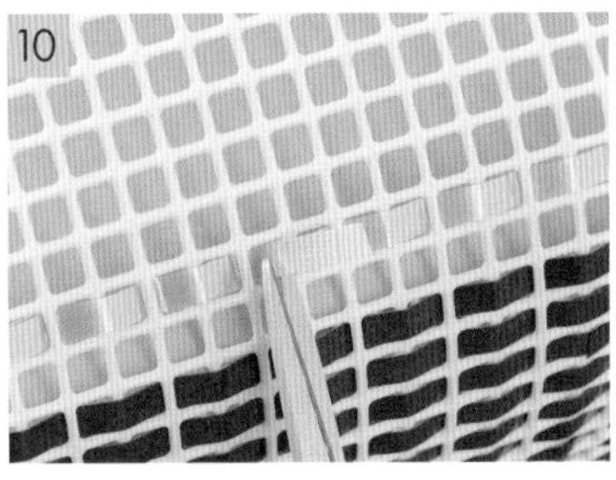

柱の際から約5mmのところでカットします。

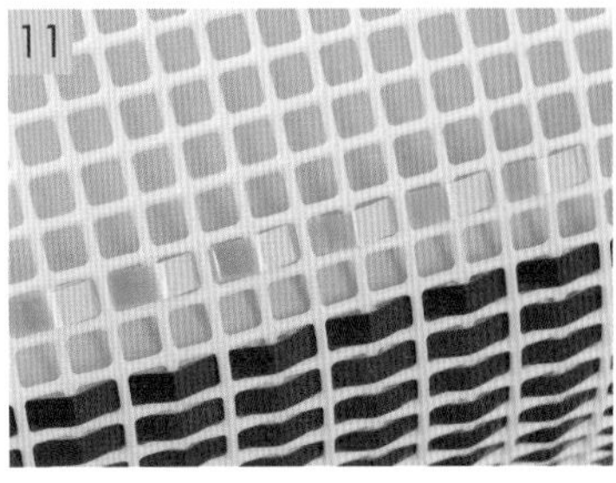

2段めの始末ができました。ここでは1段ごとに始末しましたが、始末は毎段ではなく、複数段まとめて作業しても構いません。

●底から１段めに通す

新しい側面テープ70cmを1段め（マチ部分は底マチ1枚のみ）に、2段めとは模様を1マス横にずらして、「表1裏1」で通します。

1段めの角は三角のマスになっていますが、普通の１マスと同様に通します。

●角の通し方１

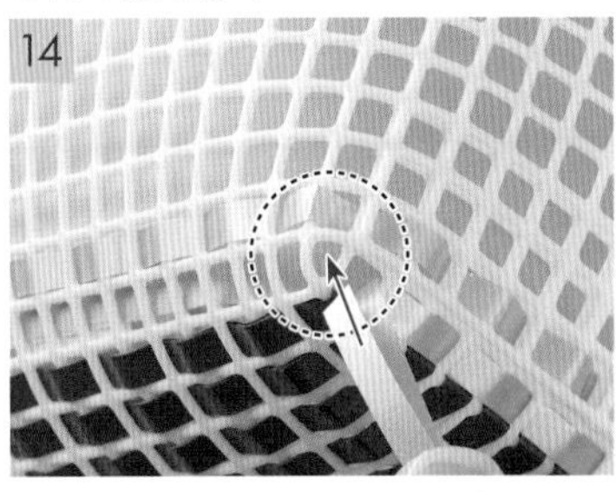

角の手前のマスで出てきたので、「表1」の模様になるよう、角のマスに入れます。

差し込みます。

次のマスから出します。

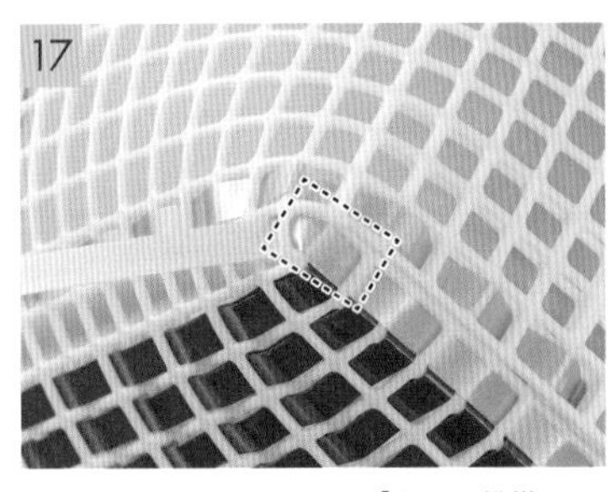

このようなイレギュラーな「表1」の模様になります。

●角の通し方２

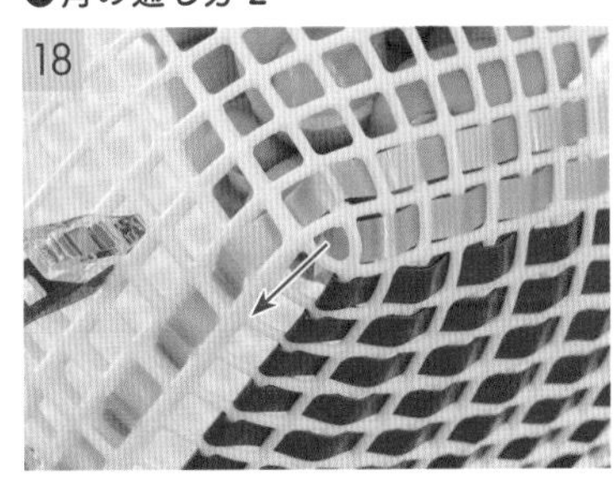

次の角では模様が反対の「裏1」になります。

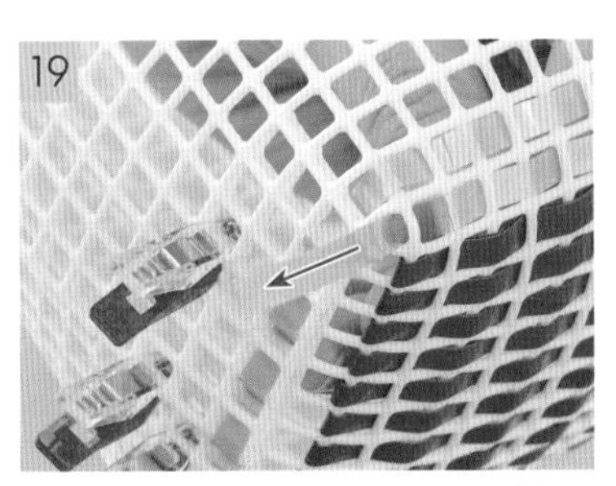

角のマスから出して次のマスへ入れ、「裏1」模様で通します。

●底から３段めに通す

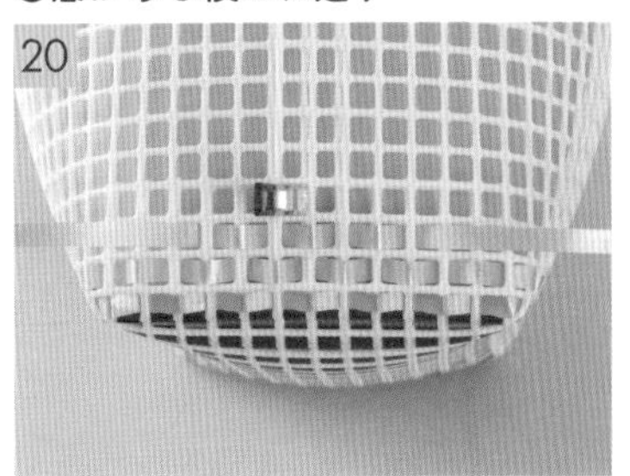

1段めを一周通しました。「表1裏1」を2段1模様で通すので、3段めは1段めと同じ模様になるように「表1裏1」で通します。

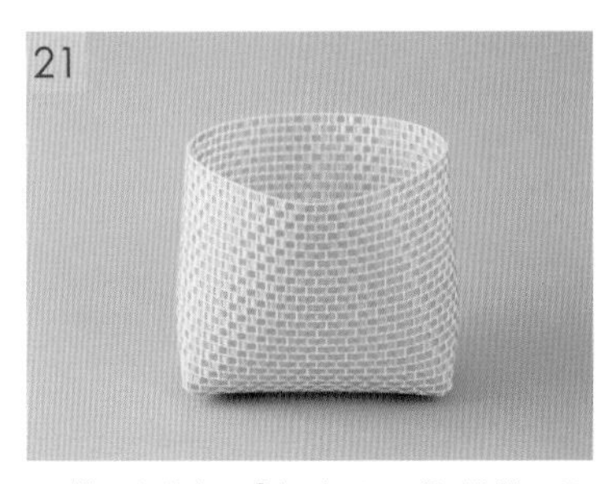

同様に上端まで「表1裏1」の2段1模様で通します。

5 バッグ口を巻きかがる　●テープ中央から左方向へ巻きかがる

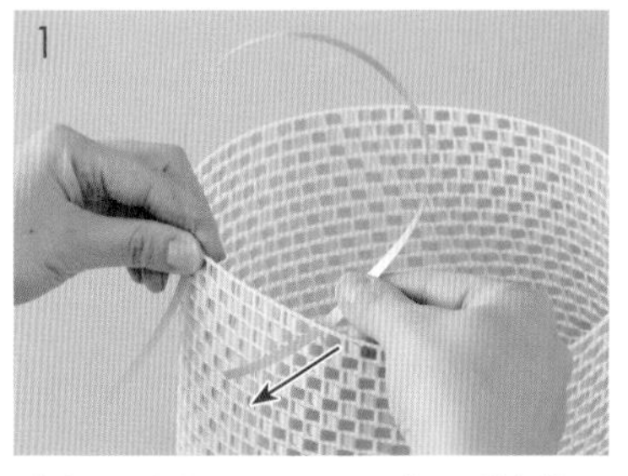

巻きかがり用130cmのテープを、最上段に通っているテープとマスの隙間に通します。

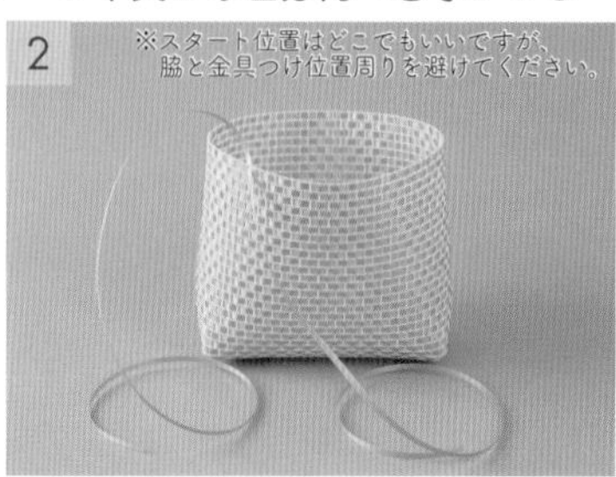

テープを中央まで引きます。テープが長いと取り回しが大変なので、テープの中央から左右に巻きかがると効率的です。

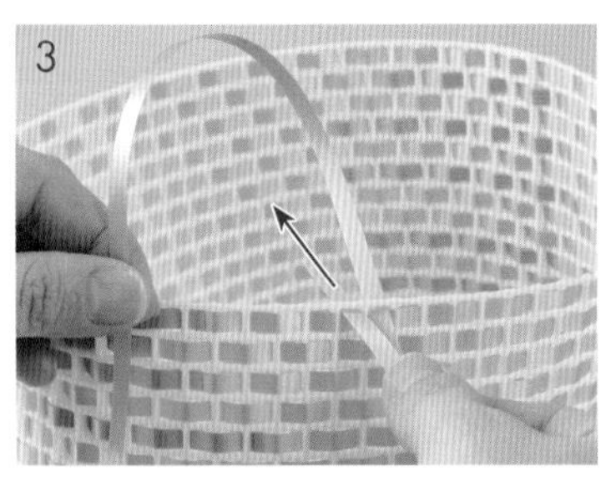

テープの半分で、左方向へ半周していきます。内に出ているテープを、左隣のマスに外から内に向かって入れます。

テープを引きます。この時テープの向きが途中でひっくり返ったり、折れたりしないように気をつけながら作業します。

引き締めました。

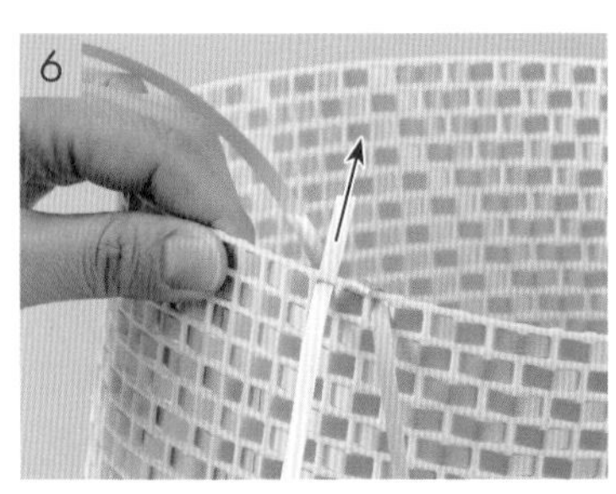

2目めも左隣のマスに外から内に入れます。

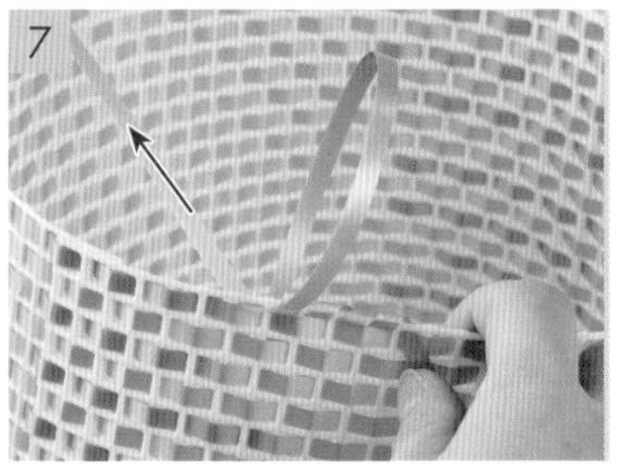

テープを引きます。

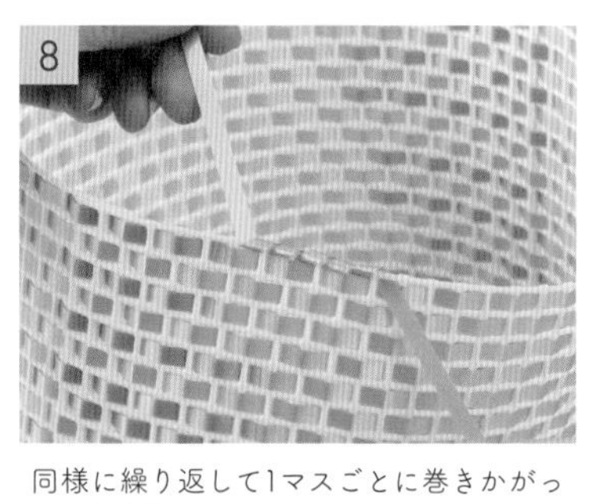

同様に繰り返して1マスごとに巻きかがっていきます。

9

左周りで半周巻きかがりました。

●右方向に巻きかがる

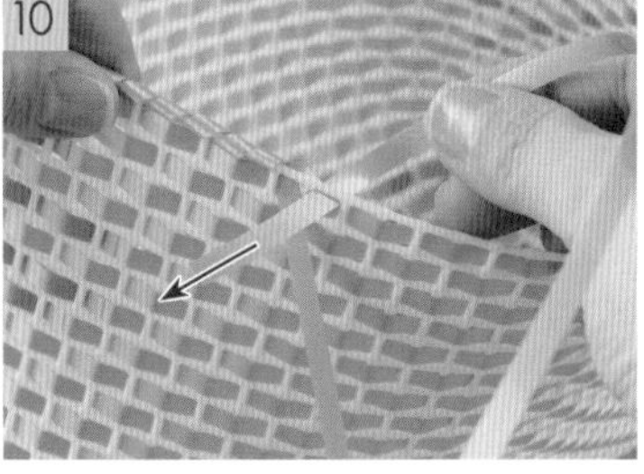

次に、通し始めに残したテープで、右方向にもう半周巻きかがります。テープの通し方は内から外へと反対向きになります。

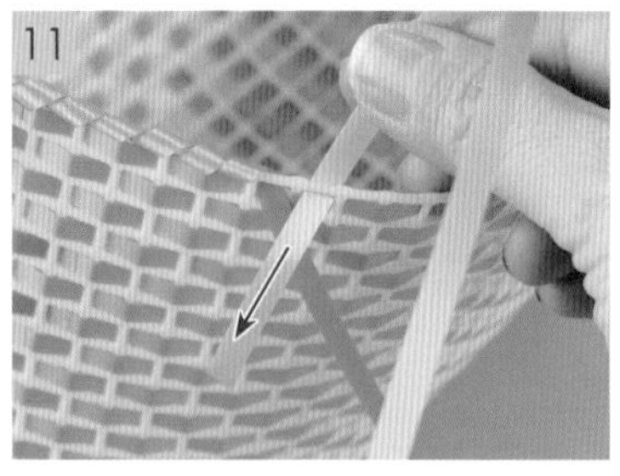

1目めはテープを右隣のマスに内側から入れて、外側に出します。

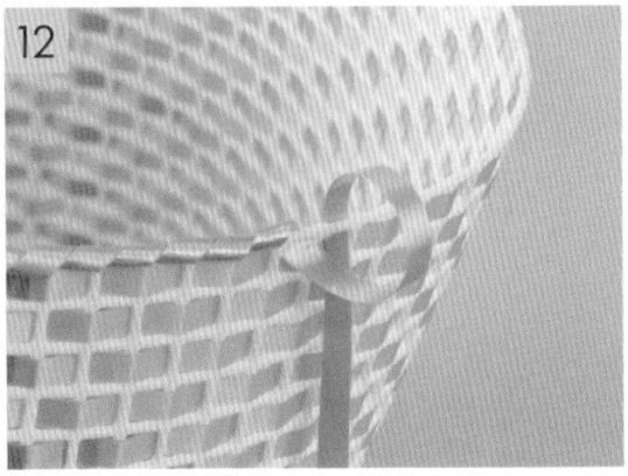

12

テープを引きます。

13

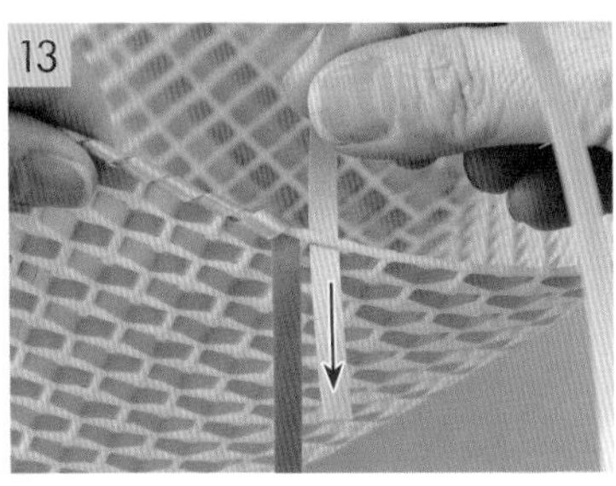

2目めも右隣のマスに内から外に出します。同様に繰り返します。

●巻きかがりのテープを始末する

14

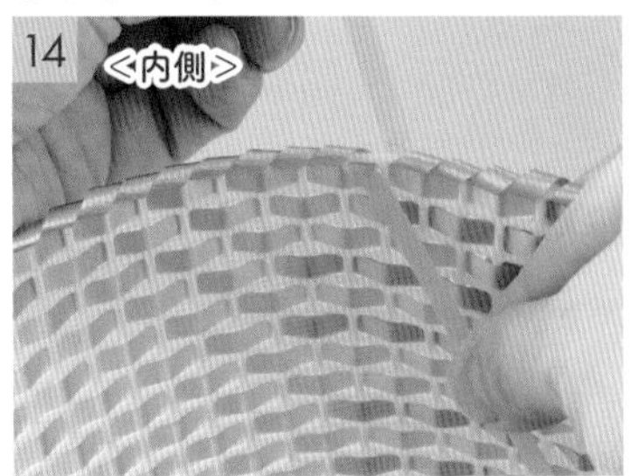

一周巻きかがり終わったら、テープの両端をバッグの内側で始末します。

15

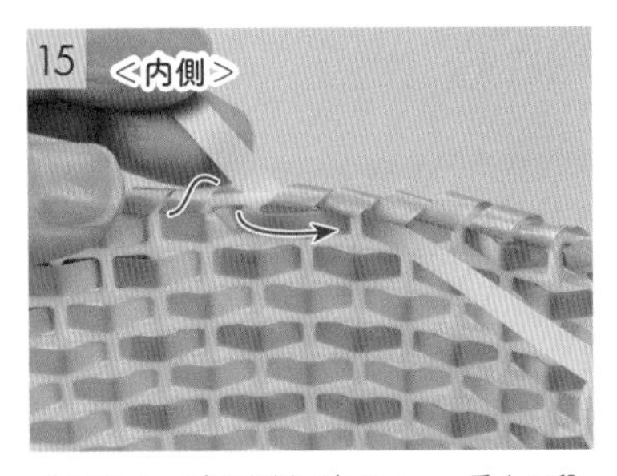

内側のテープで右側に向かい、一番上の段の次の柱を拾います。

16

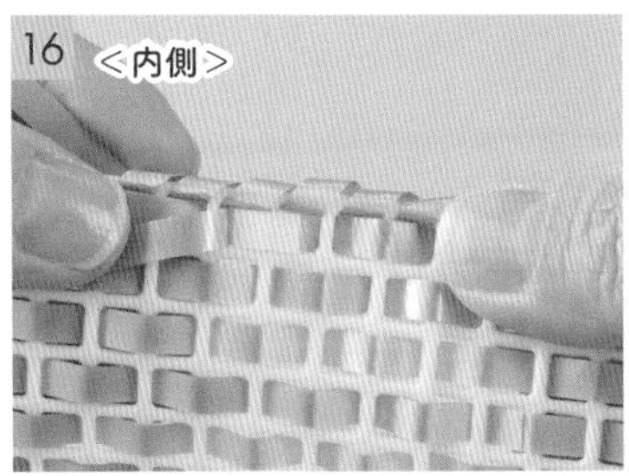

両面テープを貼り、もう1つ柱を拾います。

17

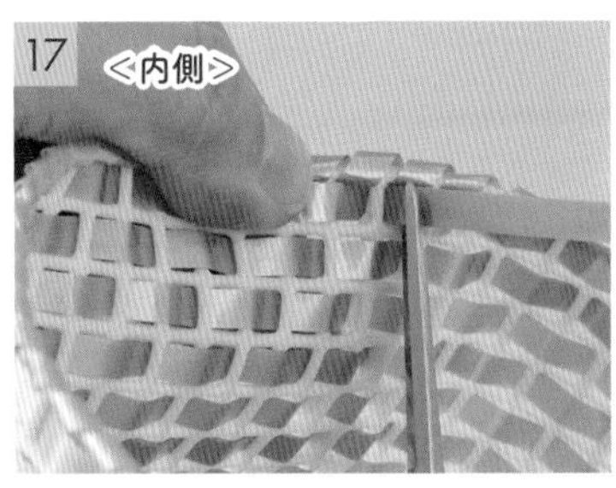

余分をカットします。

18

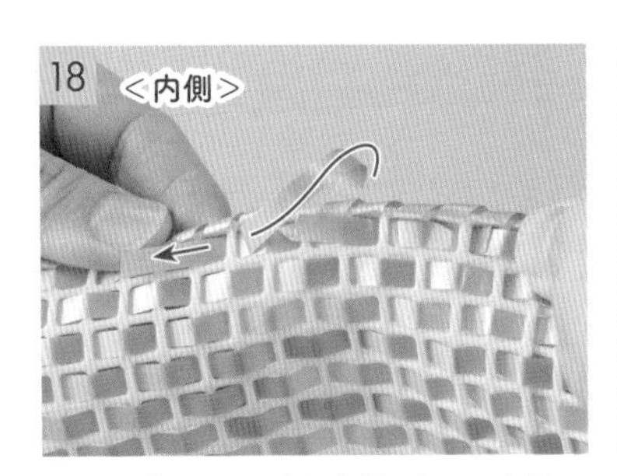

外側に残っていた方を内側に入れ、左側に向かって同様に内側の柱を拾って通し、両面テープで接着します。

19

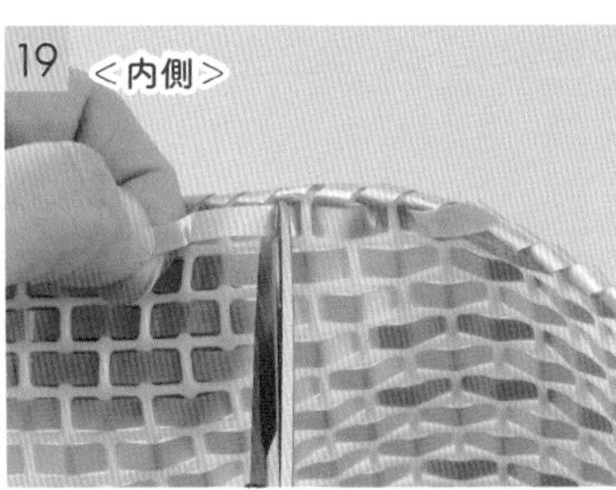

余分をカットします。

20

バッグ口一周を巻きかがり、始末が終わりました。テープを通す作業はこれで全て終わりです。

6 持ち手を付ける

1

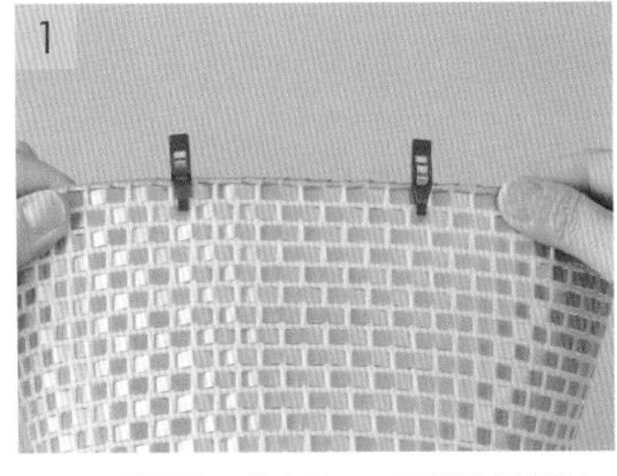

レシピ(P.27)で持ち手のつけ位置を確認して、つけ位置の外側のマスに目印として仮止めクリップをつけます。

2

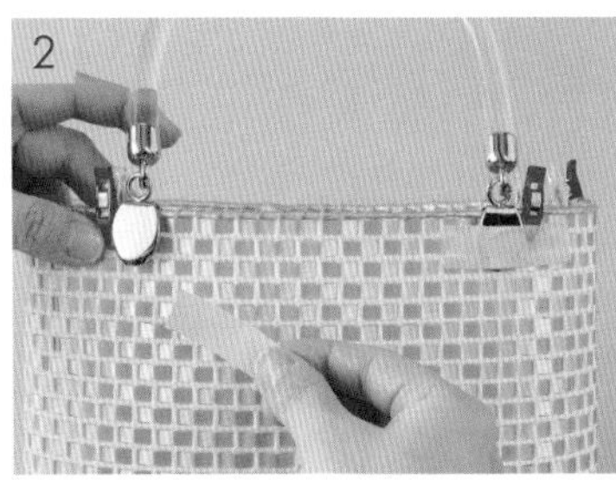

仮止めクリップの内側に添わせるようにして、持ち手のハサミカンを差し込み、マスキングテープで仮止めします。

3

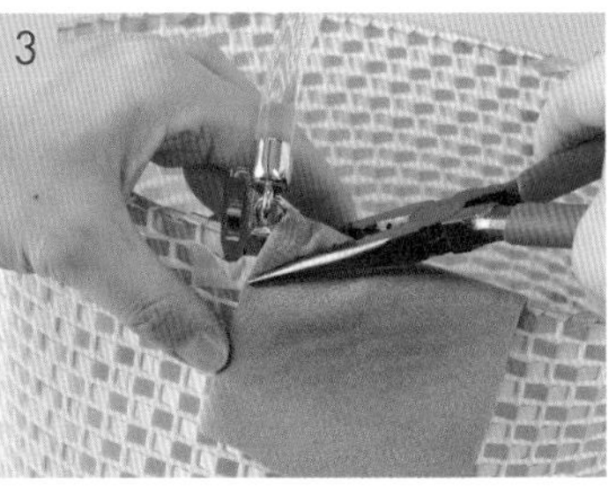

金具に傷がつかないように当て布をかぶせ、ラジオペンチで両側から挟んでかしめます。同様に4ヵ所かしめてマスキングテープをはがして完成です。

STEP.2

Bucket bag

- 2枚のネットを組み合わせてみましょう -

a

STEP1では1枚のネットからバッグを作りましたが、今度は底と側面とでそれぞれ別のネットを使います。底と側面の境界にエッジが出るので、バッグとしてはかちっとしたシャープな印象。STEP1のバッグよりやや大きくなり、収納力も増しました。同じしくみで作られた「ミニトレイ」も小物置きにぴったり。

テープ チューブベリー(No.5・ラメゴールド)
ロマーレ(No.201・紫/薄もも)

ネット 金

持ち手 透明×金

Features
この作品の特長

テープ

多色使い&模様通し

3色のテープを使うことでバッグがより華やかに。さらに、三角形の模様があらわれる通し方を採用し、立体感のある表情豊かなバッグに仕上げました。

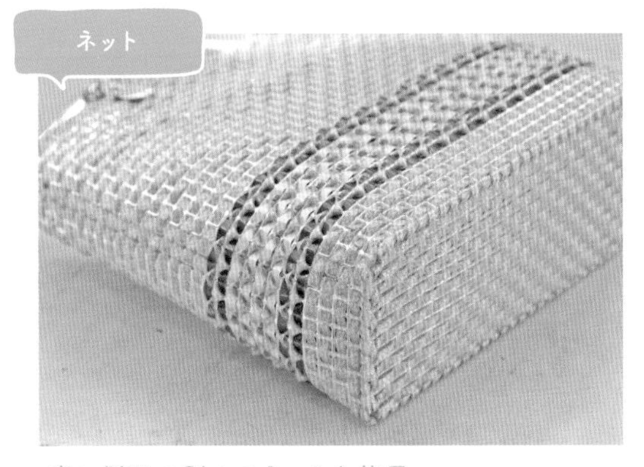

ネット

底と側面で別々のネットを使用

あえて2枚のネットでバッグを成形することにより、底と側面がそれぞれ際立つデザインに。底は1マス角を落としてネットを切り、側面と巻きかがります。

金具・持ち手

マグネットとショルダーで実用性UP

内側にマグネットホックを取り付けることでバッグの開閉が可能に。ハンドルとは別にショルダーベルトも付け、2wayで使用できるようにしました。

Point
このステップで習得したいポイント

テープ

- 2枚のネットをテープで結合させる方法を知る
- 模様通しの方法をマスターする
- 複数の色のテープをそれぞれの指定位置に通す

ネット

- 型紙に沿ってイレギュラーな底の部分を丁寧に切る
- 底と側面のマスを合わせる
- マグネットホック、角カン装着用の小さいネットを用意する

金具・持ち手

- マグネットホックを取り付ける方法
- サイドにショルダーベルト用の角カンを取り付ける方法

Style
スタイル

ハンドルを持つと手持ちバッグに。
ショルダーベルトはさり気なく前に垂らして。

シヨルダーベルトの長さは変更可能。
肩に掛けるときはハンドルはバッグの内側に。

大きすぎず小さすぎず、絶妙なサイズ感のバッグ。
安心のマグネット付き。

Variation

色違い・テープ違いで
作ってみましょう

b

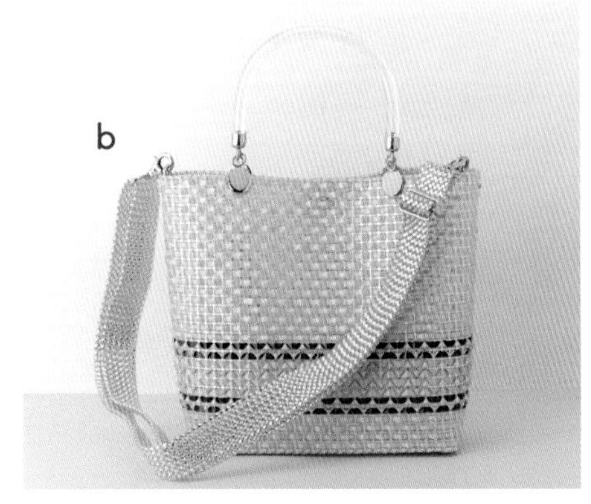

テープ　チューブベリー（No.6・ラメシルバー）
ロマーレ（No.203・こげ茶／水色）

ネット　銀

持ち手　透明×銀

c

テープ　チューブベリー（No.9・ブラックシルバー）
ロマーレ（No.112・シルバー、No.110・ブラック）

ネット　黒

持ち手　黒×銀

d

テープ　エレザ（No.2・ベージュ、No.3・イエロー、No.1・ホワイト）

ネット　ベージュ

持ち手　ベージュ×アンティークゴールド

e

テープ　エレザ（No.8・ブラック、No.5・レッド、No.6・カーキ）

ネット　黒

持ち手　黒×アンティークゴールド

f

g

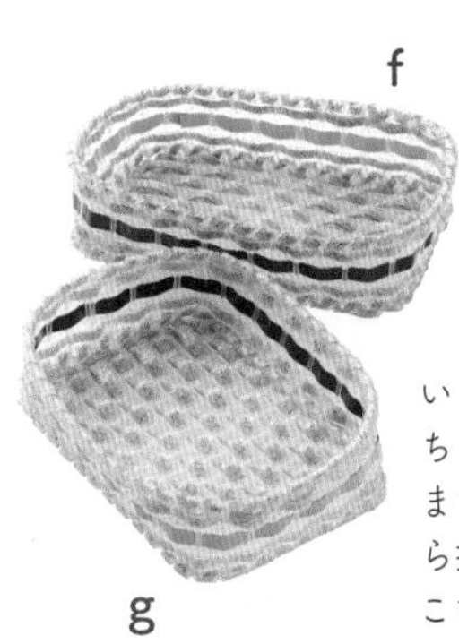

いきなりバッグを作るのに
ちょっと自信がなかったら、
まずはこんなミニトレイか
ら挑戦してみませんか？
こちらもバッグ同様、底と側
面をつなぎ合わせて作ります。
このトレイを大きくしたもの
がSTEP2のバッグに！

STEP.2 Bucket bag

Photo P.34~37

a: ラメゴールド　b: ラメシルバー　c: ブラックシルバー　d: ベージュ　e: ブラック　f: ラメゴールド　g: ラメシルバー

材料

【テープとネット】 ※あみあみファインネット　1/2枚

	ネットの色	テープ	テープの色	用尺（m）
a	金	チューブベリー	A: ラメゴールド	28.37
		ロマーレ	BC: 紫／薄もも	3
b	銀	チューブベリー	A: ラメシルバー	28.37
		ロマーレ	BC: こげ茶／水色	3
c	黒	チューブベリー	A: ブラックシルバー	28.37
		ロマーレ	B: シルバー	1.5
			C: ブラック	1.5
d	ベージュ	エレザ	A: ベージュ	28.37
			B: イエロー	1.5
			C: ホワイト	1.5
e	黒	エレザ	A: ブラック	28.37
			B: レッド	1.5
			C: カーキ	1.5
f	白	チューブベリー	A: ラメゴールド	2.59
		ロマーレ	B: 紫／薄もも	0.4
g	白	チューブベリー	A: ラメシルバー	2.59
		ロマーレ	B: こげ茶／水色	0.4

テープ 1セット
〈トレイ〉

〈バッグ〉

【その他】
（バッグ）クラフトハンドル 1組、ショルダーストラップ、角カン2個、
マグネットホック 1組
※金具類の品番等詳細はP.99を参照

出来上がり寸法

トレイ：11×3×7.5cm
バッグ：23×22.5×9cm

用具

ハサミ、メジャー、両面テープ、ボンド、仮止めクリップ、ダブルクリップ、ラジオペンチ、平ペンチ、ビニールタイ

作り方

トレイ

1　ネットとテープを用意する(P.41)。
2　底にテープを通す(P.41)。
3　側面ネットを輪にし、テープを通す(P.41〜42)。
4　側面入れ口を一周巻きかがる(P.42)。
5　底と側面を巻きかがりで合体する(P.43〜45)。

バッグ

1　ネットとテープを用意する(P.45)。
2　側面ネットを輪にし、テープを通す(P.45〜48)。
3　(金具類を取り付けながら)上から6段分を通す(P.48〜51)。
4　バッグ口を1周巻きかがる(P.51)。
5　底にテープを通す(P.51)。
6　底と側面を巻きかがりで合体する(P.52〜53)。
7　持ち手とショルダーをつなぐ(P.53)。

<ネットカット図> トレイ

※単位：マス　□ 重ねて仮止め

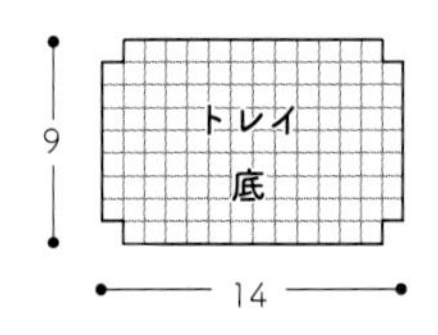

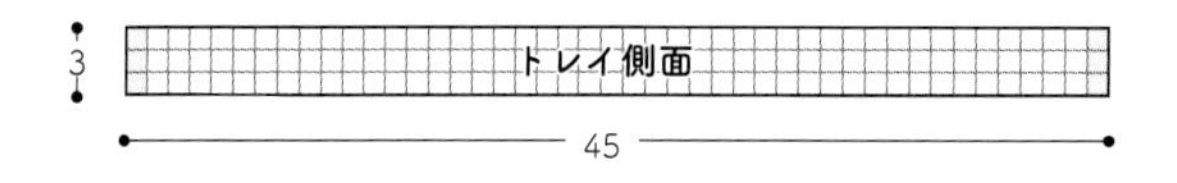

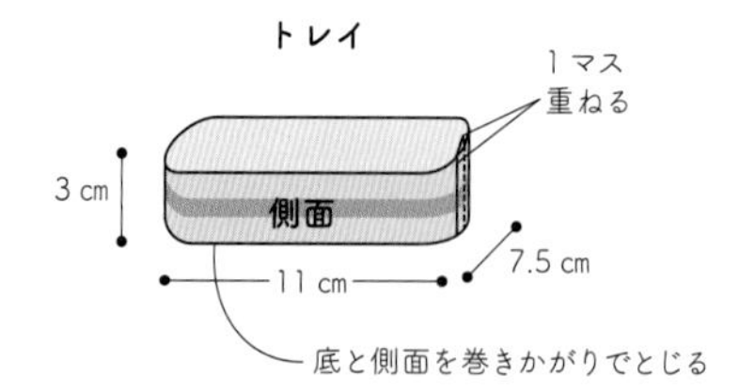

＜テープ通し図＞ トレイ　　トレイ側面

①(白丸数字)＝テープの通し始め
❶(黒丸数字)＝テープの通し終わり

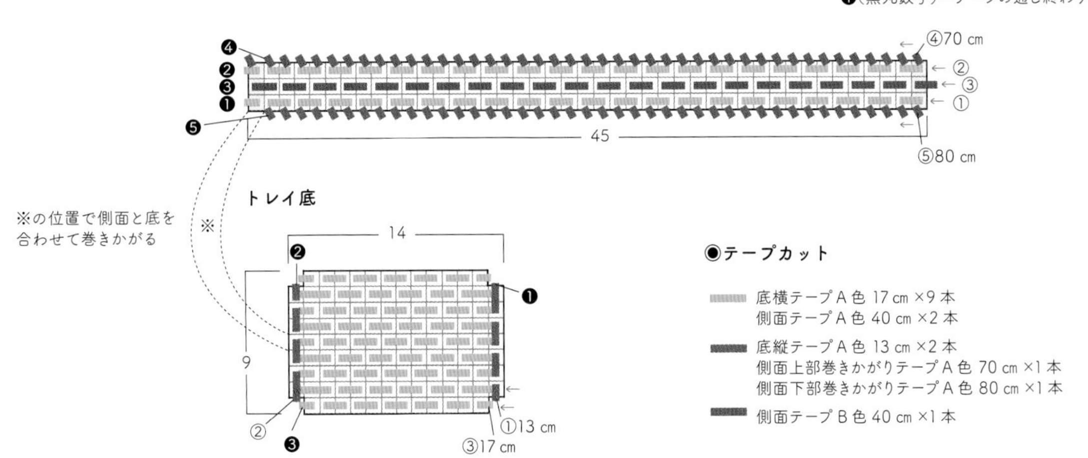

＜ネットカット図＞ バッグ

※単位：マス　□ 重ねて仮止め

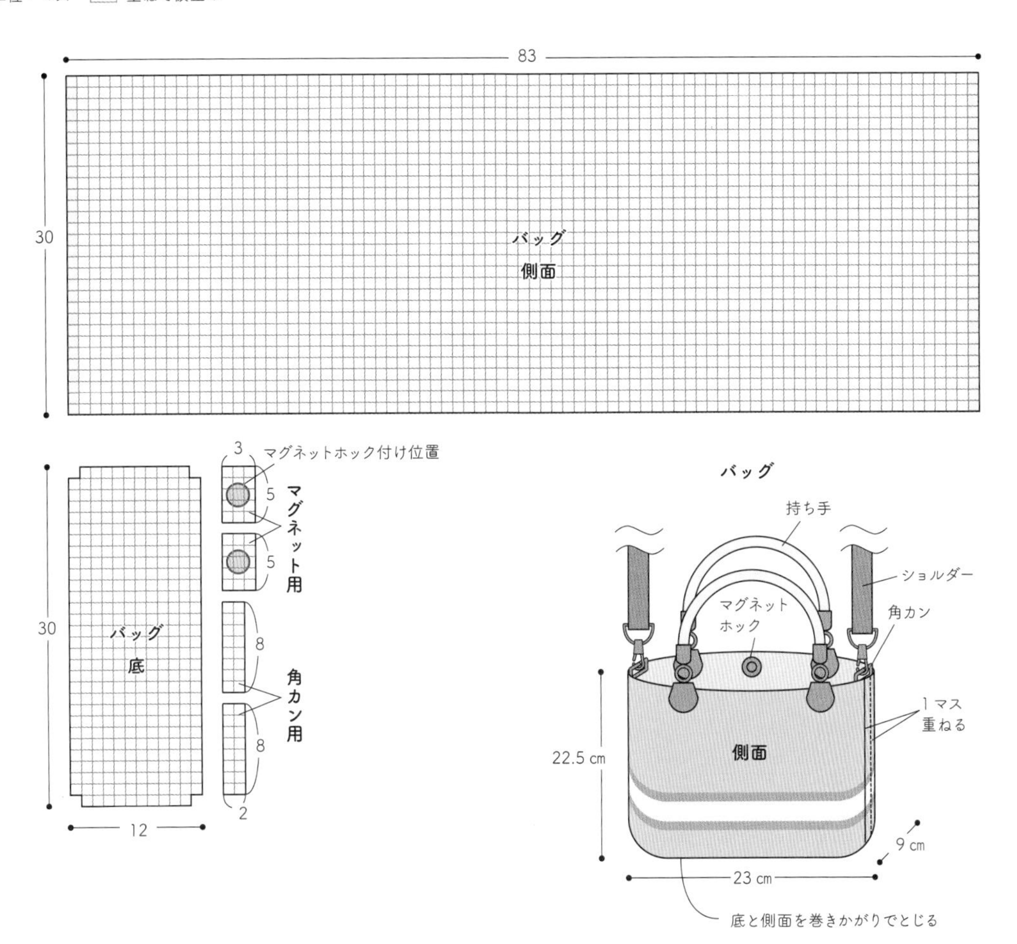

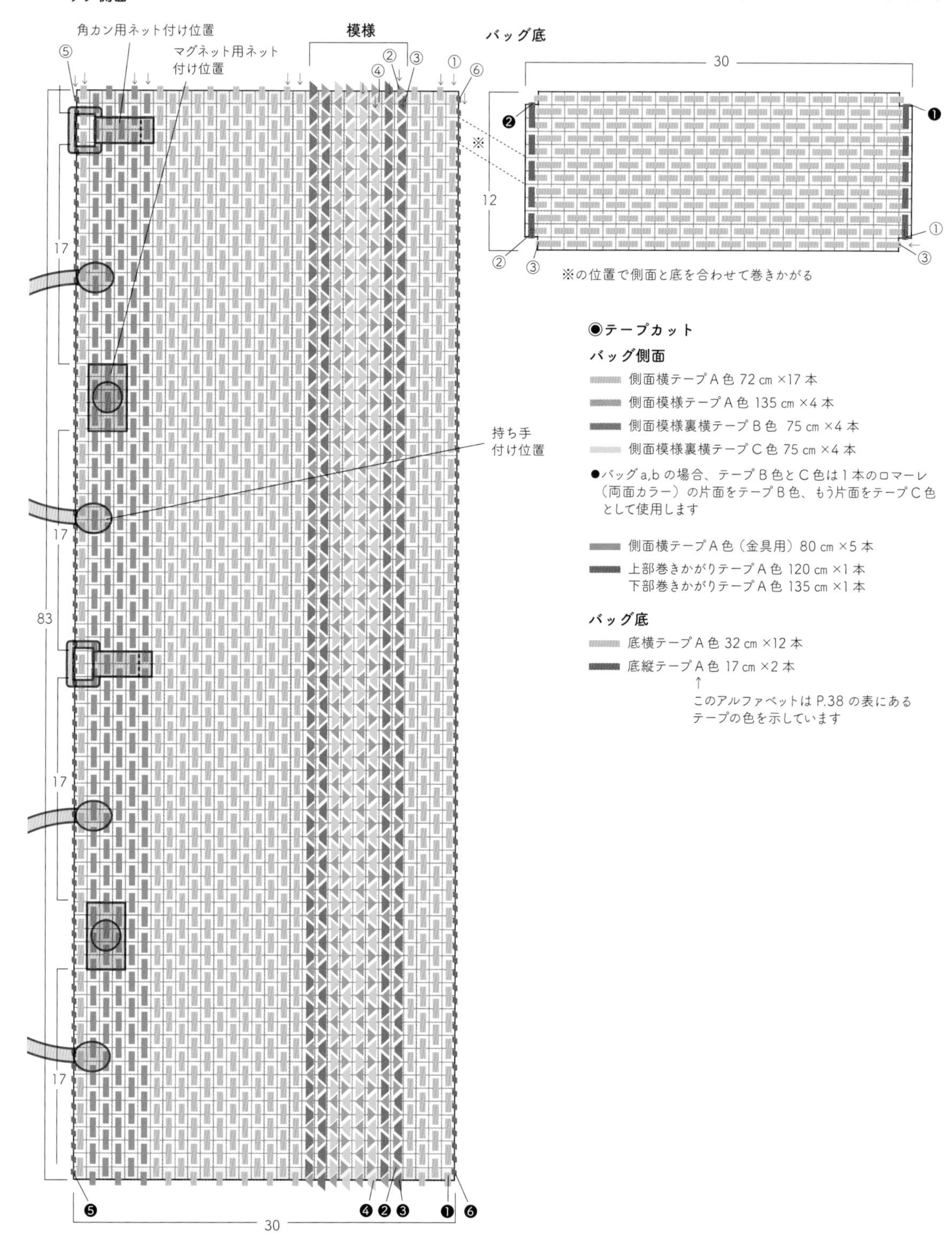
<テープ通し図>
①(白丸数字)=テープの通し始め
❶(黒丸数字)=テープの通し終わり
バッグ側面
角カン用ネット付け位置
マグネット用ネット
付け位置
模様
⑤
④
②
③
①
⑥
17
17
83
17
17
持ち手
付け位置
❺
❹❷❸
❶
❻
30
バッグ底
30
※
12
❷
❶
①
②
③
③
※の位置で側面と底を合わせて巻きかがる
◉テープカット
バッグ側面
側面横テープA色 72cm×17本
側面模様テープA色 135cm×4本
側面模様裏横テープB色 75cm×4本
側面模様裏横テープC色 75cm×4本
●バッグa,bの場合、テープB色とC色は1本のロマーレ(両面カラー)の片面をテープB色、もう片面をテープC色として使用します
側面横テープA色(金具用) 80cm×5本
上部巻きかがりテープA色 120cm×1本
下部巻きかがりテープA色 135cm×1本
バッグ底
底横テープA色 32cm×12本
底縦テープA色 17cm×2本
↑
このアルファベットはP.38の表にある
テープの色を示しています

※見やすいように一部テープやネットの色を変えています

トレイ

1 ネットとテープを用意する

●型紙に合わせてネットをカットする

1

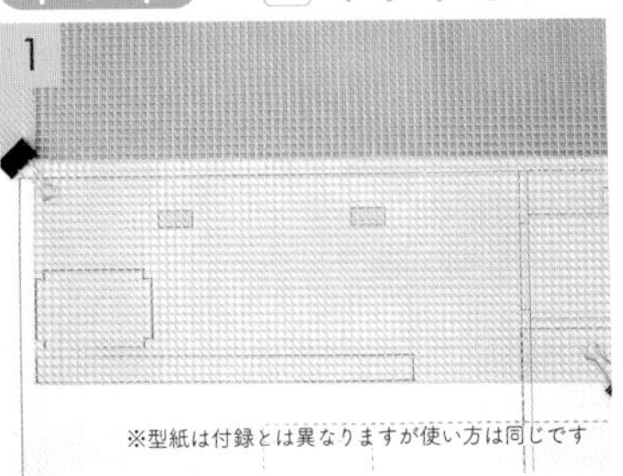

型紙の赤線とネットの角を合わせて置き、ダブルクリップで固定します。

2

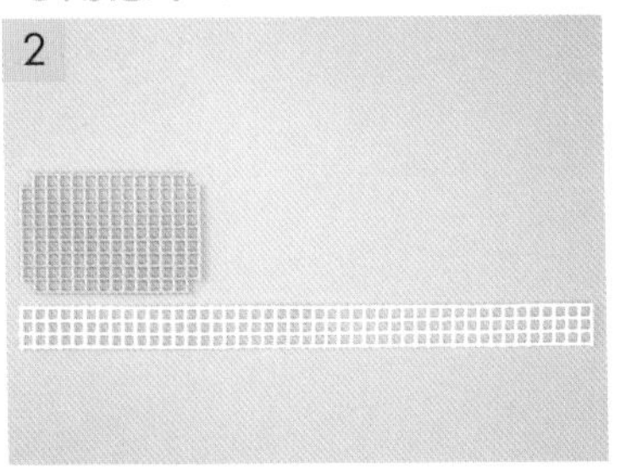

このように底と側面の2つのパーツを切り抜きます。

3

テープは、レシピ(P.39)の「テープカット」に従ってあらかじめ切り分けておきます。

2 底にテープを通す

1

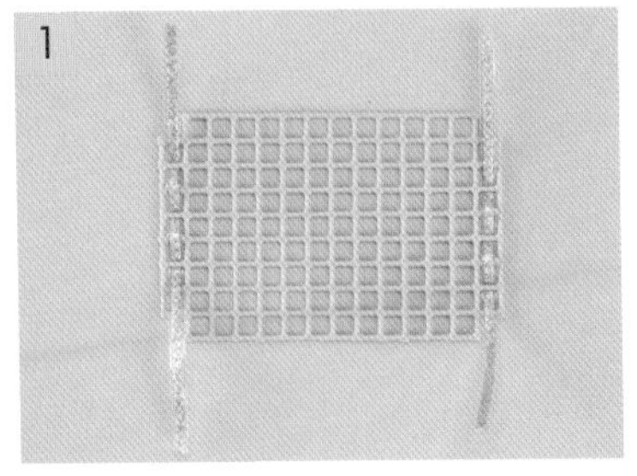

底縦テープA色13cm×２本を両端２列に1本ずつ「表1裏1」で通します。

2 <表側>

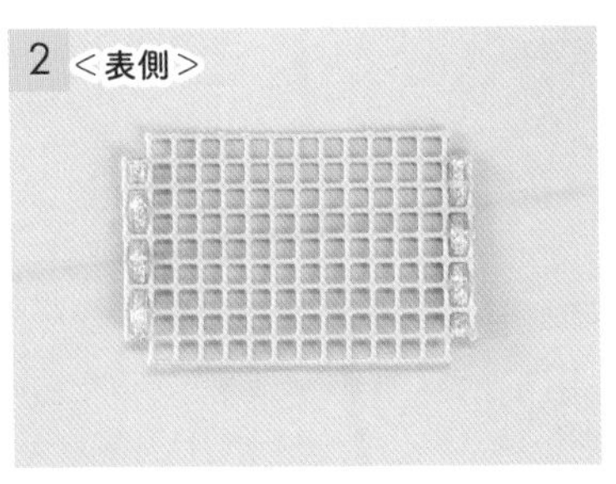

両端をネット端の柱を超えてテープを折り返し、裏側で始末します。

●横テープ２段めを通す

3

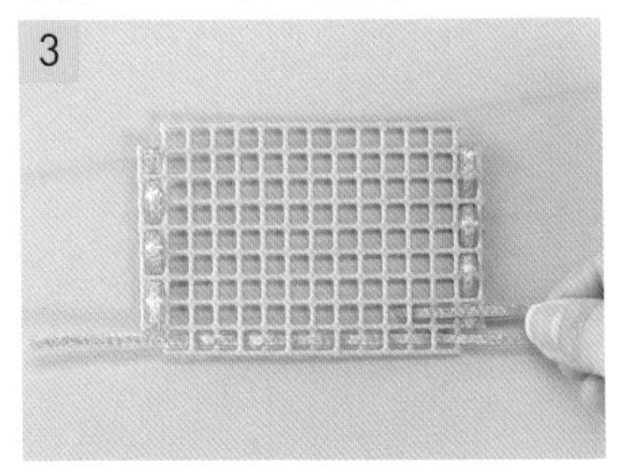

底横テープA色17cm×９本を「表1裏1」で1本ずつ通します。

4

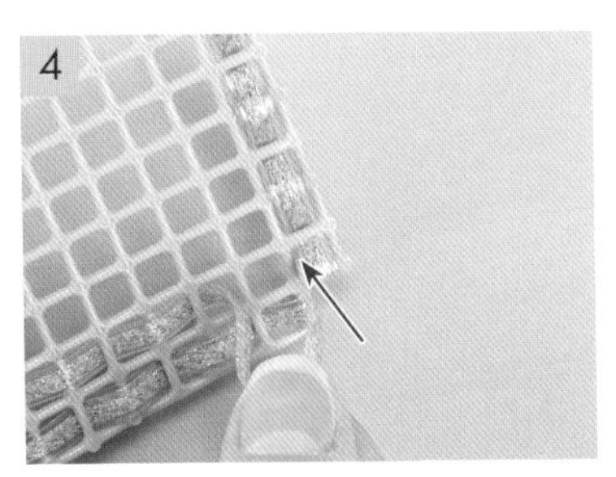

2段めの右端の通し方はイレギュラーです。「表1」の差し込みを1つ右隣のマスの、柱とすでに通っているテープの隙間に入れます。

5

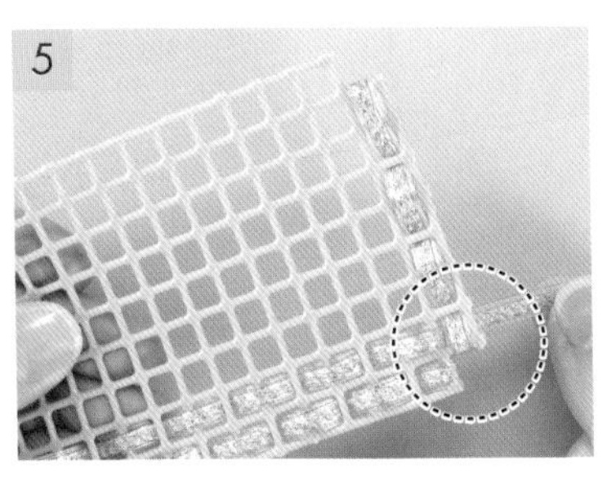

横テープが右端のマスの左側の柱の上を渡ります。

6

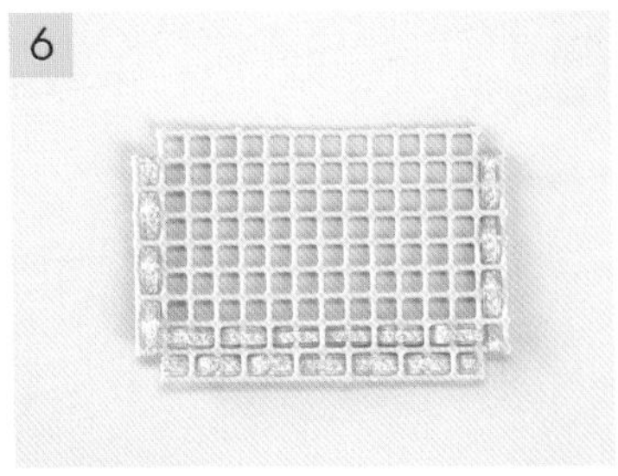

左端も同様にイレギュラーに通し、両端を裏側で始末します。2、4、6、8段めは同様に通します。

7

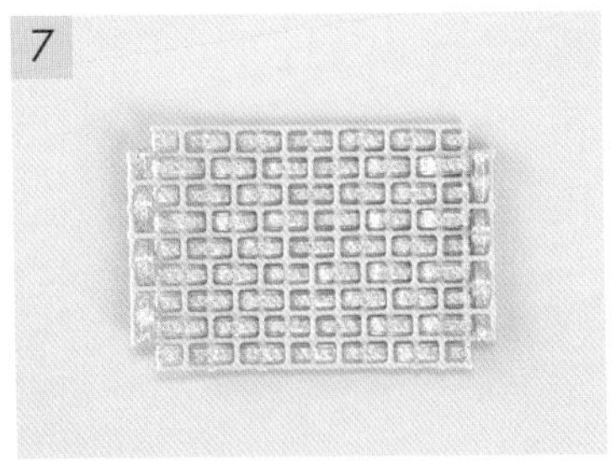

奇数段は1段めと、偶数段は2段めと同様にして「表１裏１」を2段1模様で通し、底ができあがりました。

3 側面ネットを輪にし、テープを通す

1

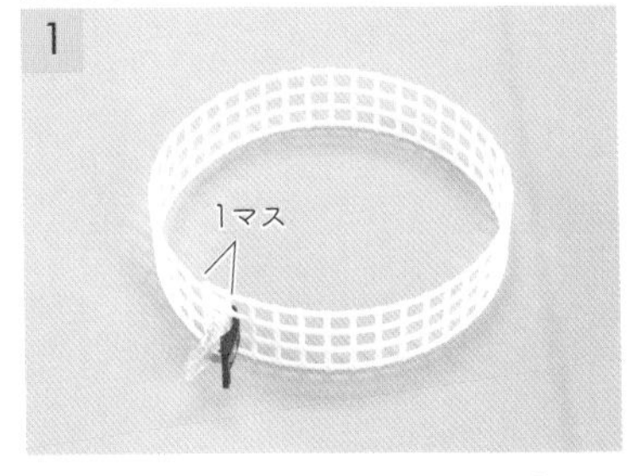

側面のネットを丸め、両端を1マス重ねて輪にして、左側が上になるようにして仮止めクリップで仮止めします。

2

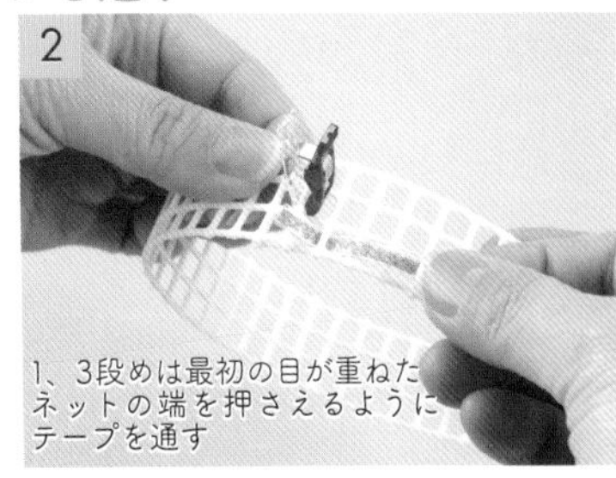

1、3段めに側面テープA色40cm×2本を1本ずつ通します。輪に重ねた1マスの2マス右に入れて、左隣に出します。

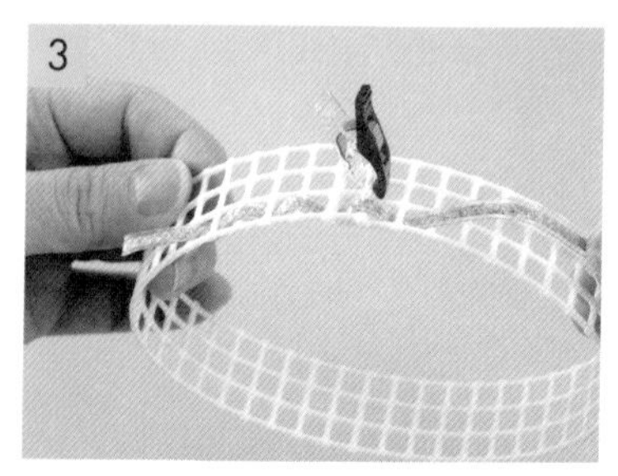

「表1裏1」で通します。

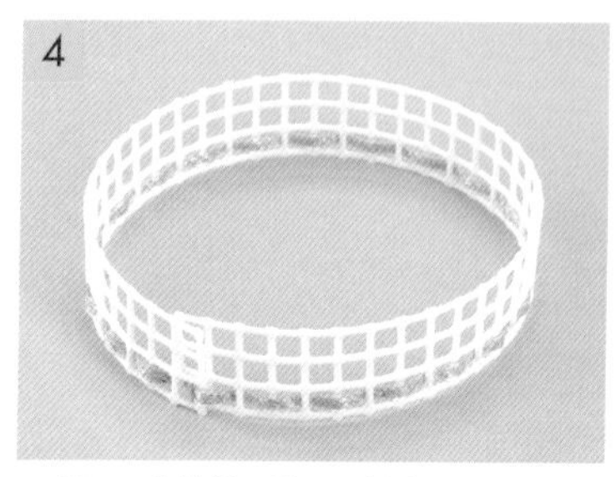

一周したら外側で重ねて始末します。2段一模様なので同様に3段めも側面テープA色で通します。

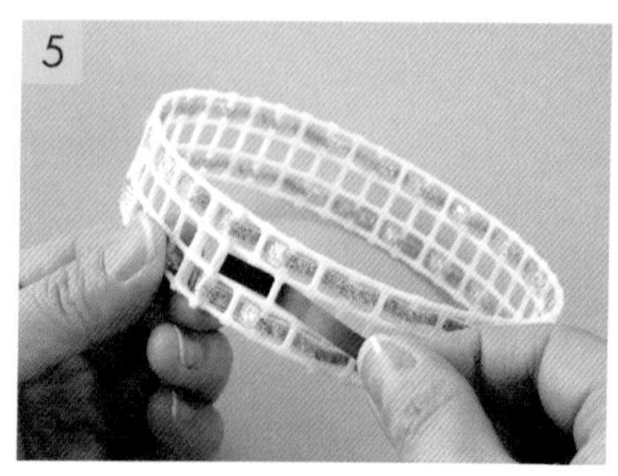

3段めを通したら、2段めに側面テープB色40cmを1マス横に模様をずらして通し始めます。

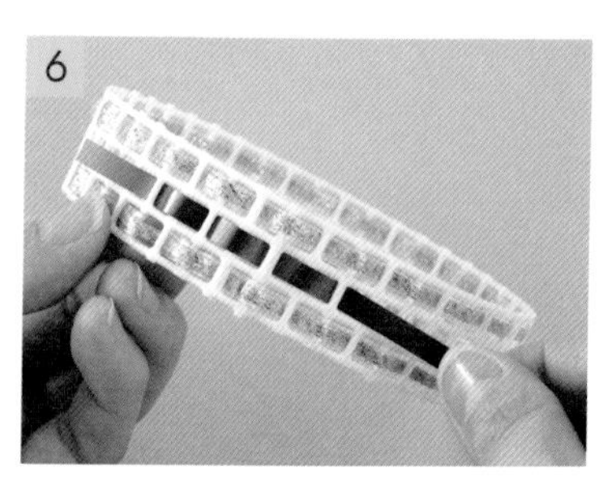

2段めのロマーレは両面カラーなので、テープの指定の色が表に出るように注意して通します。

側面3段を通し終わりました。

4 側面入れ口を1周巻きかがる

側面の入れ口を巻きかがります。側面上部巻きかがりテープA色70cmの端を8cm残してマスに通し、巻きかがります。

POINT

巻きかがりの長さが短い時は、端から一方向に巻いて構いません。特に後で出てくる底と側面の巻きかがりのように向きを間違いやすい場合は、一方向に巻く方が良いでしょう。

右隣のマスに、テープを内側から外側に出します。

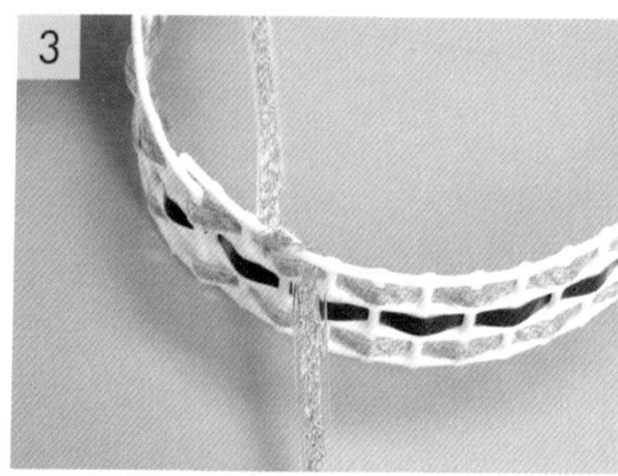

引き締めます。右方向へ一周します。

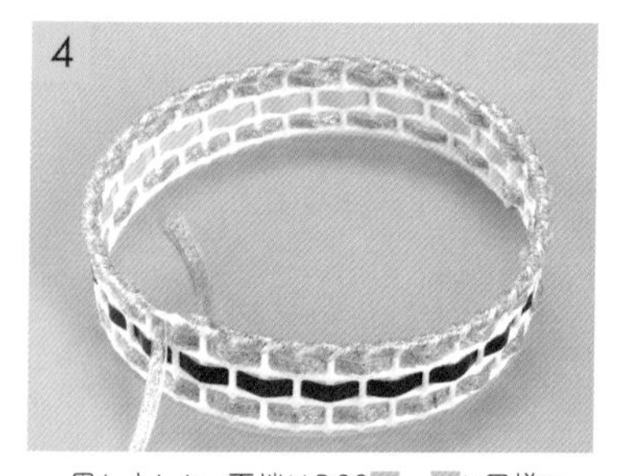

一周しました。両端はP.33 14～19と同様に、内側で左右に振り分けて始末します。

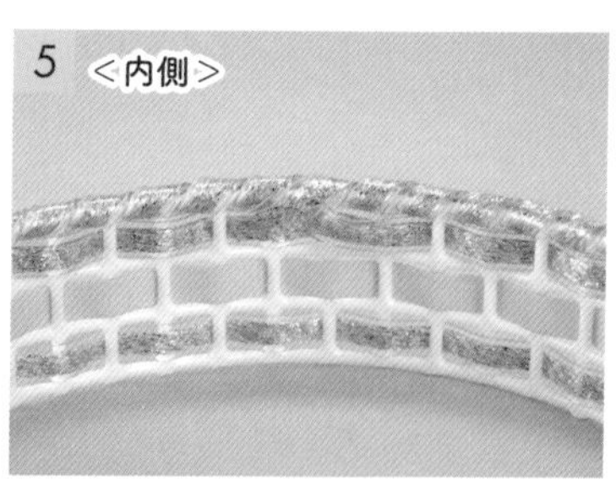

内側の始末をしたところ。

側面ができあがりました。巻きかがっている方が上(入れ口)です。

※見やすいように一部テープやネットの色を変えています

5 底と側面を巻きかがりで合体する

●短辺を巻きかがる

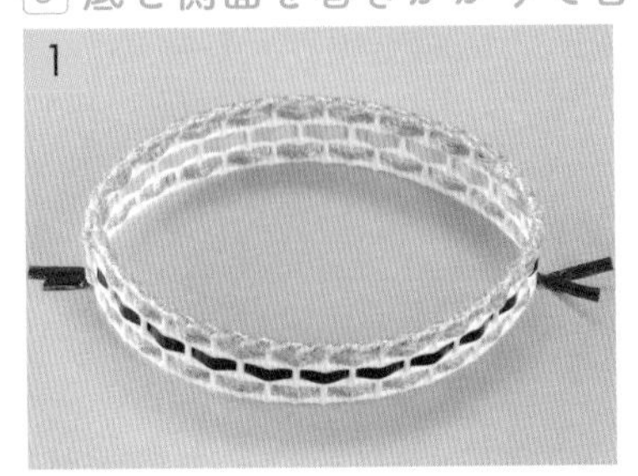

輪にした時に重ねた1マスとその対角線のマスに、ビニールタイを軽くねじって取り付けます。

側面の巻きかがり側を下にして底を載せ、ビニールタイと底中心を合わせます。ビニールタイで底中心のマスも拾って一緒に仮止めし直します。

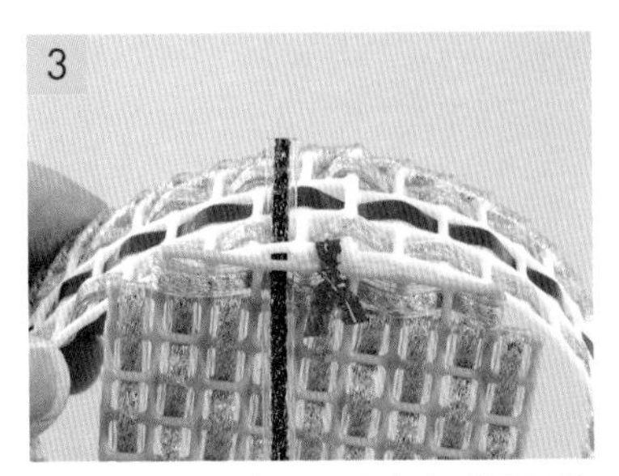

指定のマスから巻きかがります。側面下部巻きかがりテープA色80cmを底と側面のマスのすでに通したテープとの隙間に入れます。

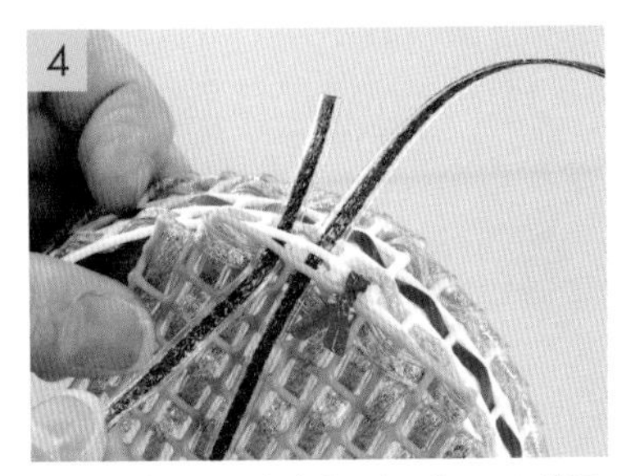

左側へ巻きかがります。底の1マスと側面の1マスの柱2本だけを拾って通します。遠通し始めの端は5cm残しておきます。

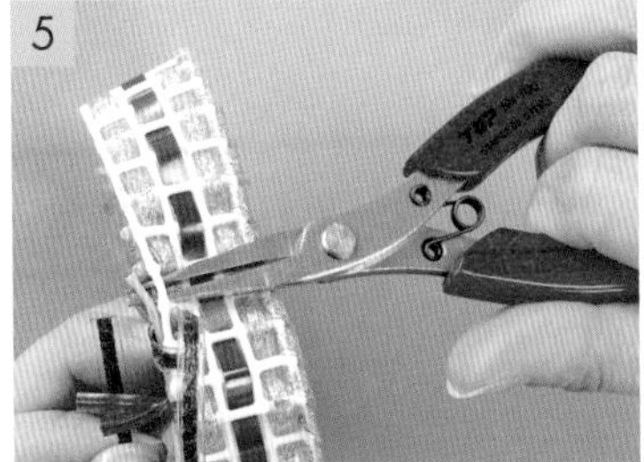

テープを隙間に差し込みづらい時は、平ペンチの刃先を通したいところに差し込みます。

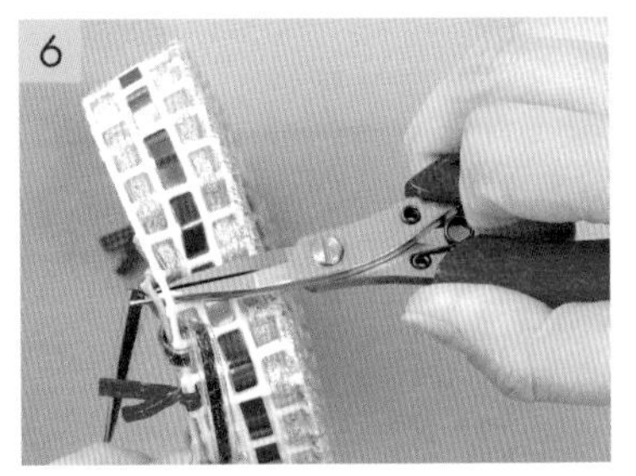

マスから出した刃先でテープを挟みます。

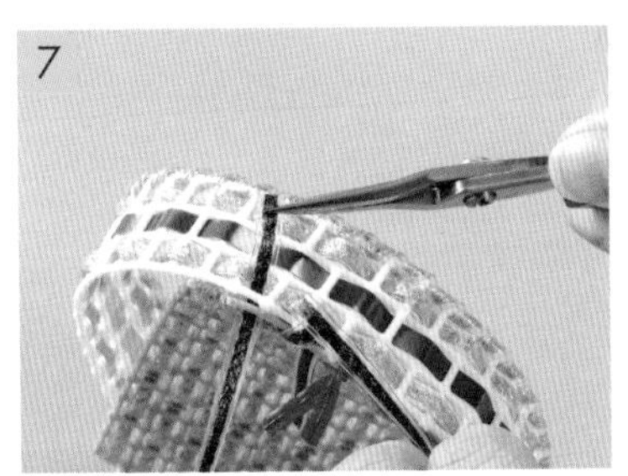

引き抜きます。

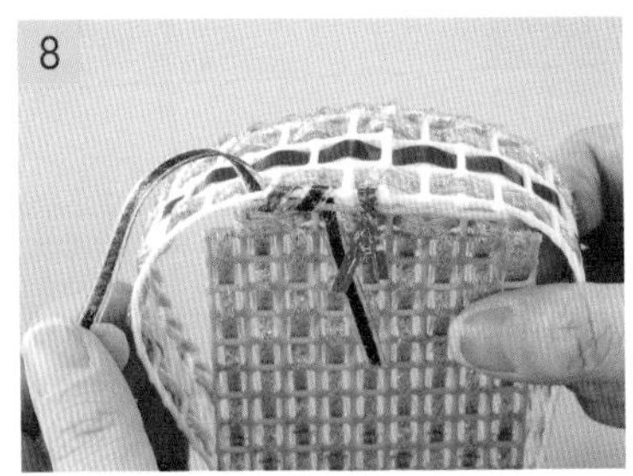

底と側面を1マスずつ合わせて2マス巻きかがりました。

●1つめの角を巻きかがる

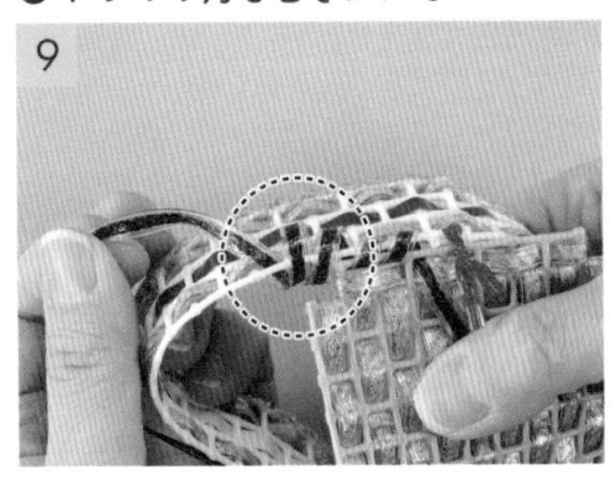

角は底ネットを拾わず、側面のネット2マスを1マスずつ計2回巻きかがります。

●長辺を巻きかがる

側面から見たところ。

次に、底の長辺の1つめのマスと、側面の次のマスを拾って巻きかがります。

底と側面を1マスずつ拾いますが、角のイレギュラーな通し方によって、長辺はマスが半マスずつずれていきます。

●2つめの角を巻きかがる

続けて底と側面を1マスずつを拾って巻きかがります。

2つめの角まで来ました。

2つめの角は側面のマスのみを1マス拾って巻きかがります。

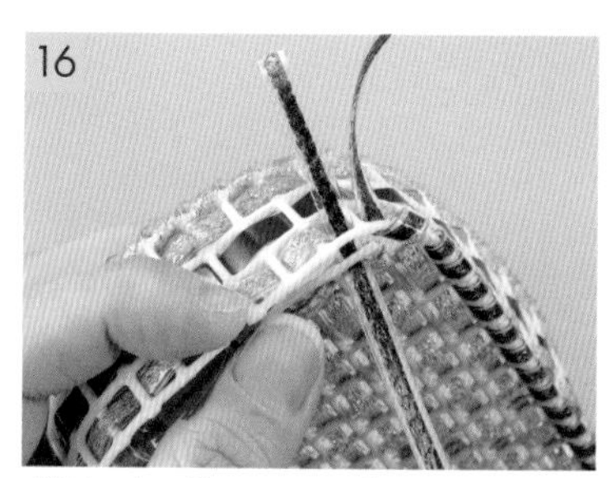

続けて底と側面を1マスずつ拾って短辺を巻きかがります。

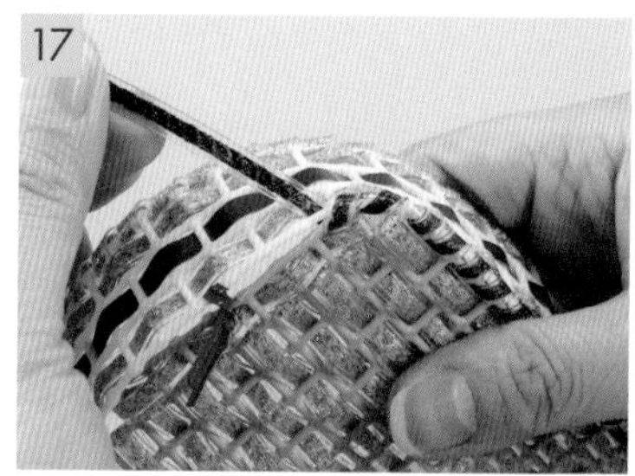

2つめの角で調整したので、短辺は底と側面のマスの列が揃います。

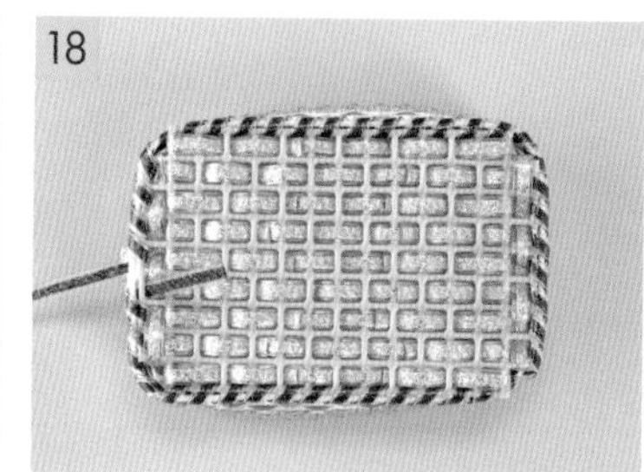

同様に1周します（角の3つめは側面を2回、4つめは1回巻きかがります）。

●巻きかがりの始末をする

残った端を内側に引き出します。平ペンチを使うと良いでしょう。

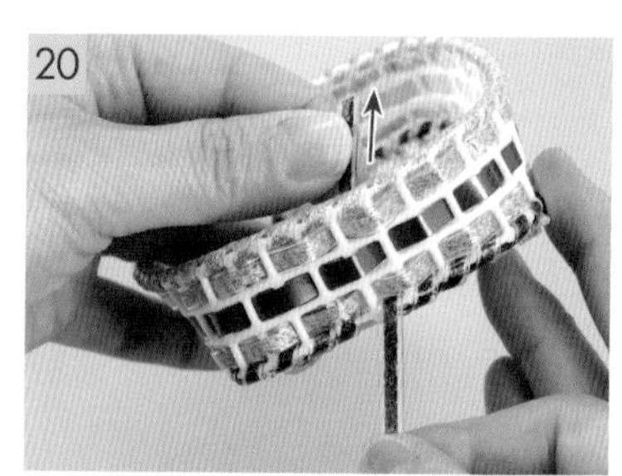

通し始めのテープを内側へ出しました。

左向きにテープを通して両面テープで接着し、始末します。

外側に残っていた通し終わりのテープも内側へ出します。

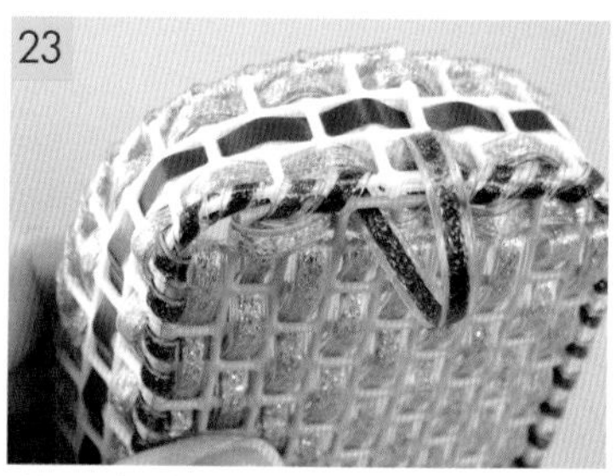

外から内に差し込みます。

内側で右向きにテープを通して両面テープで接着し、始末します。

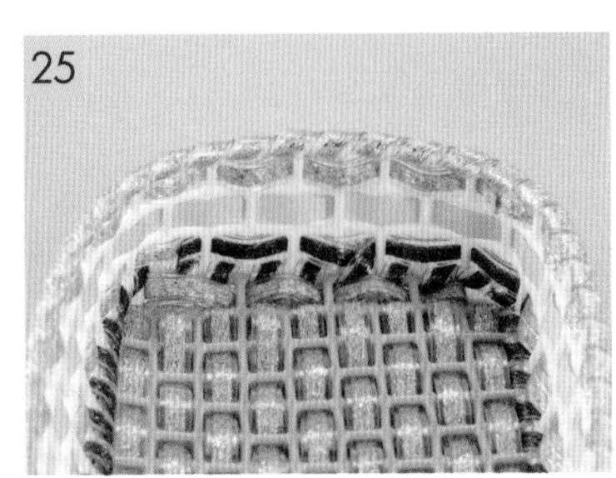

両端が始末できました。これで完成です。

POINT

トレイとバッグは、「予め側面と底を作っておき、巻きかがりで合体する」という同じ作り方です。「バッグは段数も多いし、大変そう」と思う場合は、まずトレイからチャレンジしてみましょう！

バッグ

1 ネットとテープを用意する ●型紙に合わせて6パーツを切り取る

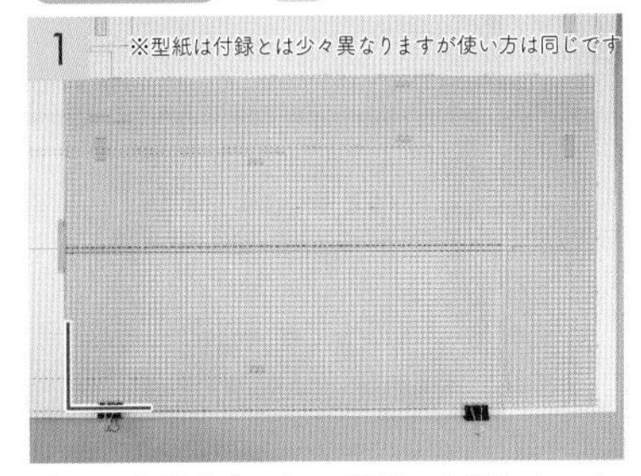

ネットを横向きにし、型紙の赤線とネットの左下角を合わせて置き、ダブルクリップで固定します。

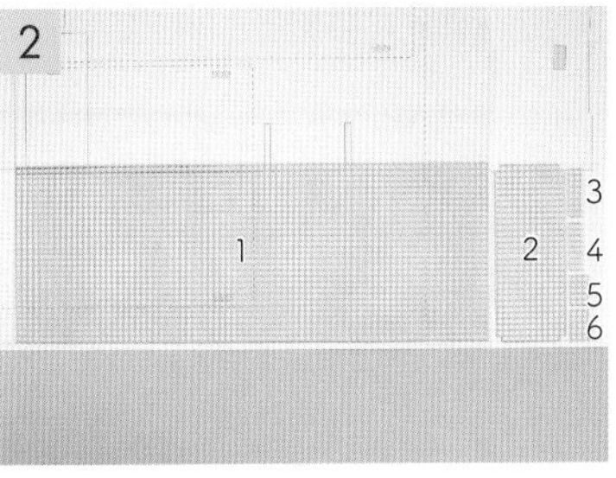

バッグ用の合計6個のパーツを切り抜きます。

テープはレシピ（P.40）の「テープカット」に従って予め切り分けておきます。あるいは工程ごとに都度カットしても構いません。

2 側面ネットを輪にし、テープを通す ●「表1裏1」で通す

側面のネットを輪にして1マス重ね、仮止めクリップで仮止めします。

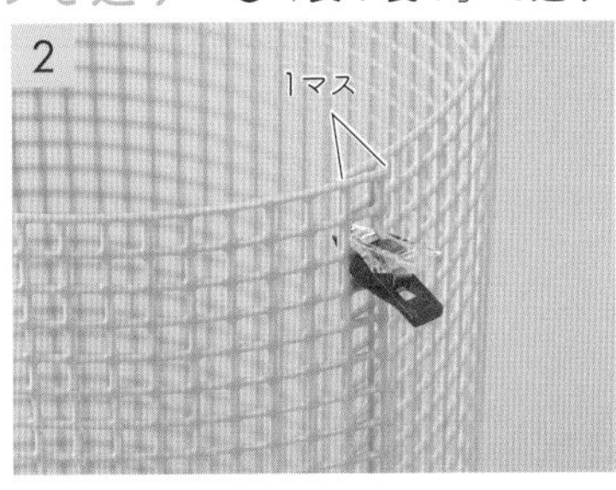

左側が上になるように重ねてください。

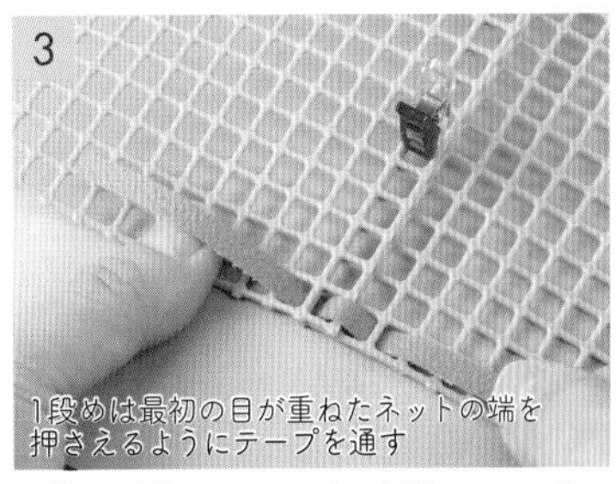

1段めの重ねたマスの2つ右隣のマスから、側面横テープA色72cm×4本を1本ずつ通し始めます。

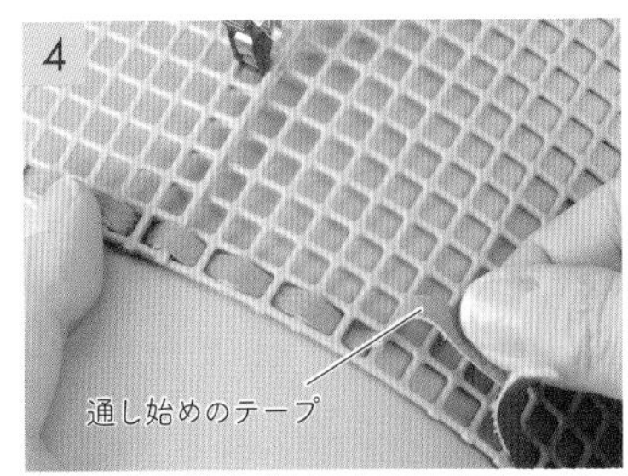

1段め「表1裏1」で一周通して残りが約5cmになったら、通し始めのテープを反対向きに通します（外側で始末します）。

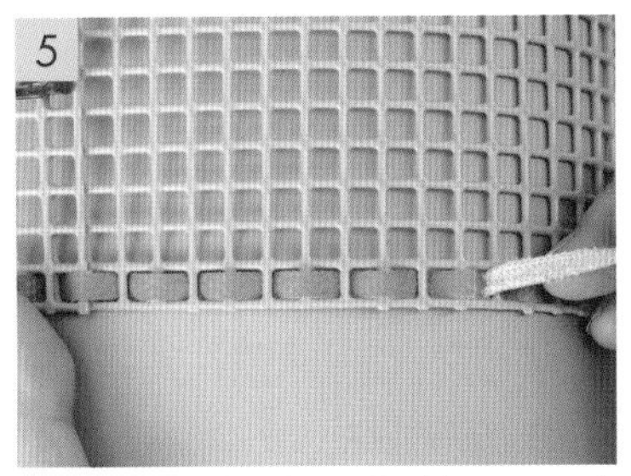

通し終わりの位置まで、通し始めのテープを通しました。

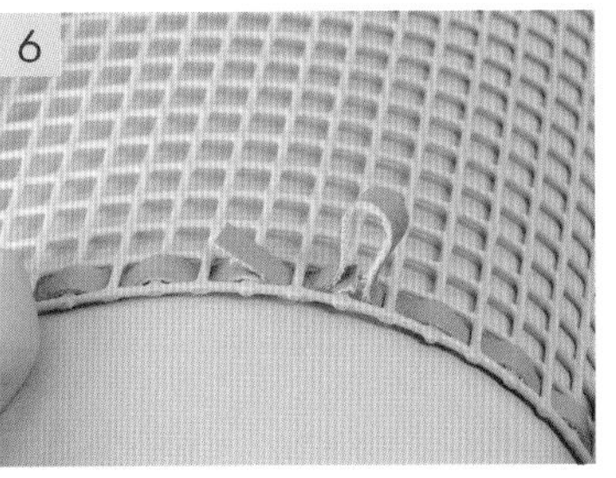

通し終わりのテープを上から重ねて柱1本拾って通します。

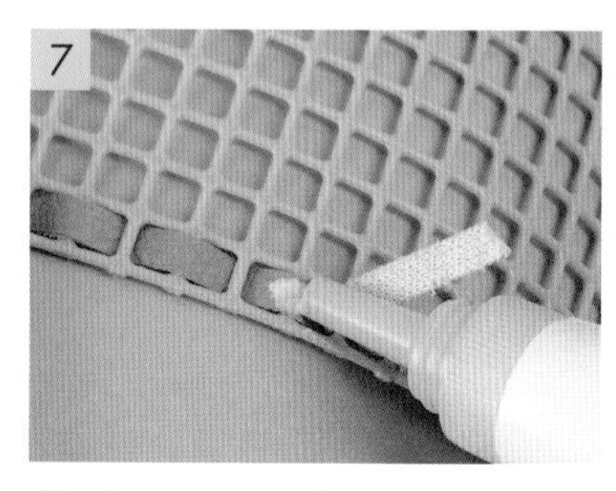

下になっているテープにボンドをつけます。（エレザの場合はテープではなくボンドの方がよりしっかり接着できます。）

ボンドの量の目安はこのくらいです。

次の柱を拾って余分をカットします。

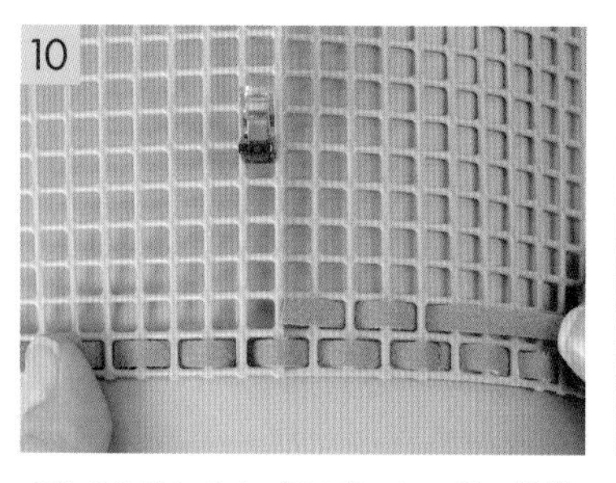

2段めを通します。「表1裏1」の2段一模様なので1段めと1マス横にずらして模様を通します。

2段めができました。テープの始末は毎段でなく、まとめて行っても構いません。

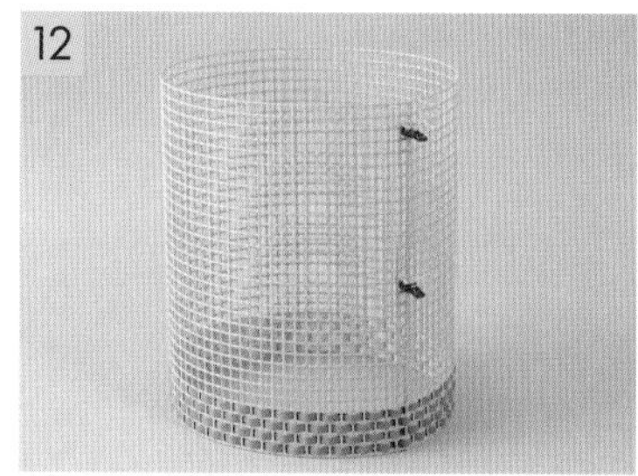

同様に4段通します。

●模様を作りながら通す ※見やすいようにテープの色を変えています

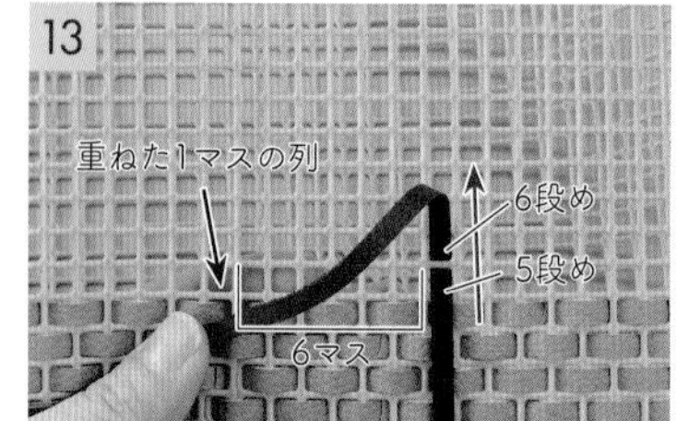

5・6段めに模様を通します。5段めの指定のマスに裏を向けて側面模様テープA色135cmを差し込み、真上のマスに出します。

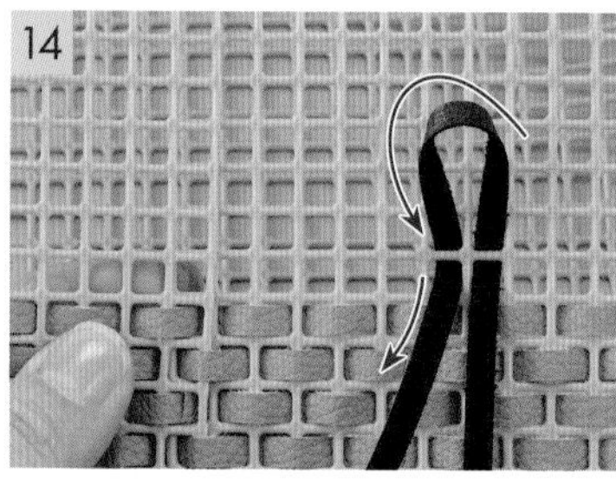

Uターンして、左隣のマスに裏向きで差し込み、真下のマスから出します。

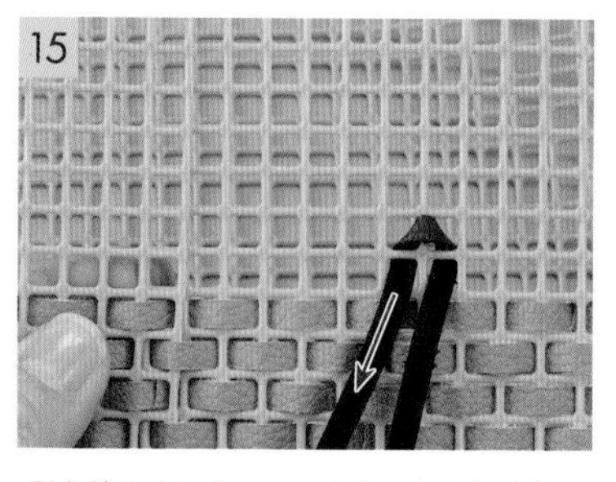

引き締めました。このように上向き三角の模様が出来ます。

POINT

エレザの表面だけを模様として使用します。通す時に表裏がひっくり返らないように気をつけて取り回しをしましょう。また裏面が毛羽立ってしまうので、通す際にネットに押し付けて引き抜かないよう気をつけてください。

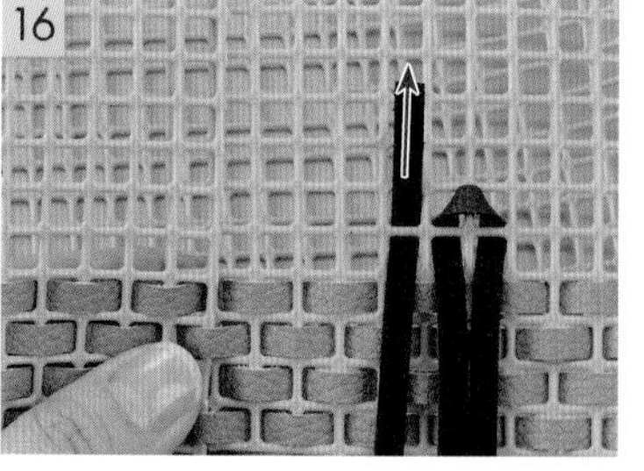

次に同様にUターンして左隣のマスに裏向きで差し込み、真上のマスから出します。

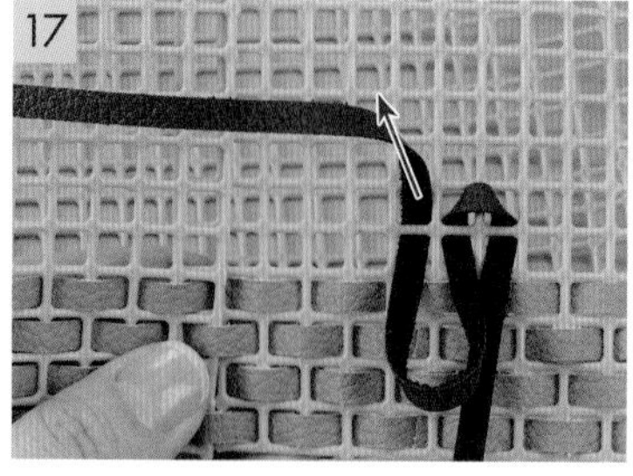

テープを上向きに引き締めます。

※見やすいように一部テープやネットの色を変えています

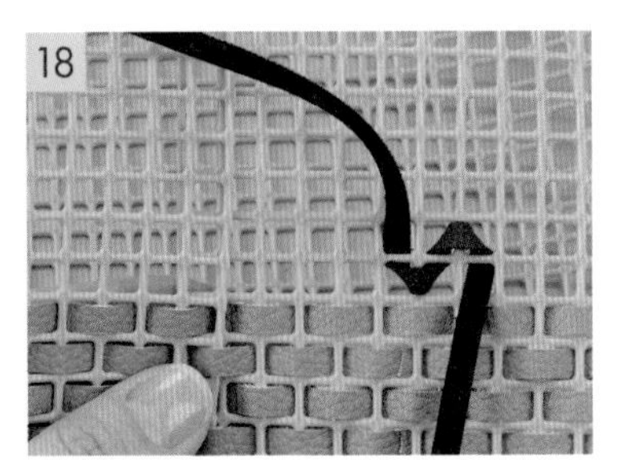

引き締めました。今度は5段めに下向き三角の模様が出来ます。

繰り返すとこのように、上下の三角形が連なった模様になります。

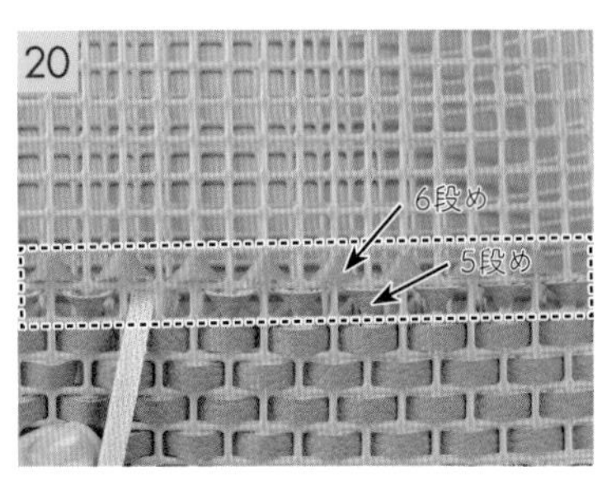

5・6段めに一周模様を通したところ。5段めの最後の三角はまだ通していません（※実際の配色に戻しています）。

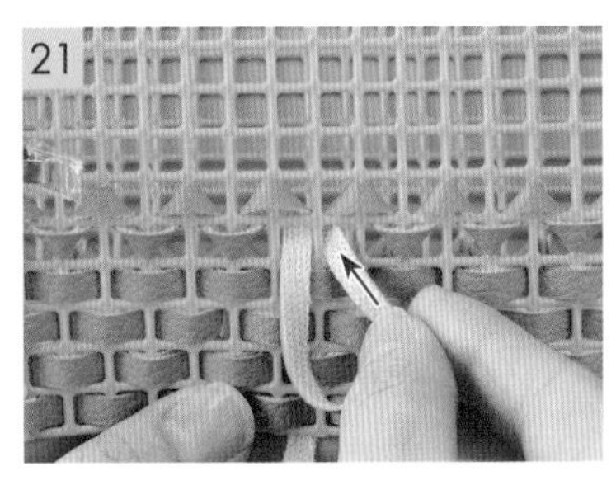

始末のために、5段めの最後の三角を通しながらテープを裏へ出します。

テープを裏へ出したところ。模様が一周つながりました。

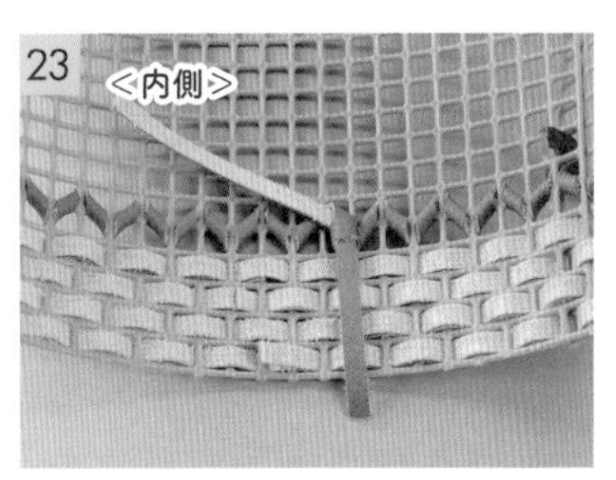

始末は後工程で行うので、2本のテープ端は仮結びして一旦おいておきます。

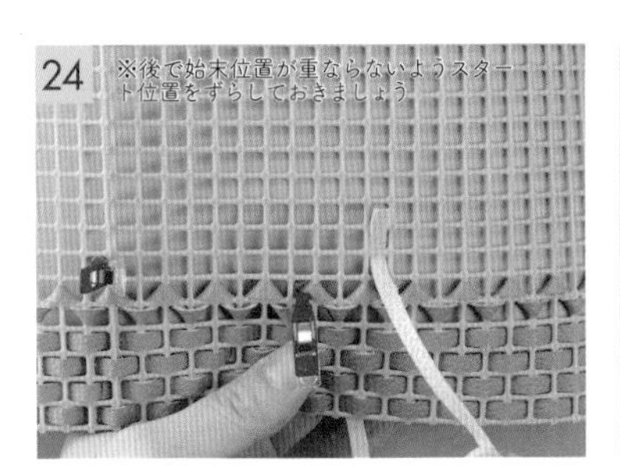

2本めの側面模様テープA色135cmで7・8段めに模様を同様に通していきます。スタート位置は前段と少し横にずらしてください。

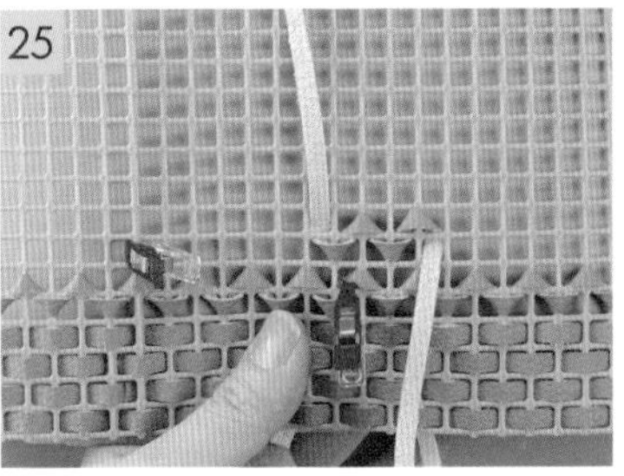

2段一模様なので、5・6段めと模様が同じになっていることを確認しながら通しましょう。

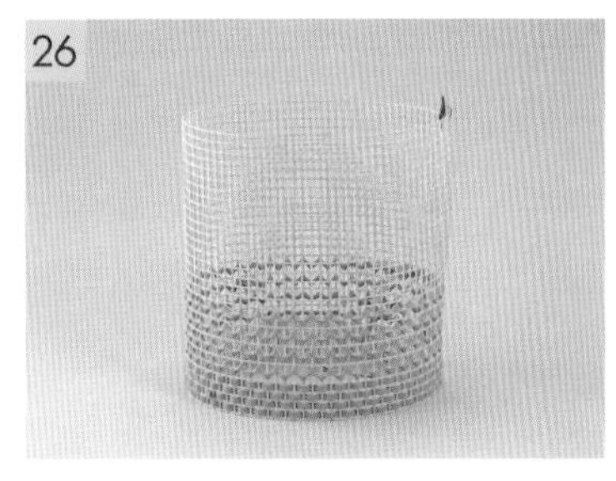

同様にして、側面模様テープA色135cm×合計4本で、5〜12段まで模様を通します。

●模様の裏テープを通す

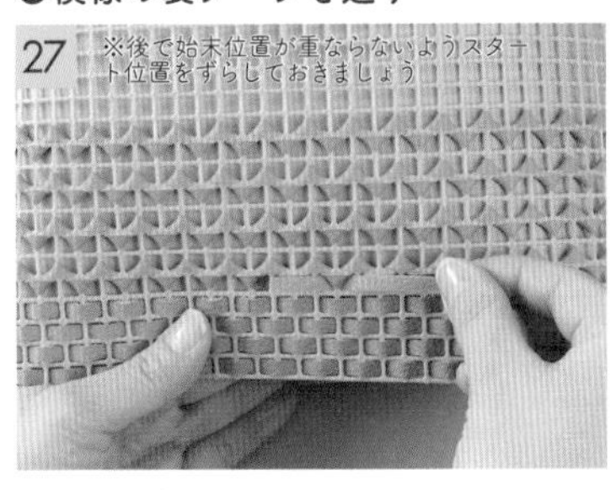

5段めと6段めの模様の裏に、側面模様裏横テープB色75cm×2本を1本ずつ通します。「表1裏1」で通します。

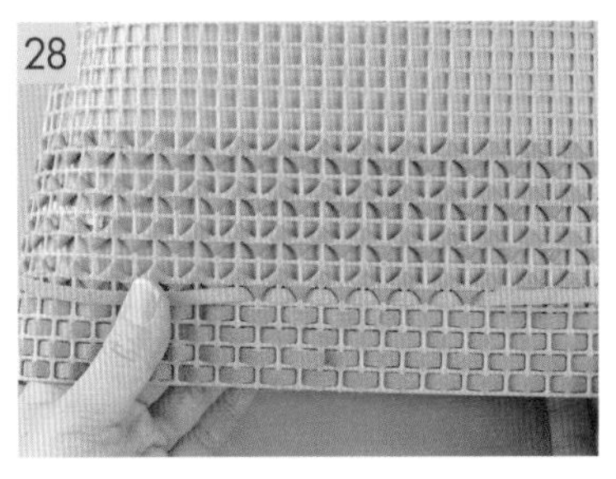

三角のあるところは裏を通し、ないところは表を通すとこのような模様になります。

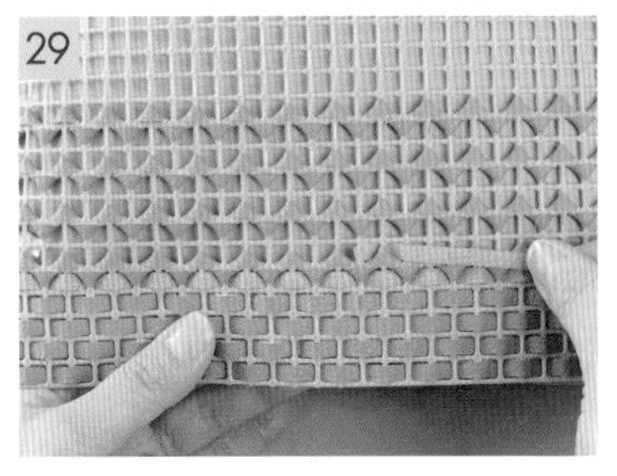

同様に6段めも通します。

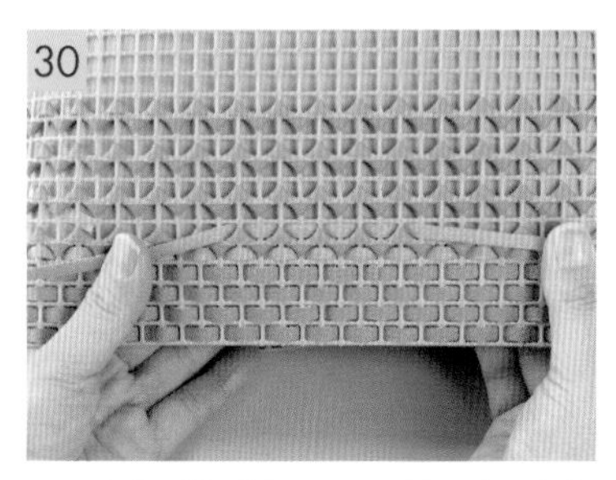

30 このように裏に通したテープも三角のように見え、5段めと6段めが互い違いに並びます。

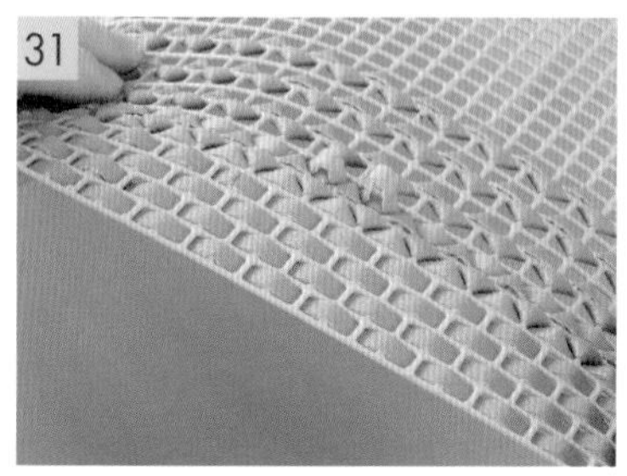

31 側面模様裏横テープB色を一周通したら、表側にテープが見えている部分で重ねて接着し、始末します。

32 5・6段目の2段一模様ができました。

●模様部分のテープの始末をする

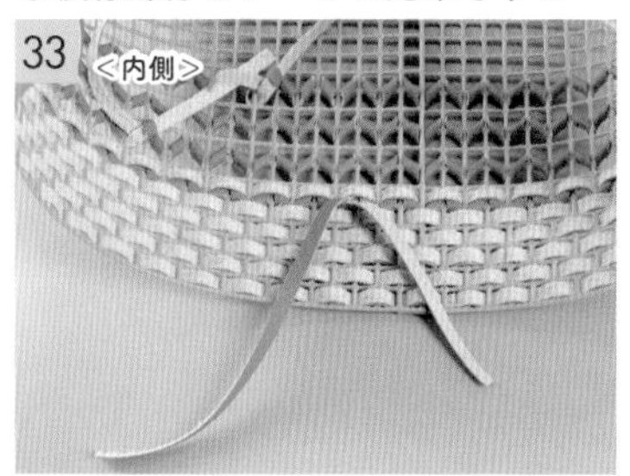

33 一旦おいていた最初に通した側面模様テープA色の始末をします。仮結びをほどき、内側に出した両端を左右に振り分けます。

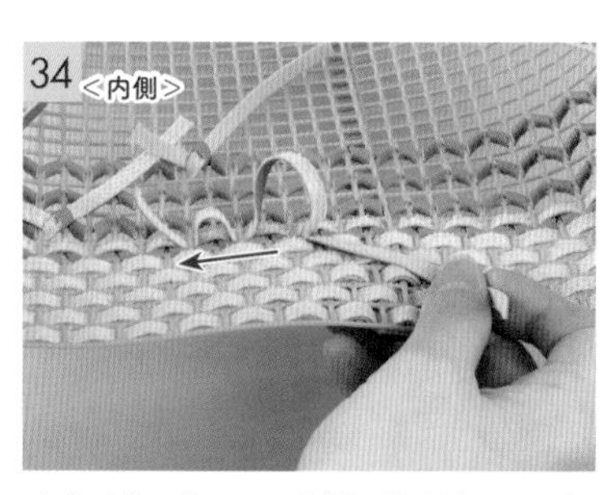

34 1本は左に向かって内側の柱を拾って、すでに通したテープの裏側に接着して始末します。

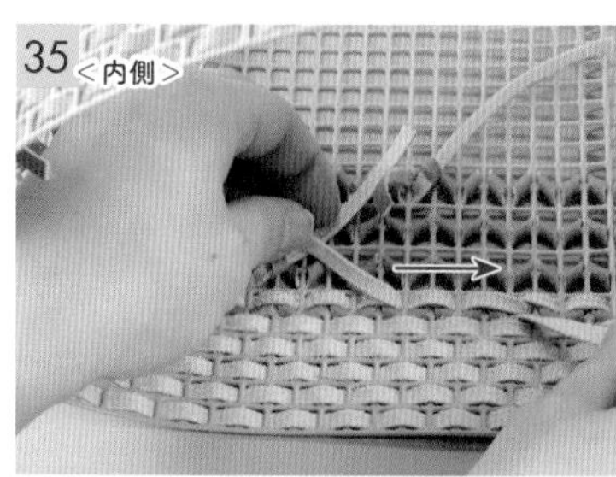

35 もう1本は右に向かって同様に接着して始末します。

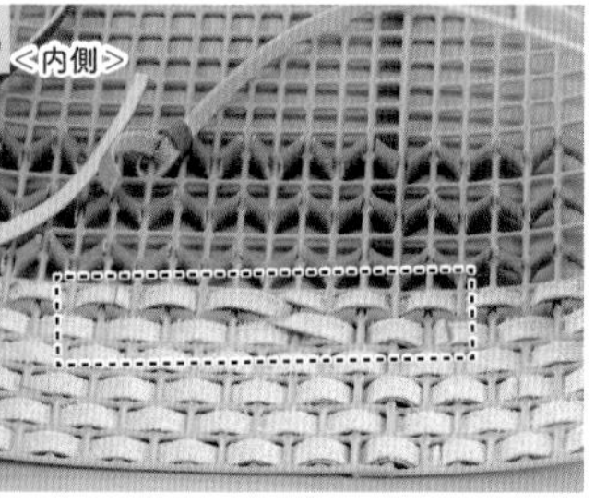

36 テープの始末ができました。裏側に出ている全ての仮結びテープは内側で同様に始末します。

●模様部分のできあがり

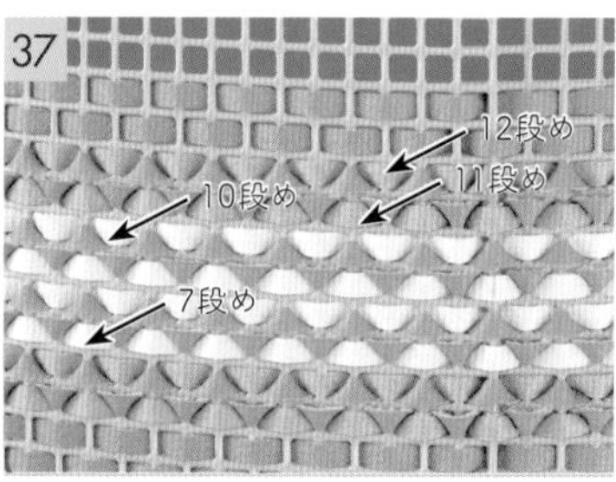

37 続けて7〜10段めは側面模様裏横テープC色、11・12段めは側面模様裏横テープB色で同様に模様裏を通します。

3 上から6段分を通す

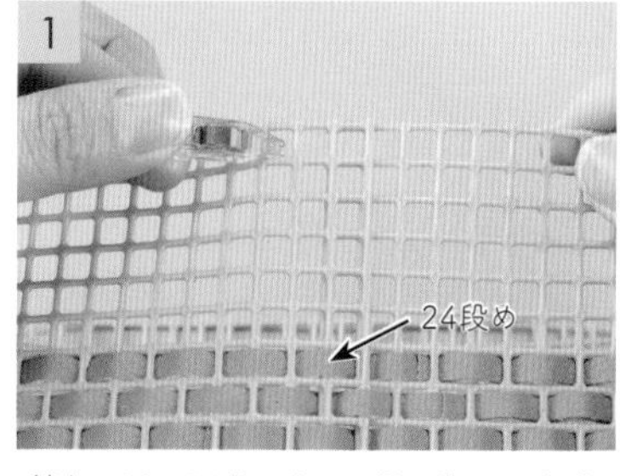

1 続きの13〜24段めまでは側面横テープA色72cm×12本を「表1裏1」で1本ずつ通します。25段めからの6段は金具などをつけながら通します。

●脇位置を決める

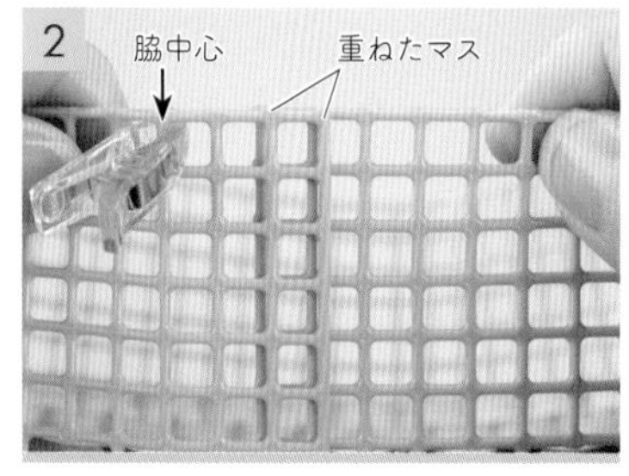

2 1マス重ねたところから、左側2つ目の柱に目印の仮止めクリップをつけます。これが片側の脇中心になります。

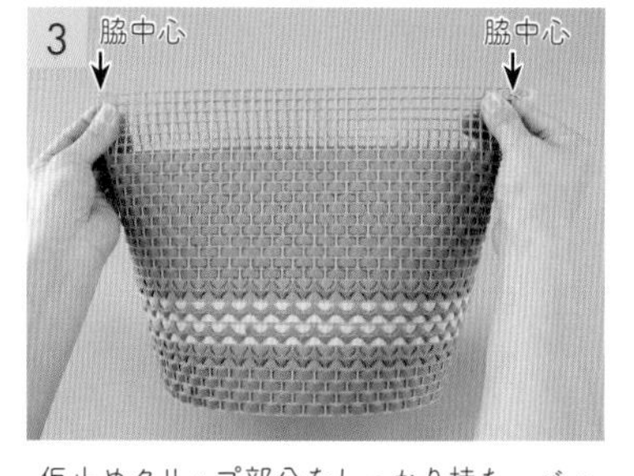

3 仮止めクリップ部分をしっかり持ち、バッグ口をぴったり2つに畳んで、対角線のマスを確認します。

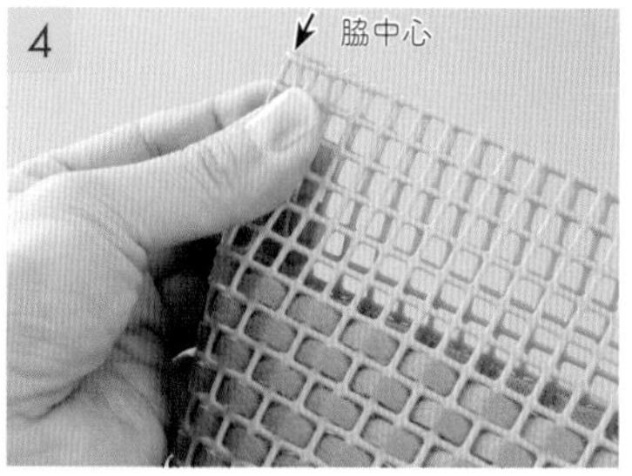

4 対角線の角は、マスの柱部分になるようにしてしっかり持ちます。

※見やすいように一部テープやネットの色を変えています

●ネットで角カン用のループを付ける

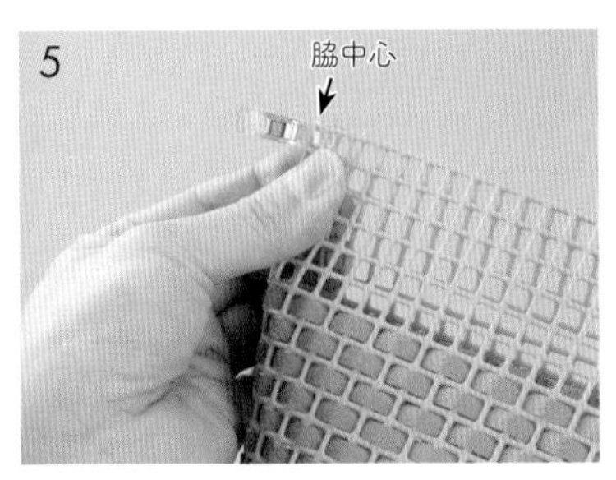

その角の柱に仮止めクリップをつけます。これが反対側の脇になります。

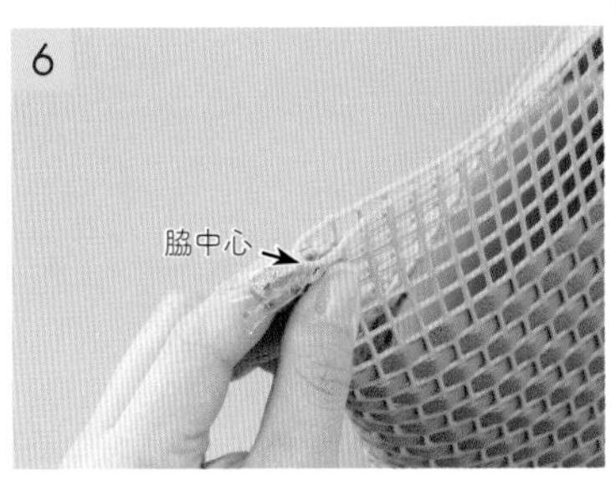

上から見たところ。

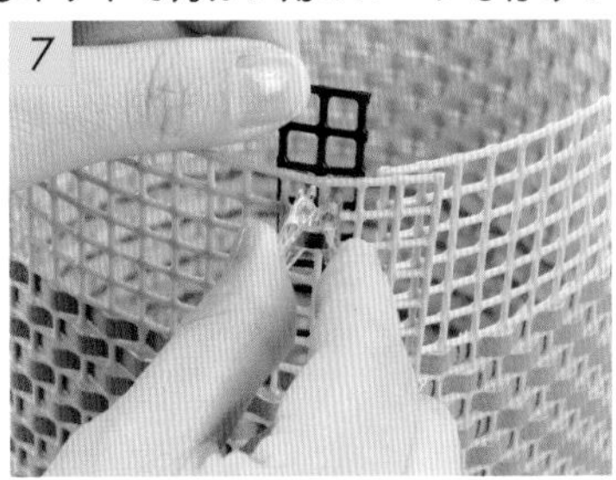

脇中心の内側に角カン用にカットした2×8マスのネットを当て、上から2マスを出して合わせ、再び脇中心を仮止めクリップで留めます。

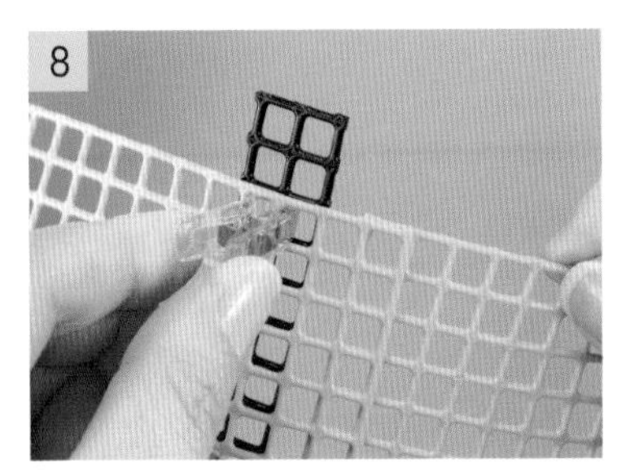

側面のネットと角カン用ネットの2枚を挟んで固定します。反対側も同様に固定します。

25段めを側面横テープA（金具用）80cmで「表1裏1」で通します。角カン用ネットのところは、ネット2枚一緒に通します。

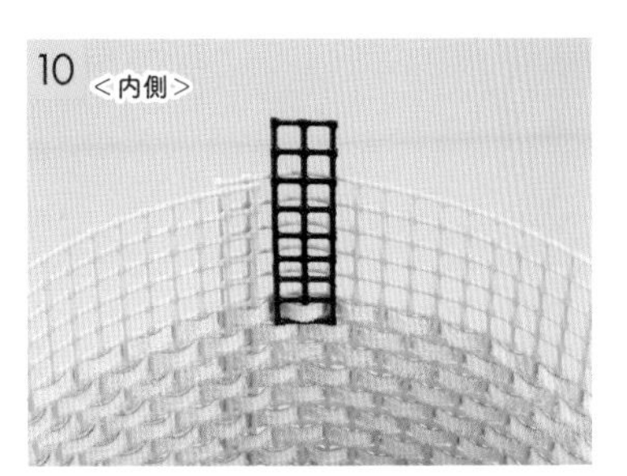

内側から見たところ。このように角カン用ネットにも一緒に通します。

●ループに角カンを取り付ける

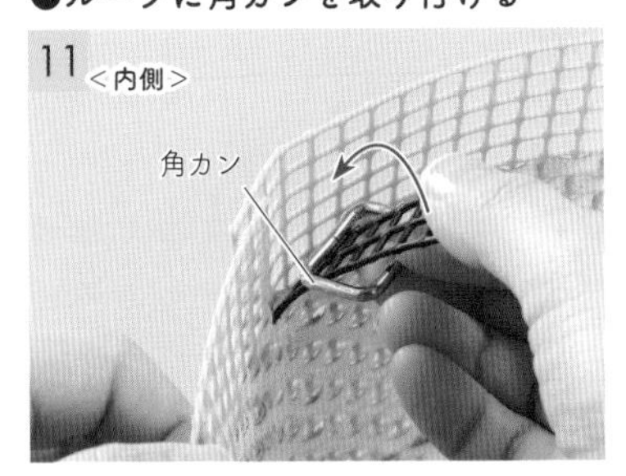

25段めを一周通したら、角カン用ネットに角カンを通して、ネットを外側に向けて2つ折りします。

このような形に折り曲げます。

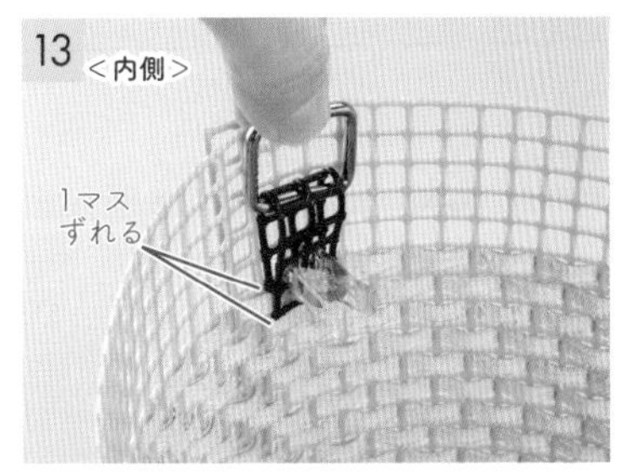

角カン用ネットの先端を仮止めクリップで固定します。反対側も同様に固定します。

14

後の作業をしやすくするために角カンを仮止めクリップで上に避けておきます。角カン用ネットも拾って「表1裏1」で26段めを通します。

●マグネットホックを付ける

15

マグネットホックを、マグネット用ネットに取り付けます。

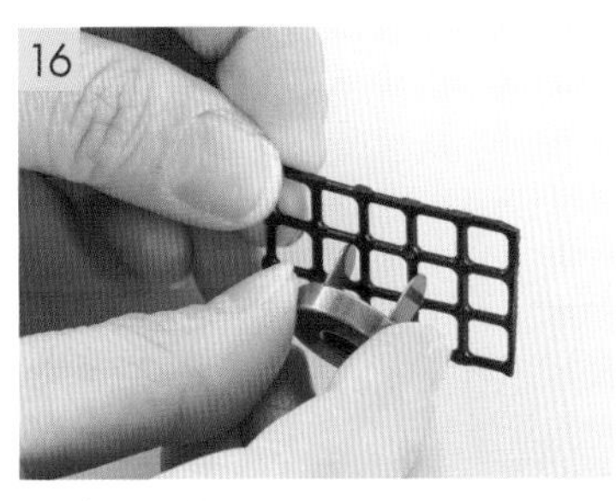

マグネット用ネットの2マスめと4マスめにマグネットホックの足を差し込みます。

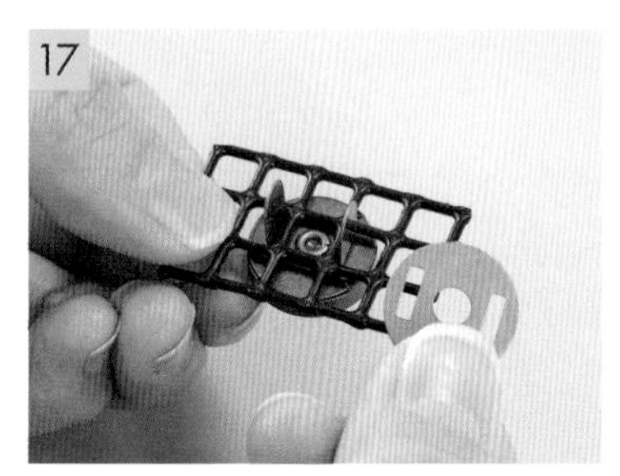

裏側に出た足に座金をかぶせます。

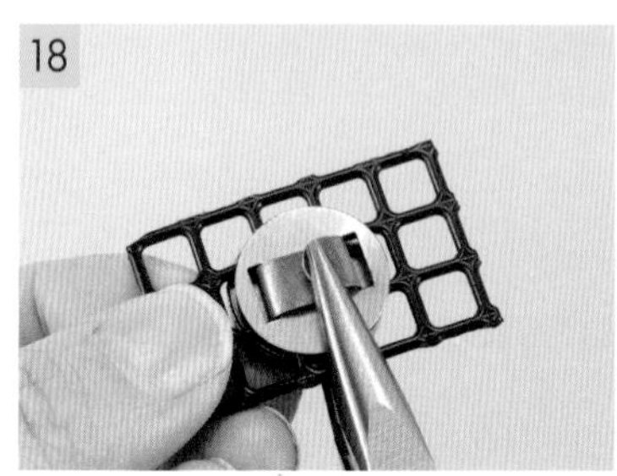

ラジオペンチで足を内側に倒します。

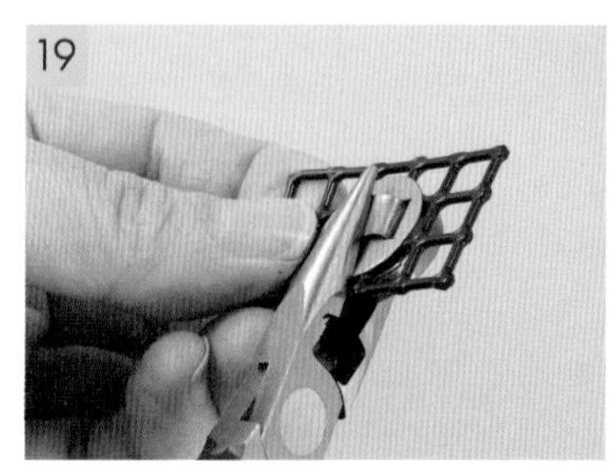

折り曲げた足をネットの両側から挟み、足をかしめて折り畳みます。もう片方のホックも同様にネットに取り付けます。

●マグネット部分のテープの通し方

レシピ(P.40)の付け位置を参照して、マグネットホックをつけたネットを内側に仮止めクリップで仮止めします。

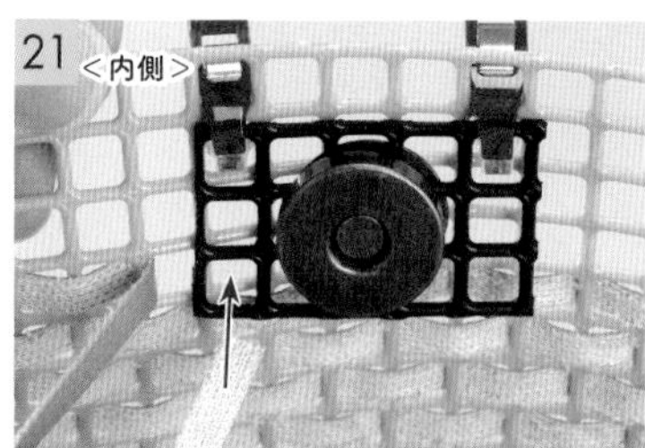

27段めは、途中でマグネット用ネットも一緒に通しながら「表1裏1」で通します。

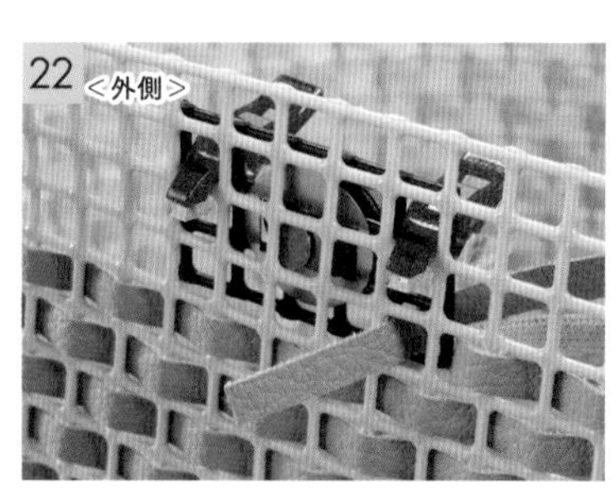

マグネット用ネットの部分の最初のマスは、ネット2枚一緒に通します。

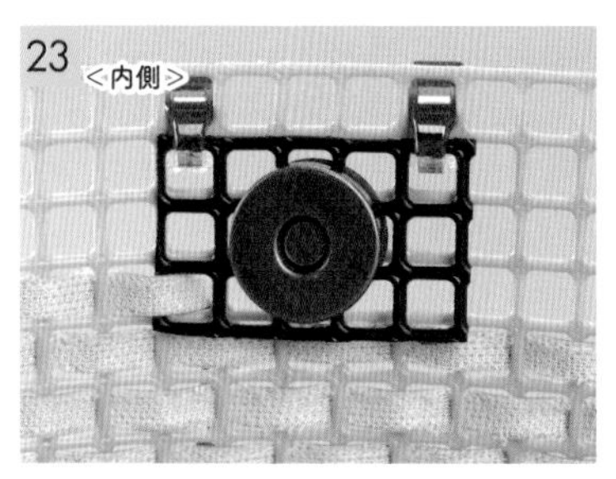

最初のマスに通したところ。

後の2マスはマグネット用ネットには通さず、側面ネットだけに「表1」を通します。

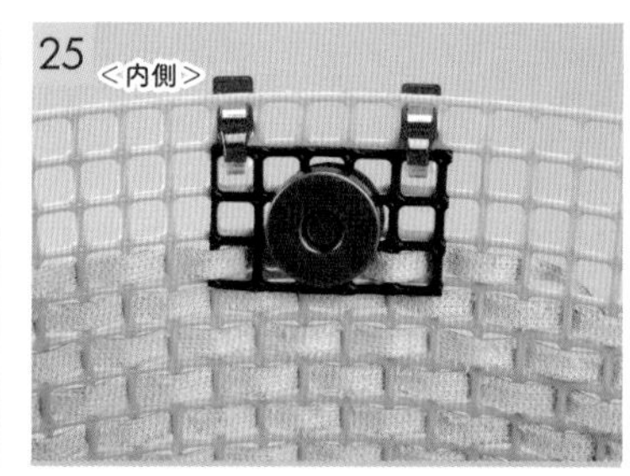

4マスめで外側から内側に入れる際は、側面ネットとマグネット用ネットの2枚を拾い、「裏1」を通して再び2枚に通して表へ出します。反対側も同様に通します。

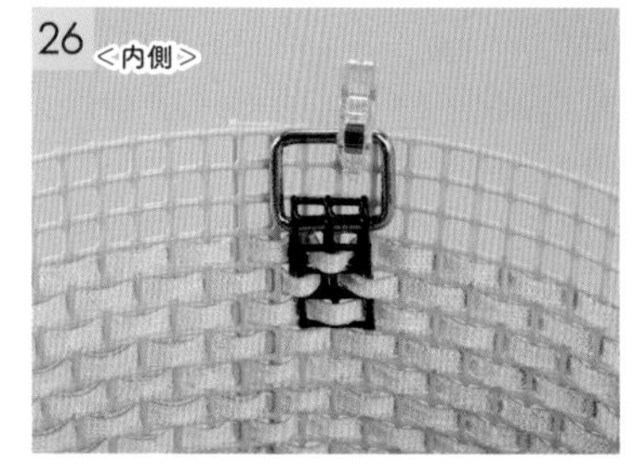

27段めは途中2ヵ所に角カン用ネットがあります。その部分ではネット3枚を拾いながら、同様に通します。

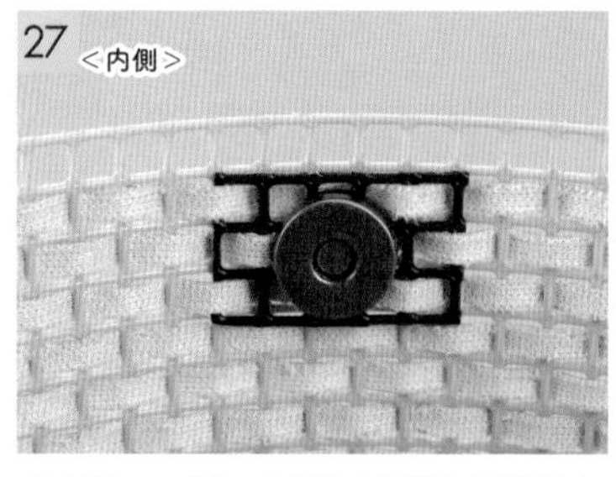

2カ所のマグネット部分も同様に29段めまで、両端はマグネット用ネットも拾いながら「表1裏1」で通します。

途中、表からも見てこのような形で模様が自然につながっているか確認しながら通しましょう。

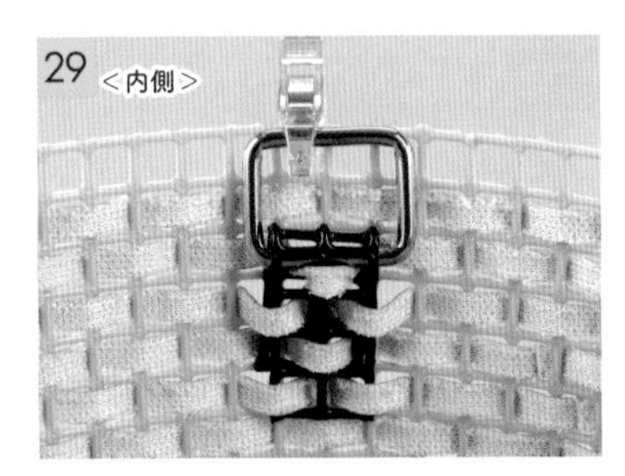

角カン用ネット部分は28段めも3枚のネットを拾って通します。29段めは側面のみで角カン用ネット部分には通しません。

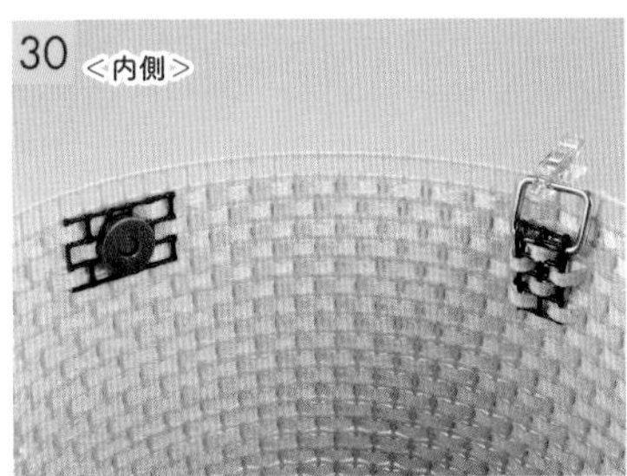

マグネット用ネットは29段めまで通して取り付け完了です。最後の30段は、側面横テープA色72cmで側面のみ通します。

側面部分のテープ通しができました。

4 バッグ口を1周巻きかがる

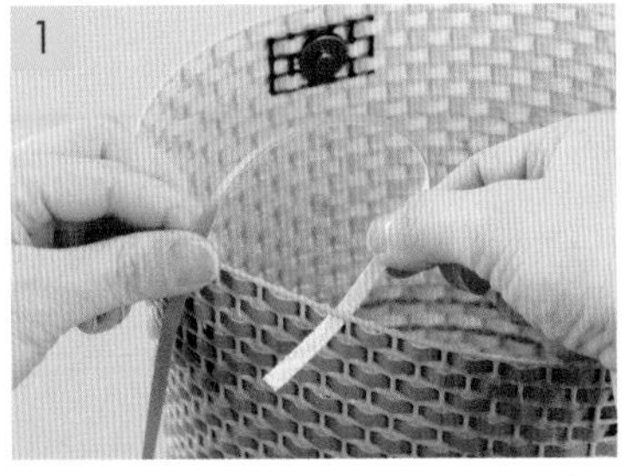

上部巻きかがりテープA色120cmでバッグ入れ口を一周巻きかがります。P.32 1 ～P.33 13 と同様にテープ中央から左右に作業します。

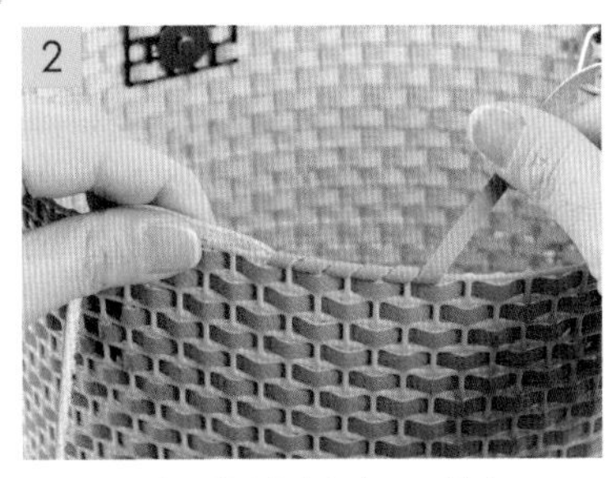

エレザは表と裏がありますので、途中でテープがひっくり返らないように、取り回しに気をつけながら巻きかがります。

巻きかがりで一周したところ。

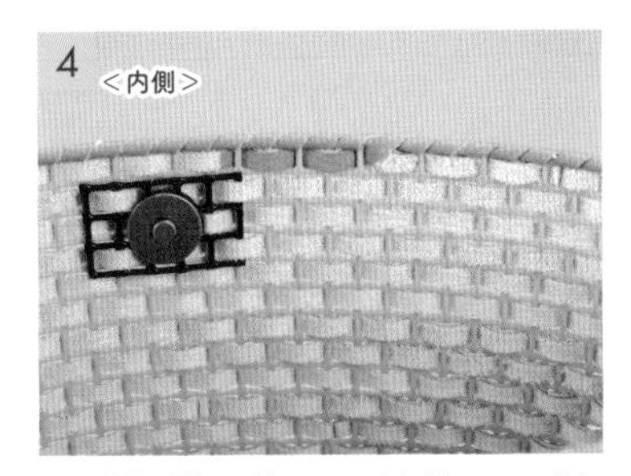

P.33 14 ～ 19 と同様にバッグ内側でテープ端を左右に振り分けて始末します。

5 底にテープを通す

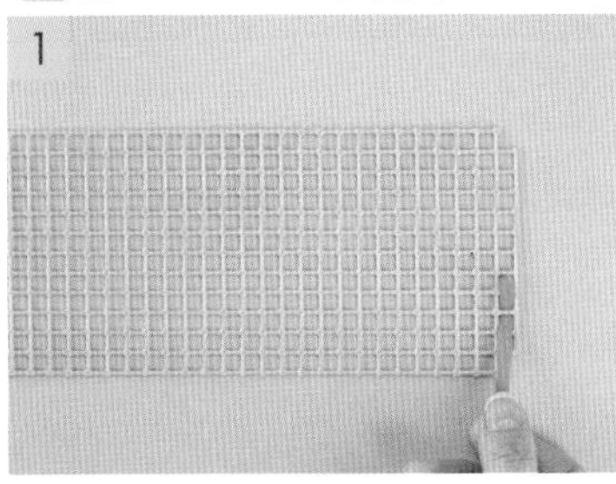

底のネットに、底縦テープA色17cm×2本を1本ずつ通します。

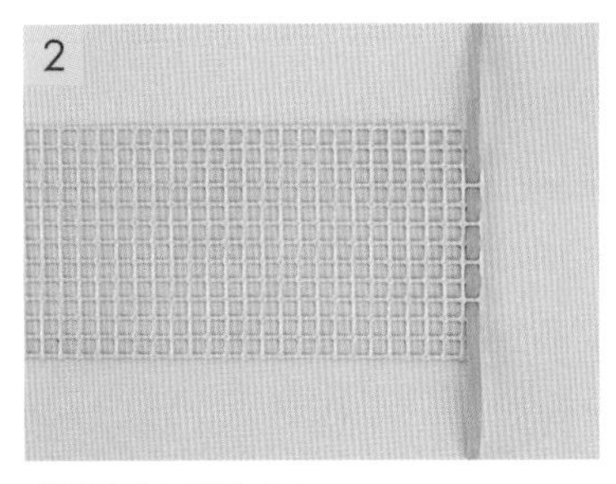

「表1裏1」で通します。

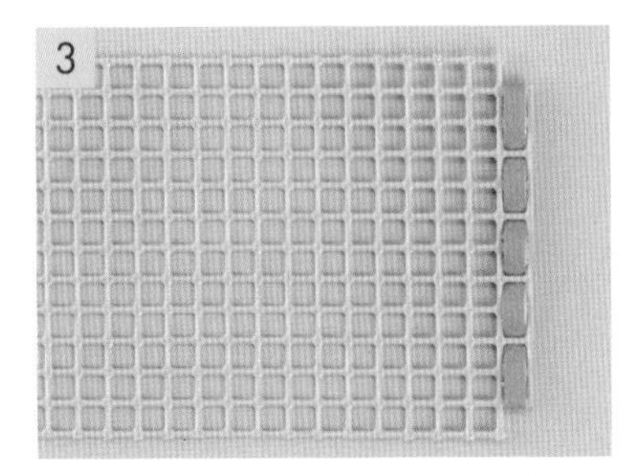

両端はネット端の柱を超えてテープを折り返し、裏側で始末します。反対側の端にも同様に底縦テープを通しておきます。

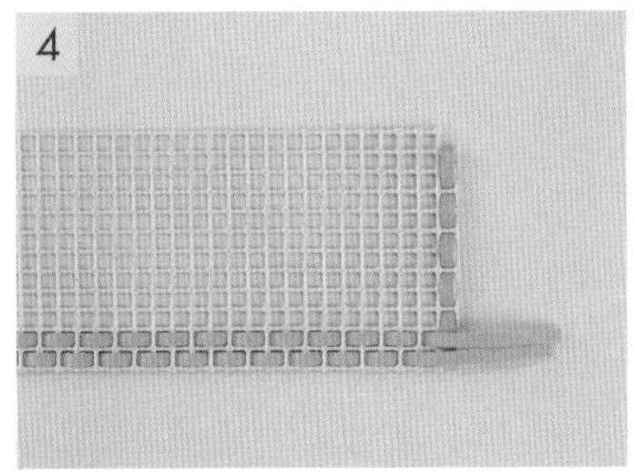

底横テープA色32cm×12本を1本ずつ通します。2段一模様の「表1裏1」で通します。

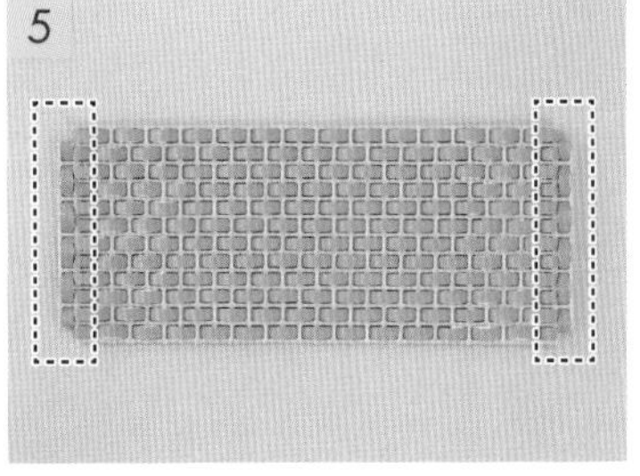

両端はトレイ（P.41）と同様に横テープが端のマスの柱の上を渡るように通して裏側で始末します。底ができました。

※見やすいように一部テープの色を変えています

6 底と側面を巻きかがりで合体する

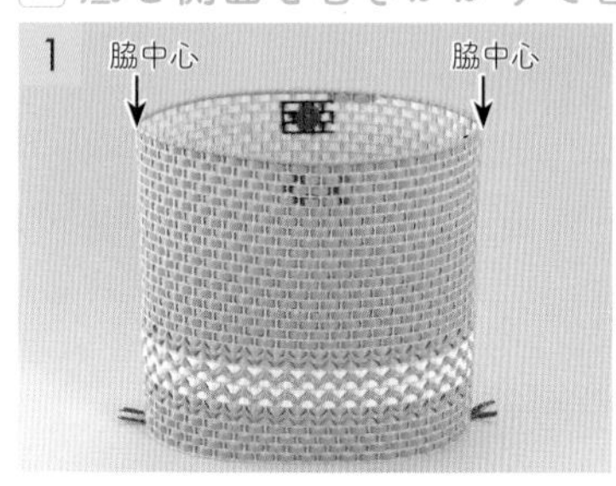

角カンを取り付けた脇中心をはさむ2マスとその対角線上の2マスに、ビニールタイを軽くねじって取り付けます。

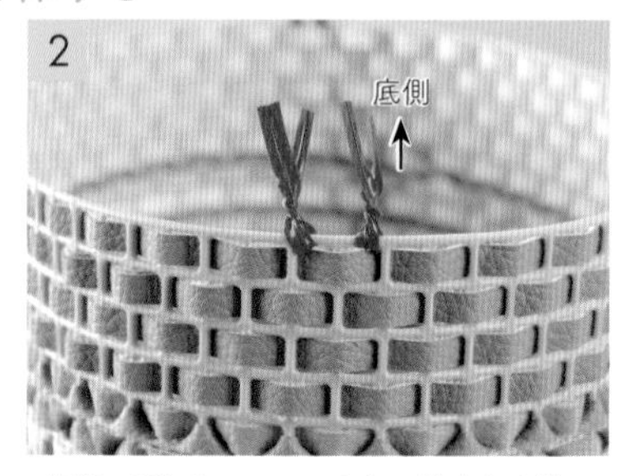

底側の1段めに、このように脇中心を挟んでビニールタイを取り付けます。

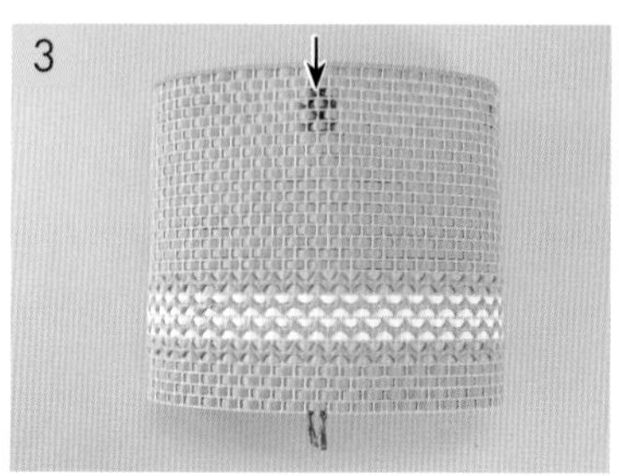

ビニールタイを取り付けた脇中心を正面にします。

底と合体する

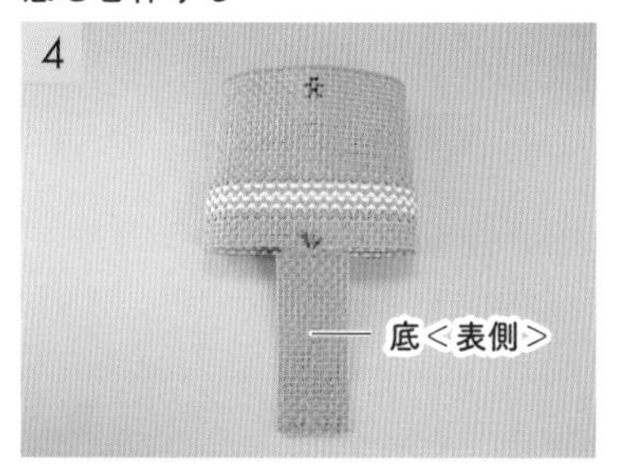

側面のビニールタイと底の短辺の中心の2マスを合わせて、ビニールタイで底中心のマスも拾って一緒に仮止めし直します。

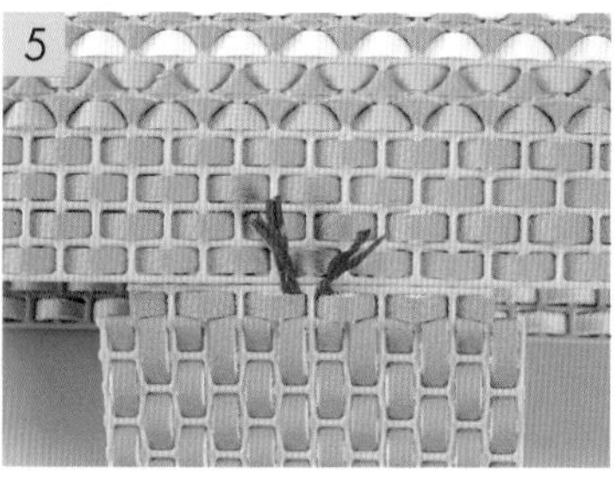

底中央の2マスと側面脇の2マスを合わせて固定したところ。

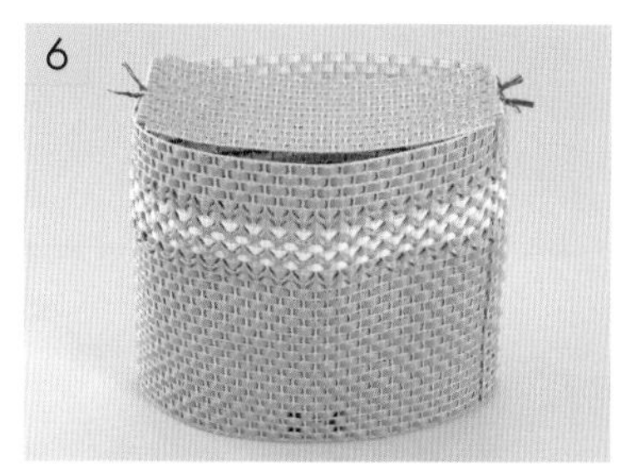

底を上にし、反対側の脇中心のビニールタイと底中心も仮止めし直します。

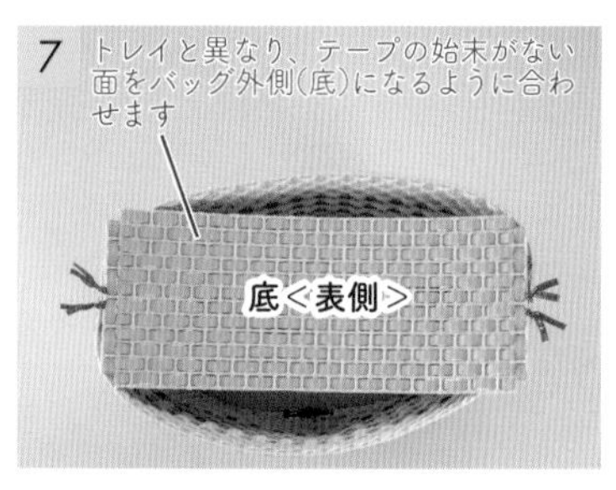

底面から見たところ。

●巻きかがる

写真のマスから巻きかがりを始めます。下部巻きかがりテープA色150cmを底と側面のマスのテープとの隙間に入れます。

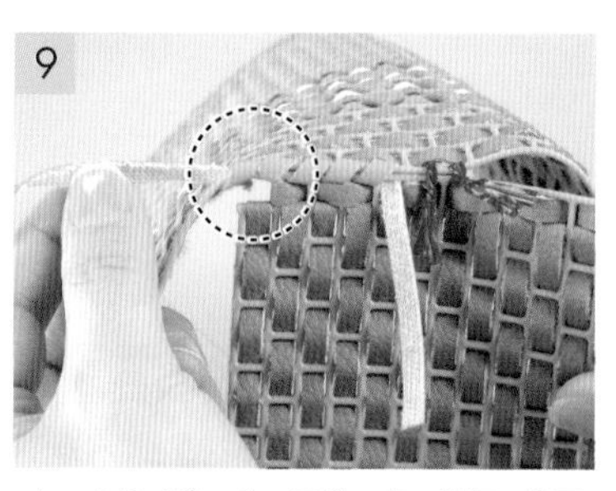

トレイ(P.43)の時と同様に底の短辺と側面を1マスずつ合わせて巻きかがります。角は側面のみを拾って2回巻きかがります。

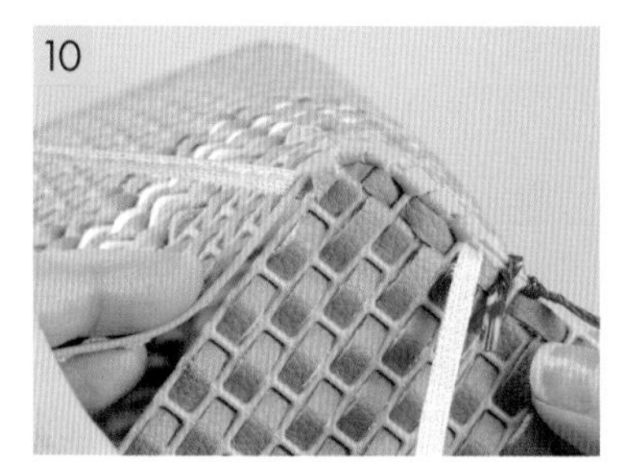

側面の次のマスと、底の長辺の1マスを合わせて巻きかがります。

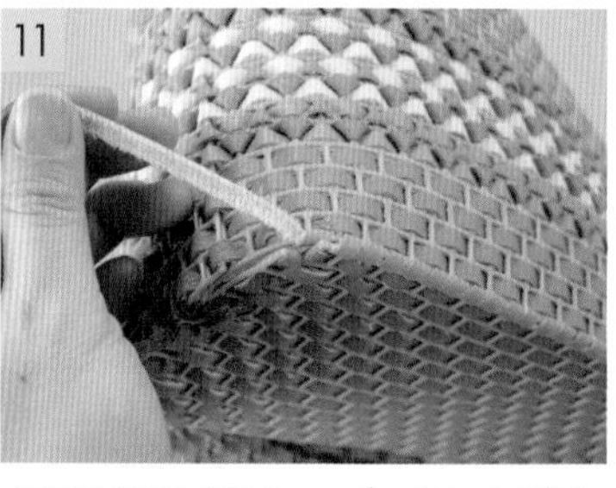

長辺は側面と底を1マスずつ合わせて巻きかがります。

次の角は側面1マスのみを拾って1回巻きかがります。

13

次のマスと底の短辺の1マスを巻きかがります。同様に一周巻きかがります。（角の3つめは側面のみを2回、4つめは1回拾って巻きかがります）。

14

巻きかがりが一周終わりました。

●巻きかがりの始末

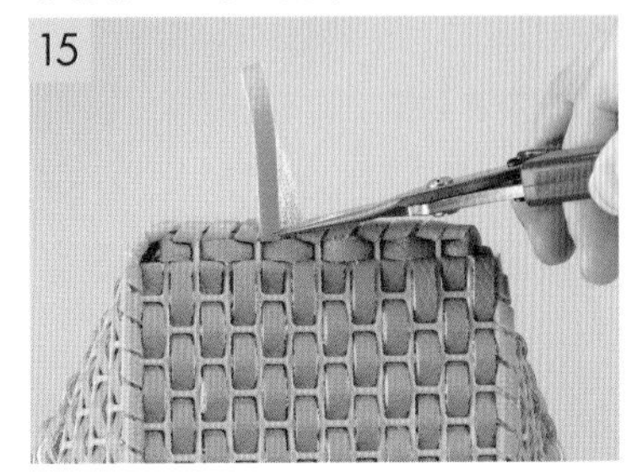

巻き始めに残したテープをバッグ内側に差し込みます。

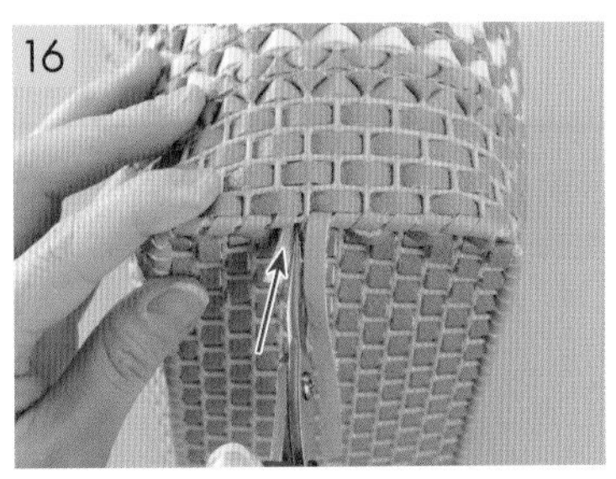

平ペンチで押し込むようにして入れると良いでしょう。

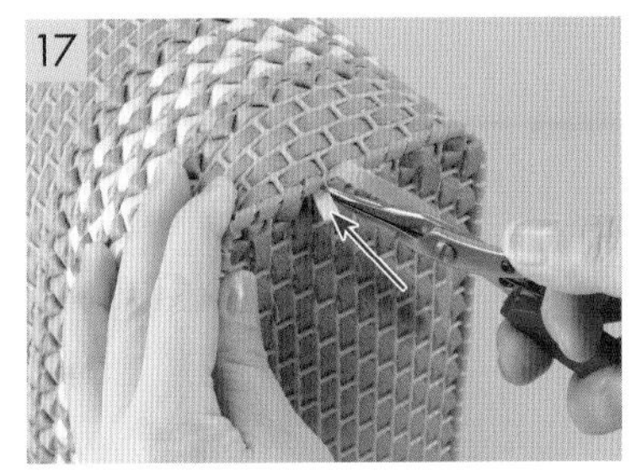

挟み直して少しずつ送り込むように入れ込みます。もう1本も内側に入れます。

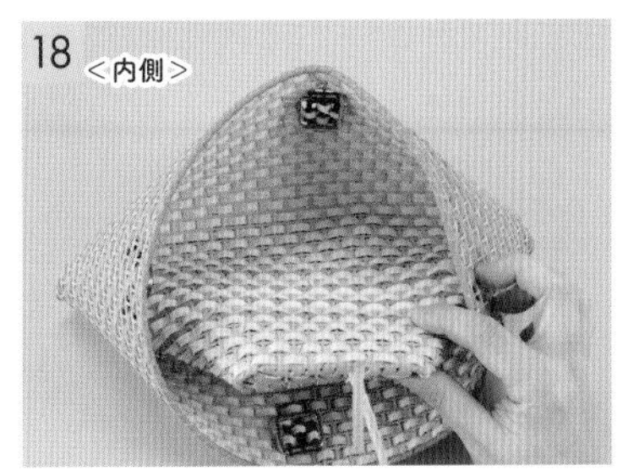

両端が内側に出たところ（内側が見やすいように底を内側に押し出しています）。

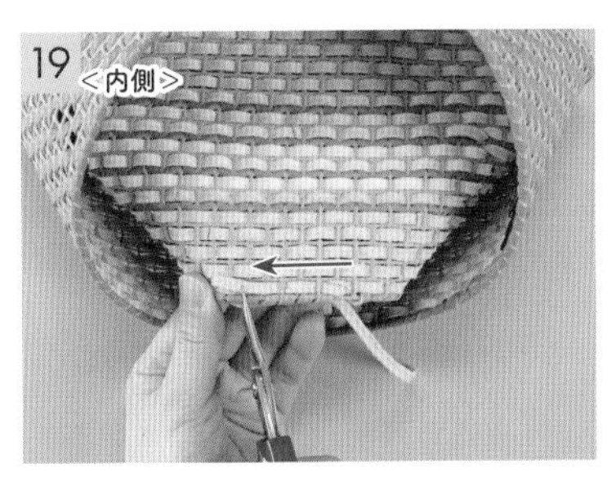

2本を左右に振り分けて、1本は左側の柱を拾って始末します。

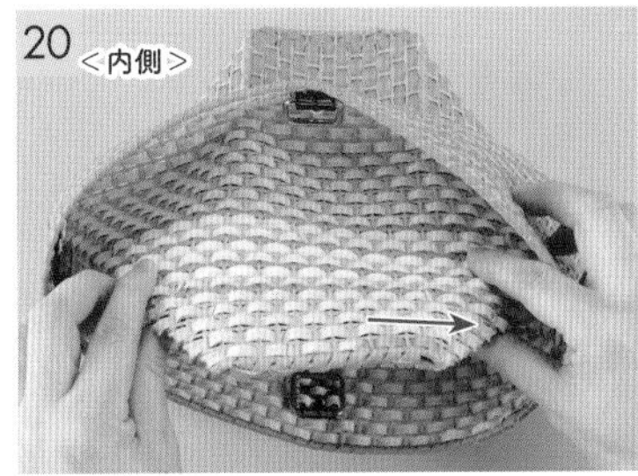

もう1本は右側へ通して始末します。

テープの始末ができました。バッグのできあがりです。

7 持ち手とショルダーをつなぐ

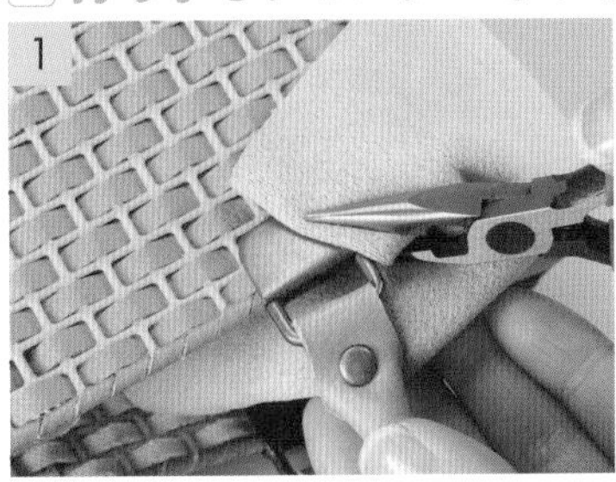

レシピ（P.40）の指定位置に持ち手のハサミカンを差し込み、当て布をしてラジオペンチでかしめて取り付けます。

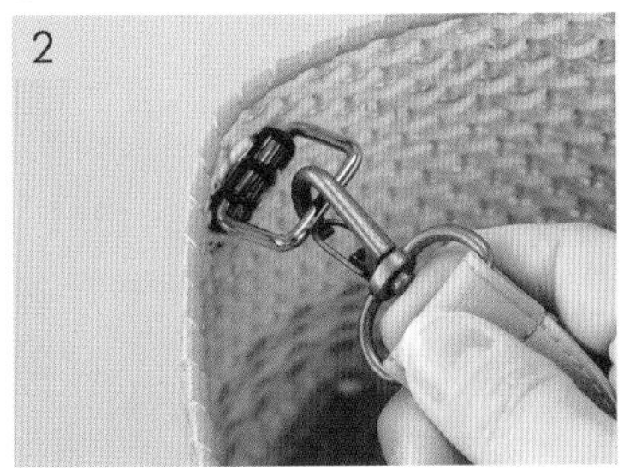

ショルダーストラップのナスカンを角カンにつないで完成です。

STEP.3

Trapezoid bag

- バイアスネットを使ってみましょう -

a

b

ネットにはマス目が縦横に並ぶスタンダードなタイプと、斜め方向に並ぶバイアスタイプがあります。バイアスネットを使うとバッグの形もこれまでと変わりますし、テープの模様の出方も違ってきます。ここではこのバイアスネットを使って、特徴的かつ魅力的なミニショルダーバッグを作ってみましょう。

テープ a…ロマーレ（No.105・グリーン） b…エレザ（No.3・イエロー）
ネット a…白 b…白
持ち手 a…オフ白 b…オフ白

Features
この作品の特長

ヘリンボーン柄の通し地

V字を横にしたような模様のヘリンボーン柄。バイアスネットならではの通し地です。グリーンのバッグはロマーレ、イエローはエレザ。質感の違いも楽しんで。

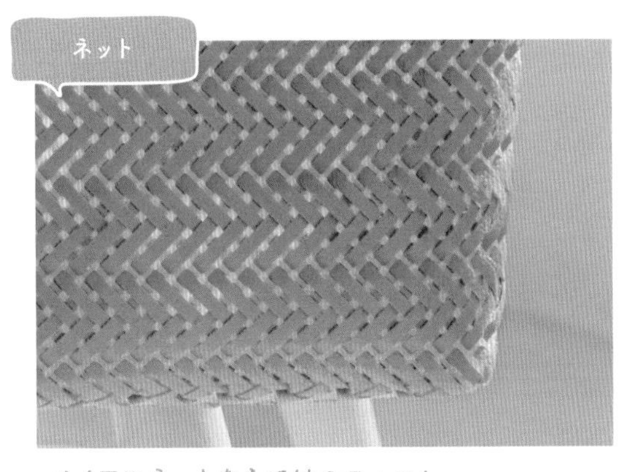

バイアスネットならではのフォルム

一見STEP1と似たような形のバッグに見えますが、バイアスネットで作ることでマチが三角になり、底が細く入れ口が広い綺麗な台形に仕上がります。

革持ち手を縫い付け

縫い付けるタイプの革持ち手を採用し、バッグの印象をぐっと上品に。ショルダーベルトとマグネットホックも付いて実用性も充分です。

Point
このステップで習得したいポイント

テープ

- ヘリンボーン柄の模様の出し方を知る
- 別々の方向から2段階に分けてテープを通す方法を習得する
- 「表3裏3」の通し方をマスターする

ネット

- バイアスネットの特長を知る
- 型紙の使い方と切り方を改めておさらいする
- マスや柱の数え方のコツを知る
- マチの合わせ方をマスターする

金具・持ち手

- 縫い付けタイプの持ち手の装着方法を習得する
- 丸カンをしっかりと装着する方法をマスターする

Style
スタイル

小さく切ったネットにマグネットホックを取り付けています。こうすることでマグネットが閉じている状態でも少し入れ口を広げることが可能。

軽くて持ち運びしやすい小さめバッグ。
華奢なストラップがポイントです。

ショルダースタイルはシンプルなコーディネートで存在感を発揮。

Variation
色違い・テープ違いで
作ってみましょう

テープ チューブベリー（No.6・ラメシルバー）
ネット 白
持ち手 オフ白

テープ エレザ（No.5・レッド）
ネット 黒
持ち手 黒

テープ エレザ（No.7・ネイビー）
ネット 黒
持ち手 アイボリー

テープ ロマーレ（No.103・ピンクベージュ）
ネット 白
持ち手 オフ白

STEP.3 Trapezoid bag

Photo P.54~57

a: グリーン　b: イエロー　c: ラメシルバー　d: レッド　e: ネイビー　f: ピンクベージュ

材料

【テープとネット】 ※バイアスネット　1/2枚

	ネットの色	テープ	テープの色	用尺（m）
a	白	ロマーレ	グリーン	26.7
b	白	エレザ	イエロー	26.7
c	白	チューブベリー	ラメシルバー	26.7
d	黒	エレザ	レッド	26.7
e	黒	エレザ	ネイビー	26.7
f	白	ロマーレ	ピンクベージュ	26.7

テープ1セット

【その他】

合皮持ち手1組 、ショルダーベルト、丸カン2個、マグネットホック1組、
※金具類の品番等詳細はP.99を参照

出来上がり寸法

18×17×8cm

用具

ハサミ、メジャー、両面テープ、ボンド、仮止めクリップ、ダブルクリップ、ラジオペンチ、平ペンチ、ビニールタイ、針、縫い糸少々

作り方

1　ネットとテープを用意する(P.60)。
2　マグネットホックを取り付ける(P.60)。
3　底にテープを通す(P.61～62)。
4　バッグの形に組み立てる(P.62)。
5　側面に1層めのテープを通す(P.62～64)。
6　側面に2層めのテープを通す(P.65～66)。
7　バッグ口を巻きかがる(P.66～67)。
8　持ち手を縫いつける(P.67)。

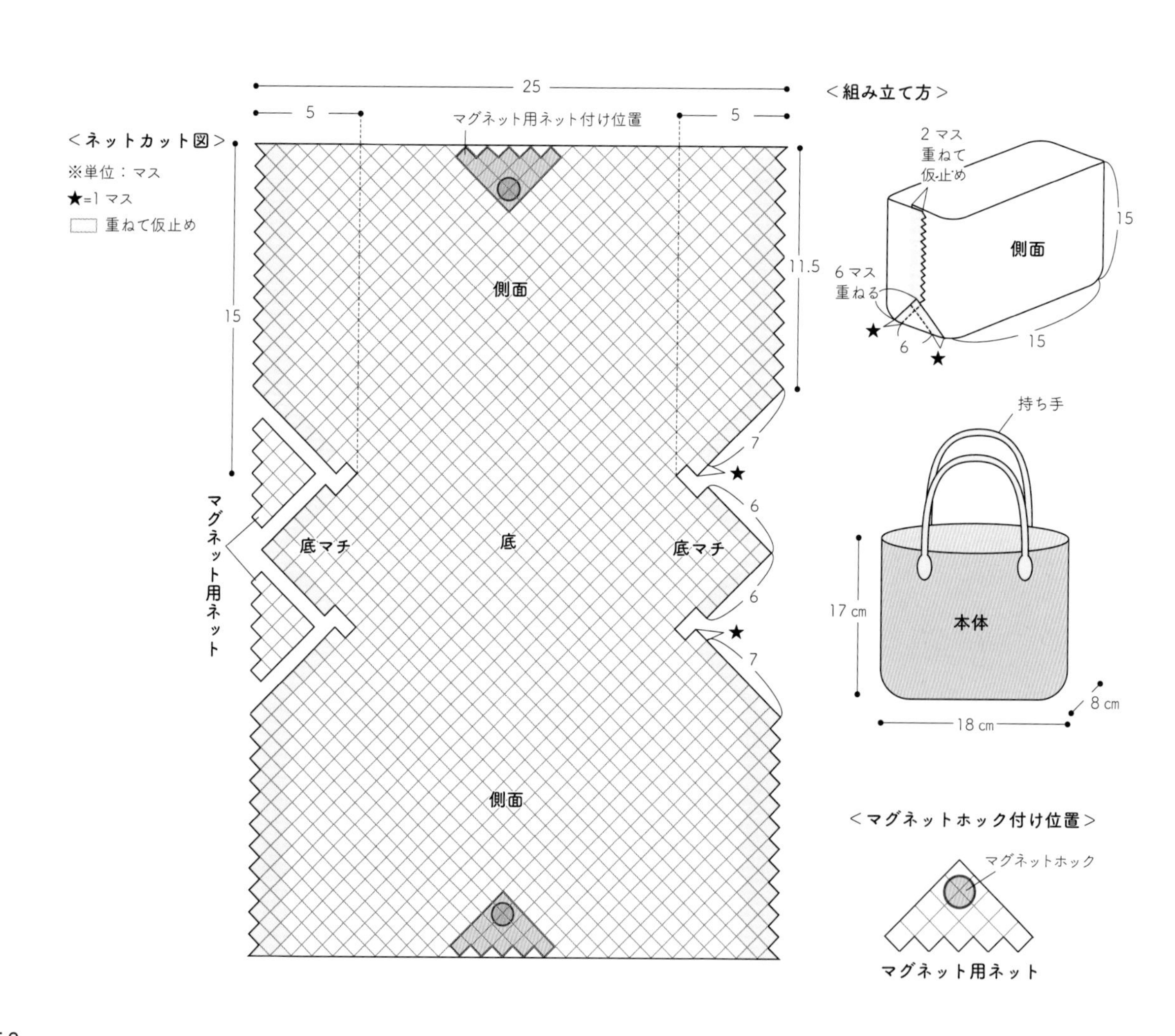

①(白丸数字)=テープの通し始め
❶(黒丸数字)=テープの通し終わり

<テープ通し図>

◉テープカット

底

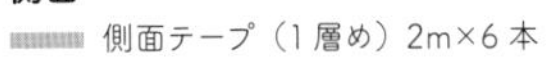

底テープ 90 cm ×1 本
底テープ 90 cm ×1 本

側面

側面テープ(1 層め) 2m×6 本
側面テープ(2 層め) 2m×6 本
巻きかがりテープ 90 cm ×1 本

※見やすいように一部テープやネットの色を変えています

1 ネットとテープを用意する

●型紙に合わせてネットをカットする

1

※型紙は付録とは少々異なりますが使い方は同じです

型紙の短辺に
ネットの長辺を
合わせる

この作品は上下のバッグ口にネットの直線縁を使用したいので、型紙の短辺にネットの長辺を合わせてカットしてください。

2

型紙の赤線の外側をカットしていきます。

3

このように使用するネット側に、ギザギザの山の頂点が残るようにカットします。

4

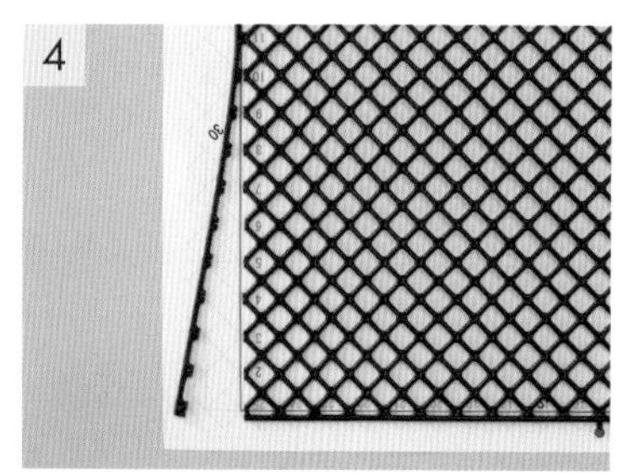

型紙の長辺の端はギザギザの山になるようにカットします。

5

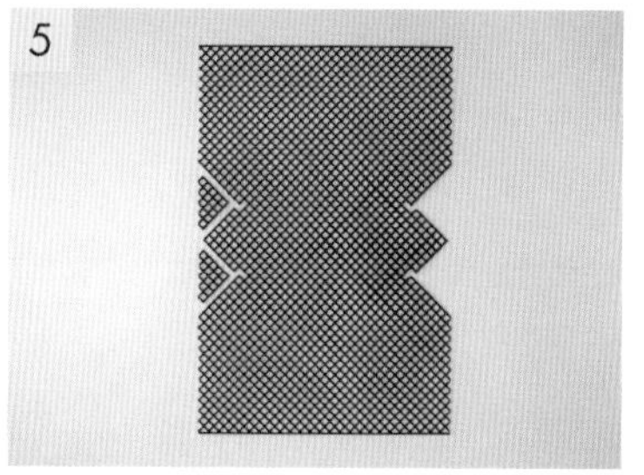

このように上下（＝バッグ口）のみ、ネットの直線縁が残るように切り抜きます。

2 マグネットホックを取り付ける

6

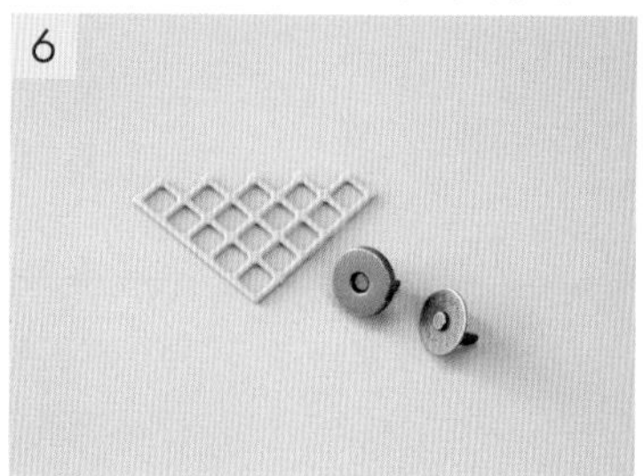

マグネット用ネットにマグネットホックを取り付けます。

7

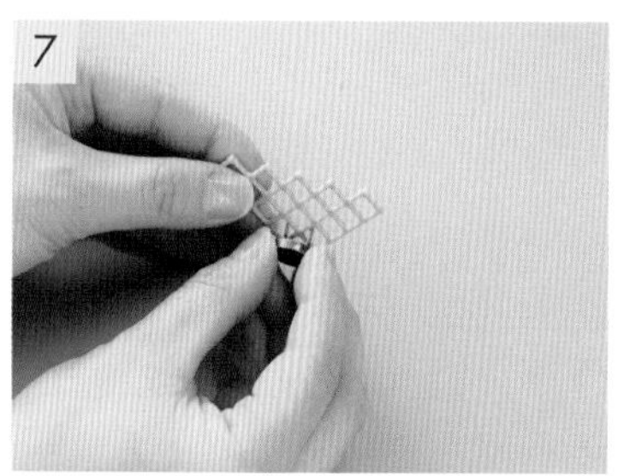

レシピ（P.58）にある取り付け位置に、マグネットホックの足を差し込みます。

8

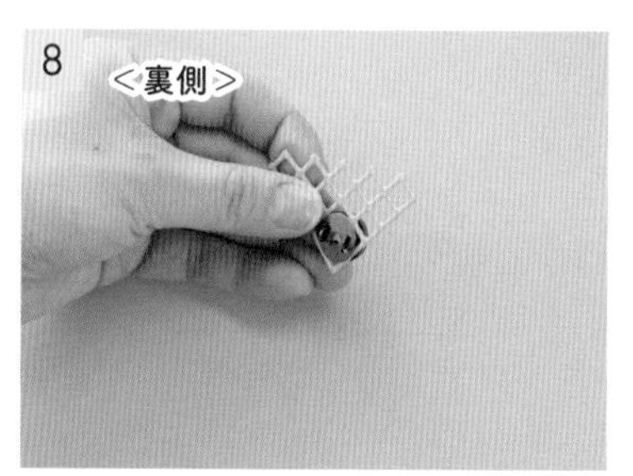

裏面に出た足に座金をはめます。

9

2つともネットに取り付けます。テープを通す際に付け忘れないように、予め本体ネットに取り付けておきます。

10

レシピ（P.58）にある取り付け位置に目印の仮止めクリップを付けます。

11

仮止めクリップの内側にマグネット用ネットを置き、ビニールタイで仮固定します。

POINT

マグネット用のネットが2個とも正しい位置についているかは、ネットを折り畳めば確認することができます。ネットが同じ位置で重なればOK。

3 底にテープを通す　●左半分を通す

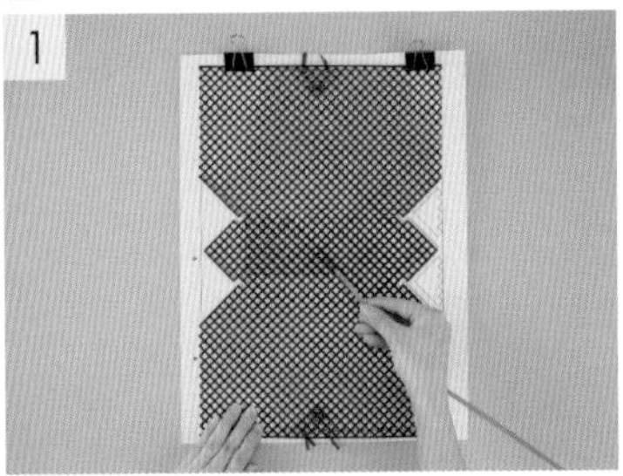

底テープの通し位置は間違いやすいので、型紙に底のテープ通し図も載せてあります。型紙に当てて通していくと良いでしょう。

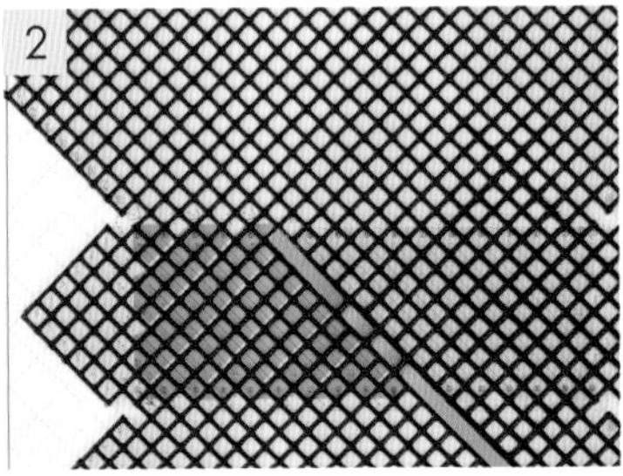

底テープ90cmをネットの中央あたりの下側から通し始めます。

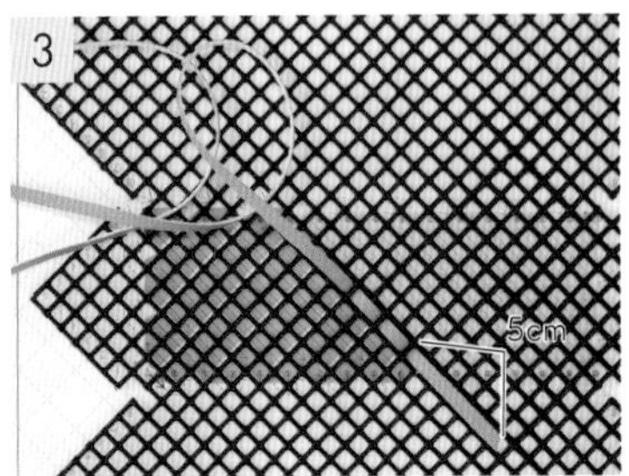

「表1裏1」で通します。通し始めのテープは約5cm残しておきます。

底の上端にきたら、左隣のマスに裏向きに通します。

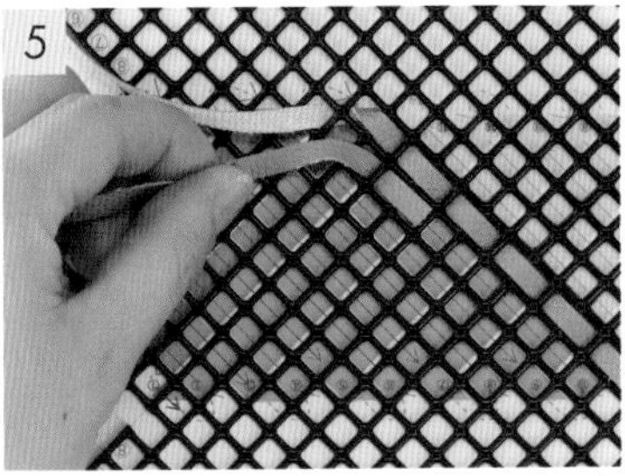

裏側でUターンして、1列めに通したテープに添うように手前に向かって通します。

下端で同様にUターンして上に向かって3列めを通します。

同様に左端まで通したら、左下のマスに通してUターンします。

型紙に合わせて10列通し終わったところ。♣マスから出した後、始末のために★マスに上から通します。

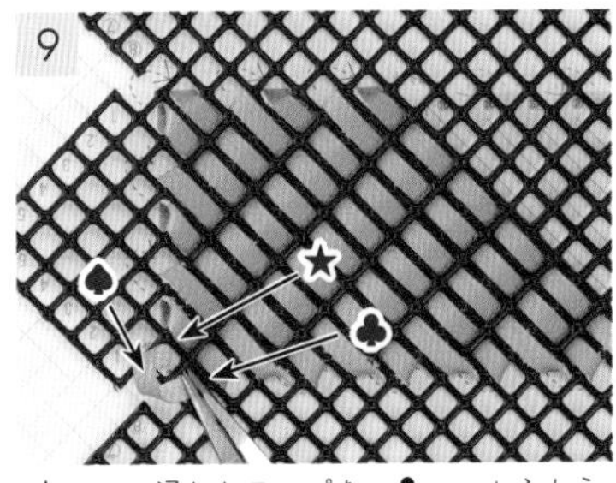

★マスに通したテープを、♣マスからもう一度出し、♠に沿ってボンドを塗り、裏で始末します。

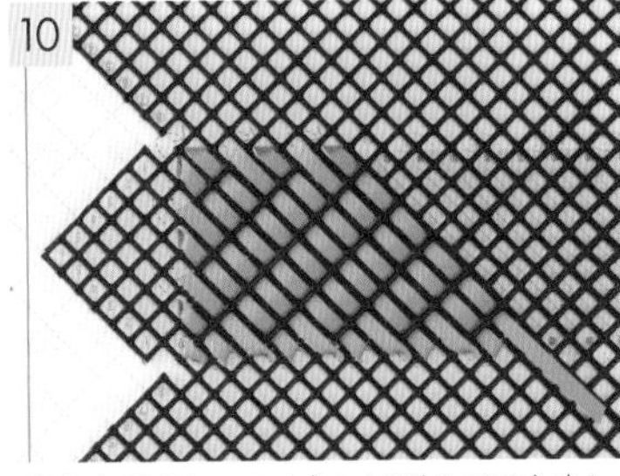

裏から見るとこのように11列めができました。

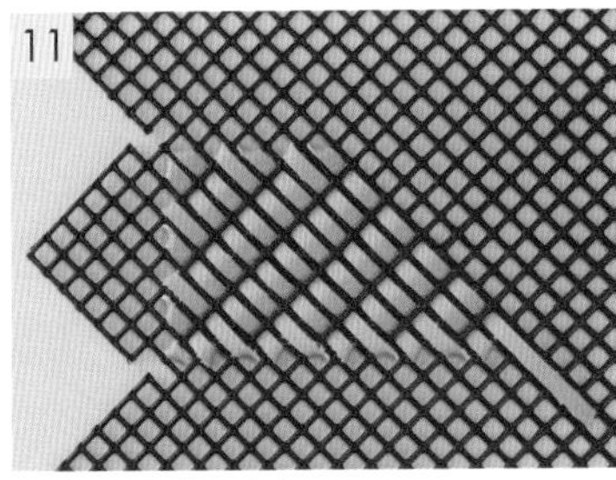

型紙を一旦外します。

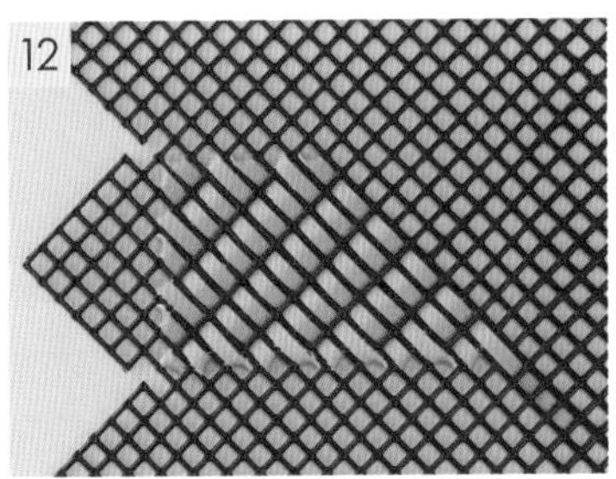

通し始めのテープを裏へ通します。

裏返して端を始末します。通し始めもUターンしたテープの中に隠すように始末します。

新しい底テープ90cmで右半分を通します。上から差し込み、下へ向かって通します。

左半分と同様に通します。底ができあがりました。テープの表が見えている方が、バッグの底の表側(外側)になります。

4 バッグの形に組み立てる

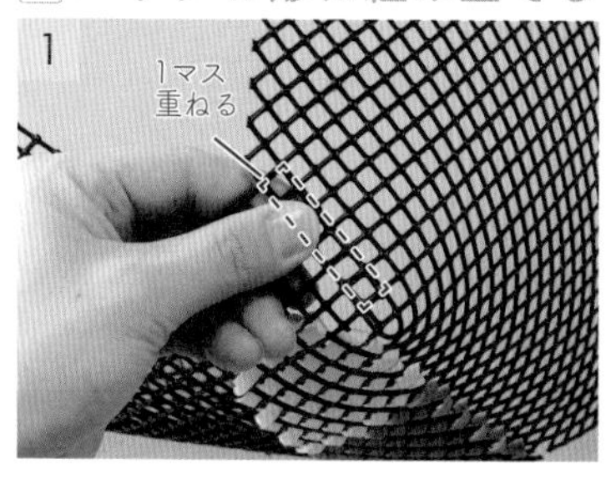

底マチを上に折り上げ、上から右側の側面マチを1マス重ねて仮止めクリップで仮止めします。

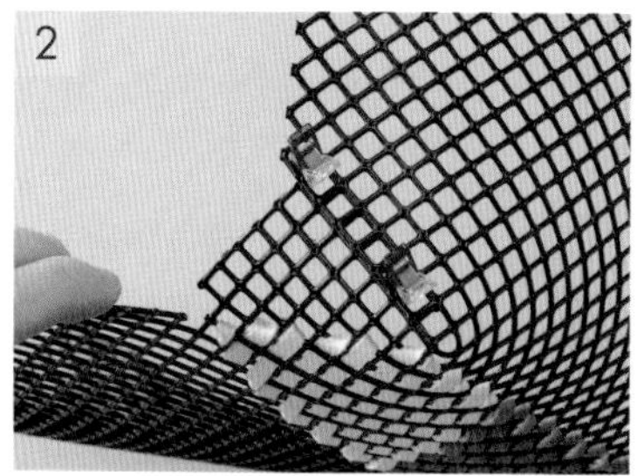

仮止めクリップで留めたところ。

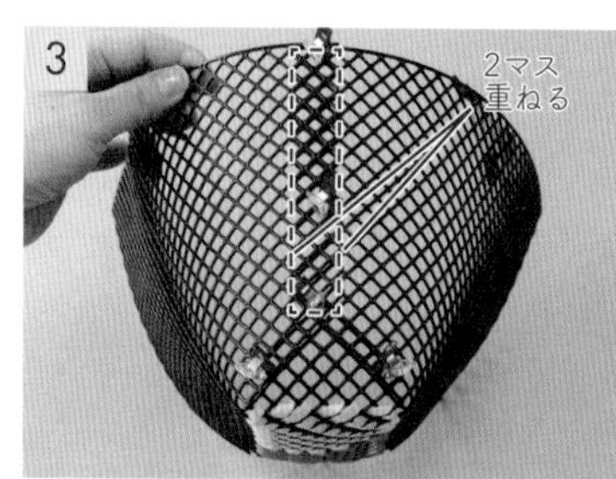

左側の側面マチを底マチの上に1マス重ねて仮止めします。左右のマチは脇で2マス分重ね、仮止めクリップで仮止めします。

5 側面に1層めのテープを通す

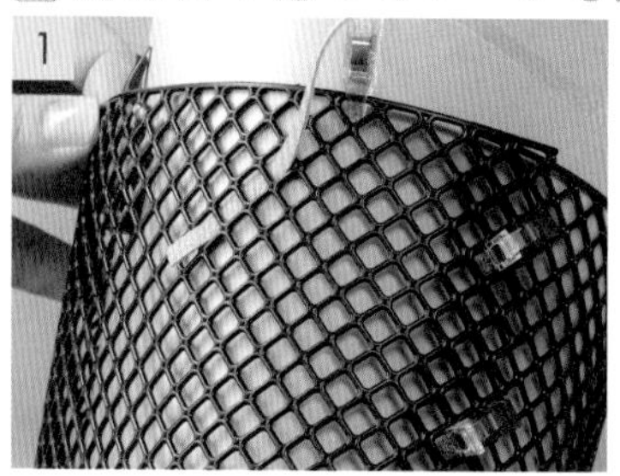

側面テープ2mを通し始めます。

「裏3表3」で底に向かって通します。テープは左斜め下向きに通し、バッグ全体を右回りに進行します。

通し始めのテープが10cmほどになるよう引いておきます。底で「表1」通したら、このようにネットに通してUターンをします。

テープを引き締めたところ。上端から「表3裏3」×5回+「表1」で底まで通したところです。

Uターンして「表2」通し、「裏3表3」×5回を1列めの右に添うように通します。模様は平行に同じ模様が並ぶように通します。

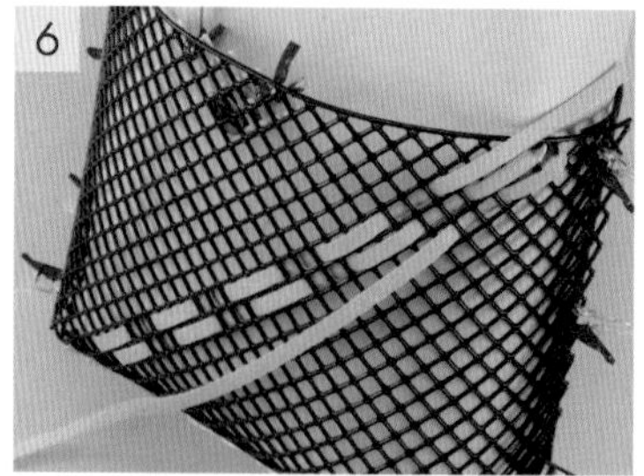

上端でUターンして同様に底に向かって3列めを通します。

7

表1 表2

折り返しA

底のテープの右半分側にきたら、底のUターンの拾い方が少し変わります。底のテープとネットの隙間を通してUターンし、テープをひねります。

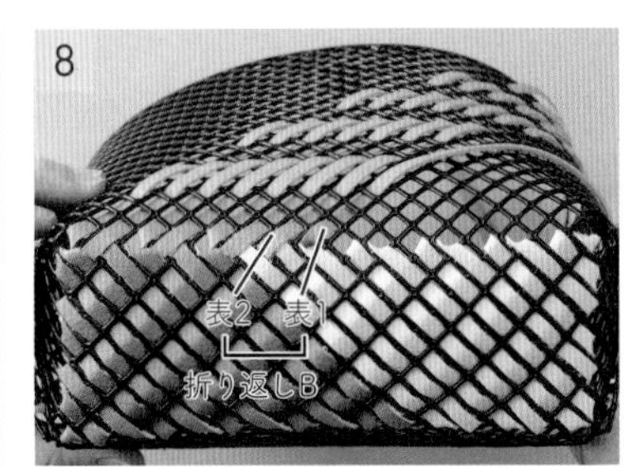

拾い方が変わるのでUターンの端の模様が変わります。続けて側面は同じ模様が続くように、底は「折り返しB」で繰り返します。

●マグネット用ネットを止める

続けてマグネット用ネットを仮止めしているところまで同様に側面にテープを通していきます。

内側から見たところです。マグネット用ネットを1マス拾い、本体ネットに通して表に出します。

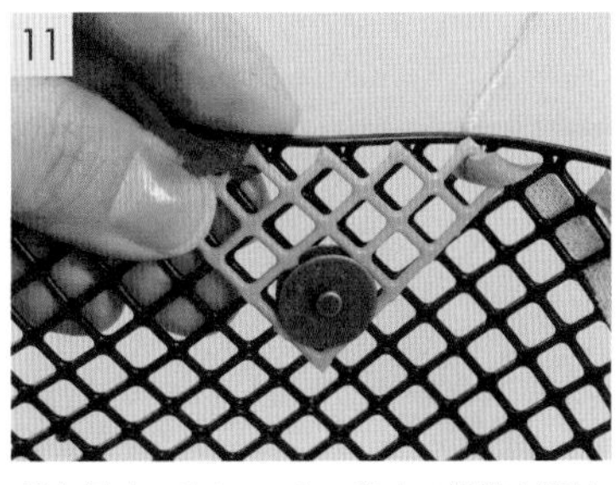

引き締めてUターンし、底まで模様を続けます。

●マチの通し方

マチまで来ました。7と同様にUターンします。

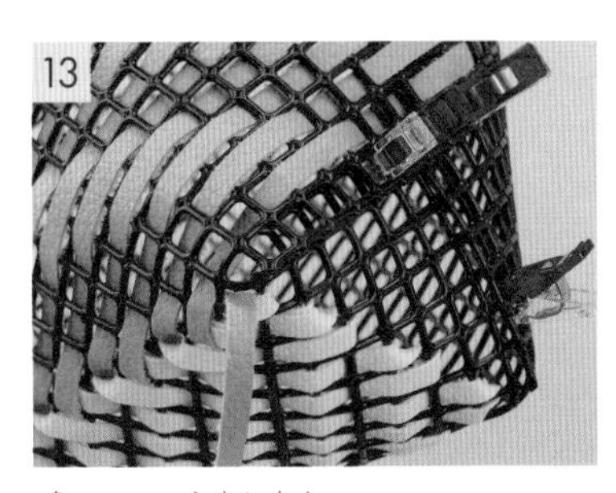

角のマスから出します。

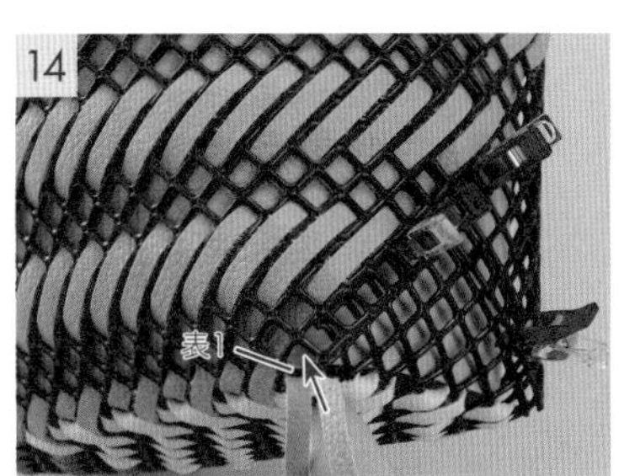

Uターンしてテープをひねり、ネットを重ねたマスの列の、1つ上の三角のマスに「表1」で通し、「裏3表3」で上へ通します。

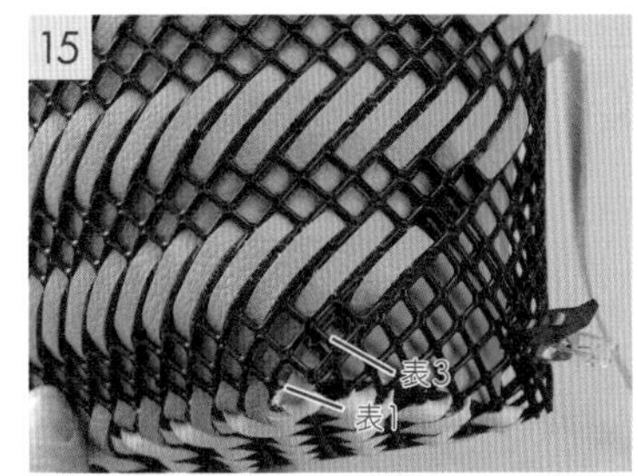

次の16からイレギュラーです。底側Uターン端の模様を「表1裏2」に変えます。下端以外は「表3裏3」のままです。（マグネット用ネットにもテープを通します。27参照。）

●イレギュラーなUターン模様

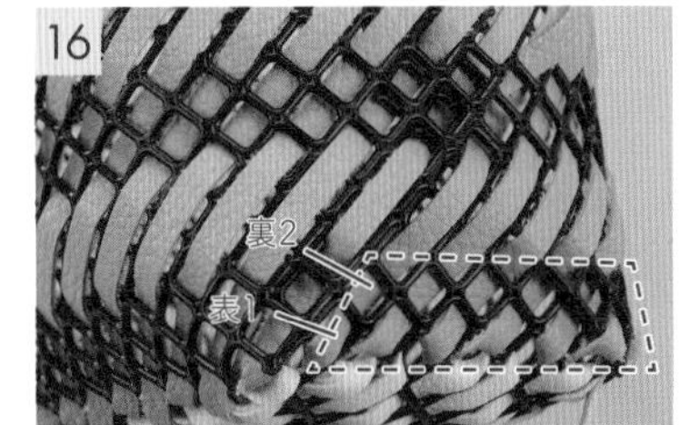

マチの部分は一番下の模様だけ「表1裏2」になります。（※1列分は底から「表1裏2」+「表3」+「裏3表3」×4回）

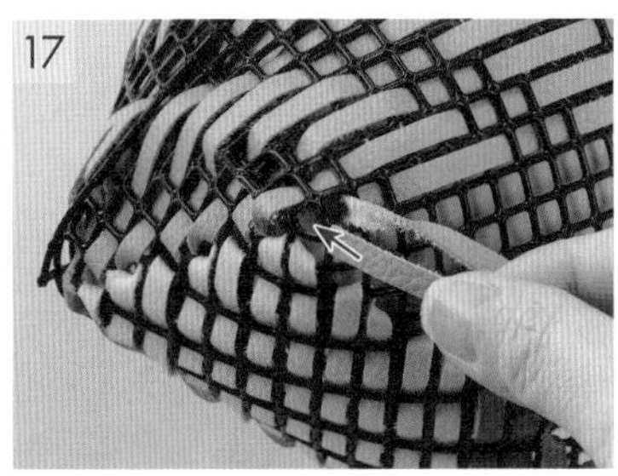

マチのイレギュラーな通し方を7列通します。7列め、角の三角のマスに「表1」で入れます。

テープをひねりながらUターンし、隣列のマスに出します。

引き締めたところ。ここからは通常のUターンで「折り返しB」のパターンで「裏3表3」×5回の2列一模様に戻って通します。

以降は通常パターンで通し、底の半分でUターンを「折り返しA」に変更します。

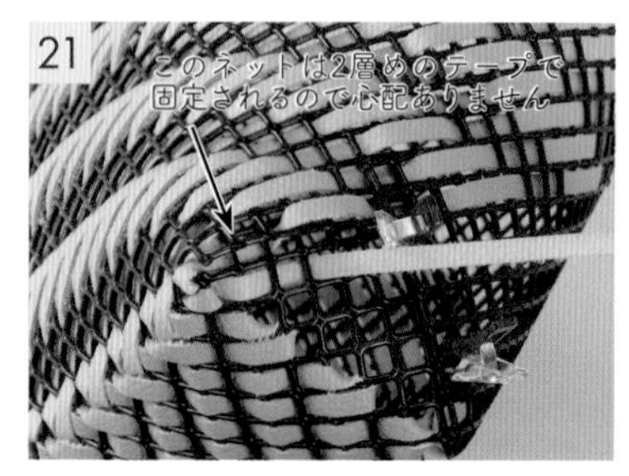

反対側のマチにきたら、またイレギュラーなUターン模様で7列通します。マグネット用ネットも10、11同様に通します。

1層めが一周通せました。通し始めと通し終わりの端が残っています。

● 1層めのテープの始末をする

始末をします。残っている端1本を模様と同様にUターンして内側に通します。

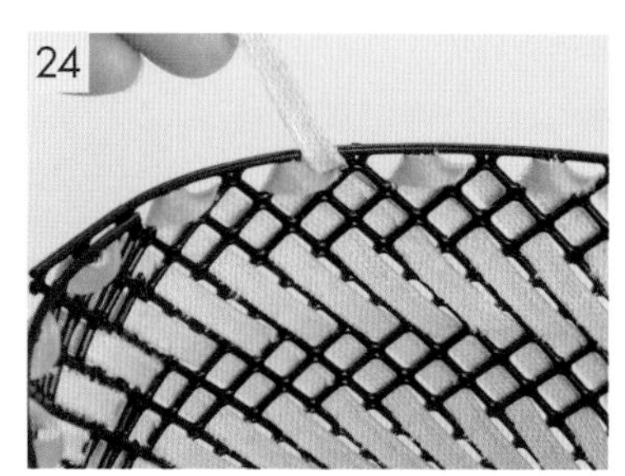

ボンドをつけ、始末できました。

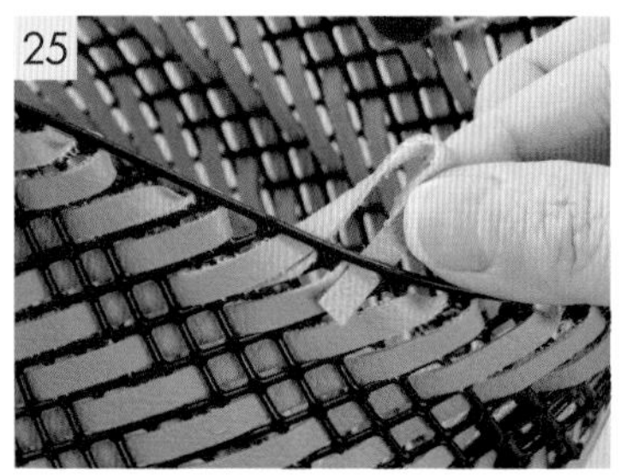

もう1本は表側に模様と同様にUターンして通し、始末します。

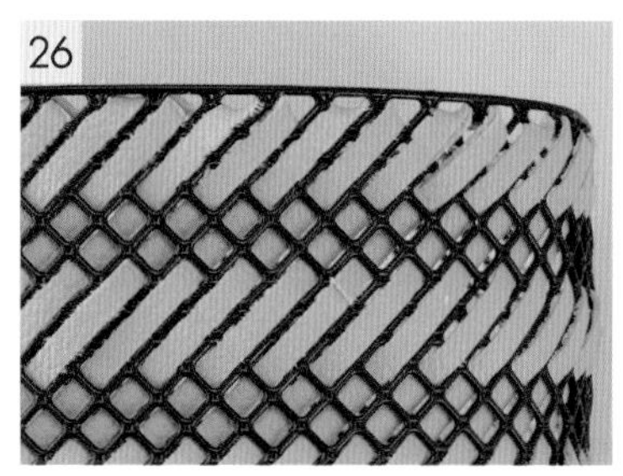

2本めもボンドをつけ、始末できました。

マグネット用ネットは模様テープを通しながらこのような形で上端だけ一緒に固定されています(2層めでもさらに固定します)。

1層めができました。

側面から見たところ。

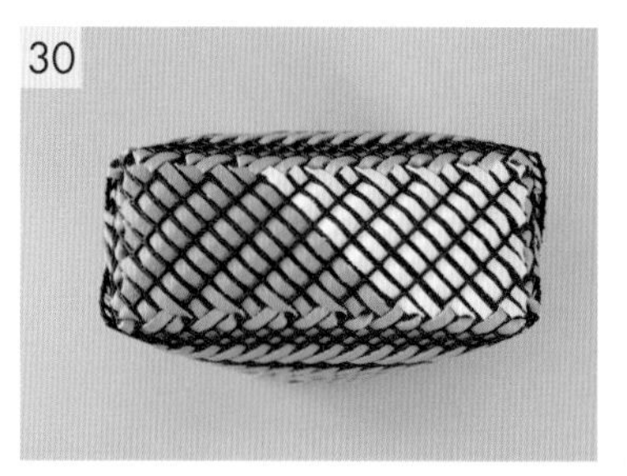

底側から見たところ。中央で底のUターンの仕方が変わるのは反対側も同様です。

6 側面に2層めのテープを通す

1

丸カンはUターンの上に仮止めします

2層めのテープと一緒に脇に丸カンを取り付けるので、テープを通す前にレシピ(P.58)の指定位置にビニールタイで丸カンを取り付けます。

●丸カンの取り付け

2

側面テープ（2層め）2mを内側から外側へ通します。1層めとは反対の右斜め下向きに通し、左回りに進行します。

●テープを通す

3

1層めのテープとネットの隙間にテープを「表1」で、外側から内側へ差し込みます。

4

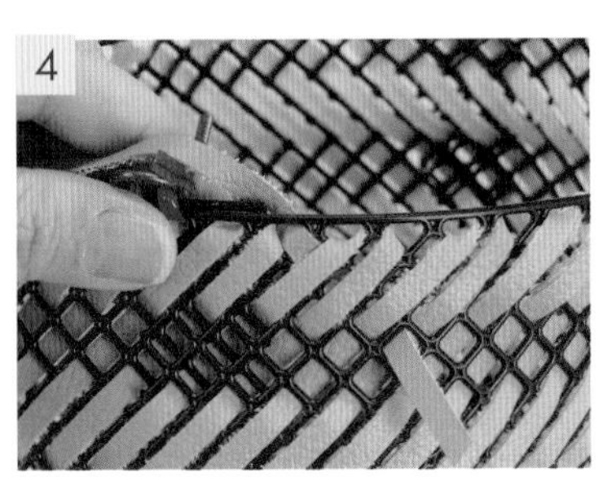

指定のマス（「裏3」）の1層めのテープとネットの隙間からテープを内側から外側へ出します。

5

次のマス（「表3」）の1層めのテープとネットの隙間にテープを外側から内側に差し込みます。

6

テープを内側に引きます。「表3」の模様ができました。

7

これを繰り返して右下に向かって模様を1列通します。上端から「表1」+「裏3表3」×5回で通したところです。

8

底でUターンして2列めを通します。

9

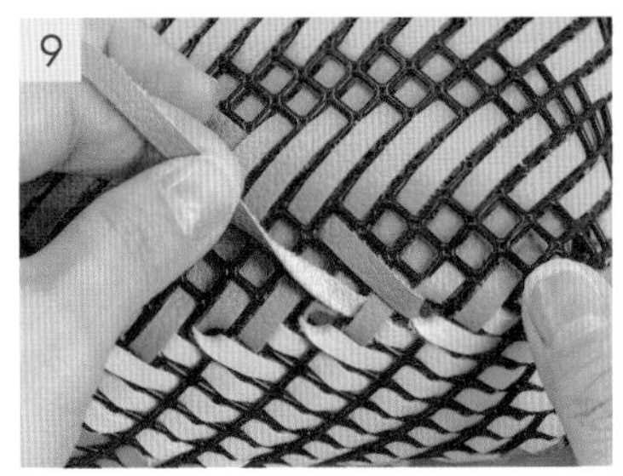

隣のマスから出したテープを引き締めます。

10

このようにテープをひねりながらUターンします。「表3裏3」×5回+「表1」で上端まで通します。2列一模様ができました。

●丸カンを取り付ける

11

途中脇の位置に仮止めした丸カンを一緒に拾いながら通します。内側から外側に丸カンを拾い、テープを1マスめに通します。

12

「表1」を通し、テープを外側から内側へ差し込みます。

「裏3」で表に出します。引き締めると丸カンにテープが1回巻きつきます。

そのまま続けて底に向かって模様を通します。

底でUターンして上端に戻りました。2回めは丸カンを拾わず、テープだけでUターンします。

16

そのまま底に向かって模様を通します。続けて模様の通し方を繰り返し、反対側の丸カンも同様に1回だけ拾って通します。

1層めと同様に底の切替場所やマチのイレギュラー、マグネット用ネットに注意しながらテープを通します。

●2層めのテープの始末をする

両端を始末します。

1本はバッグ内側に模様と同様に通して始末します。

始末できました。

もう1本は外側に出して模様と同様に通して始末します。

7 バッグ口を巻きかがる

巻きかがりテープ90cmで中央から左右に巻きかがります。

丸カンも一緒に巻きかがります。

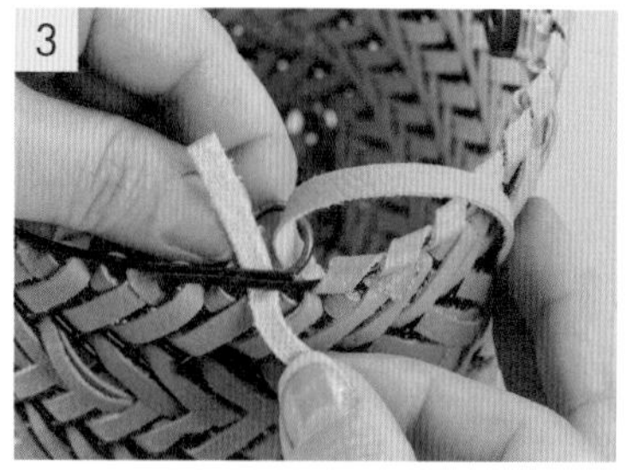

丸カンに外側から内側にテープを通します。

●テープの始末をする

引き締めます。

一周しました。

テープ端を始末します。

2本とも内側で左右に振り分けて、模様のテープの隙間に差し込み始末します。内側にあるテープを先に始末します。

もう1本は外側から内側に向けて折り畳み、内側に始末します（この1本だけバッグ内側でテープ表面が見えます）。

8 持ち手を縫い付ける

レシピ（P.59）で持ち手の位置を確認し、仮止めクリップで仮止めします。針に糸を通し、持ち手の下中心に針を刺します。

ネットに通す際は、毎回テープに針を刺さないようにネットやテープを避けて隙間に通します。

下中心の位置に糸の長さの半分が残るようにしておきます。

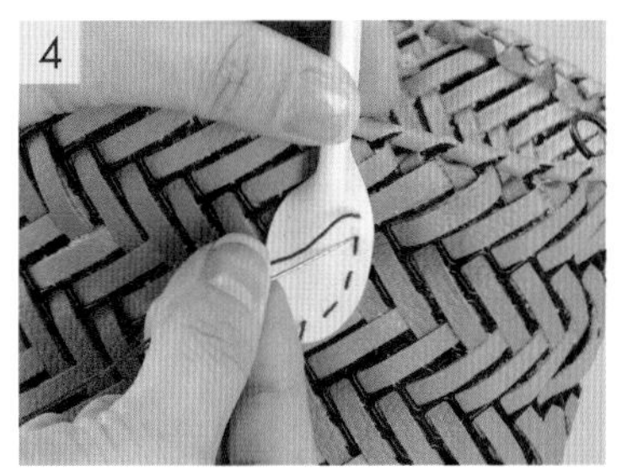

なみ縫いで上端まで縫います。

上端から引き返して同様に縫います。残しておいた半分の糸で反対側も同様に縫います。

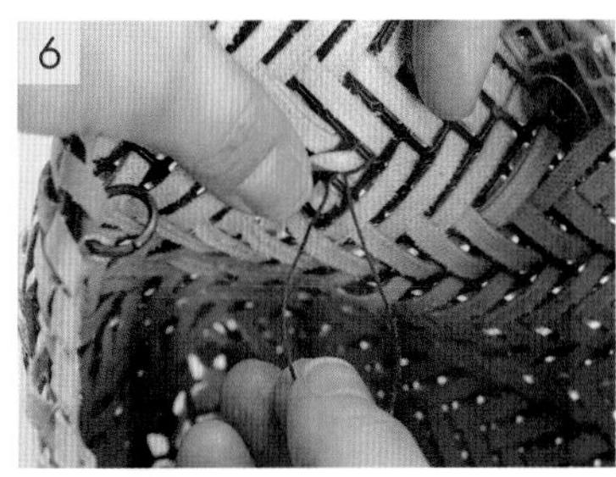

2本の糸端は最後に裏で固結びをして始末します。

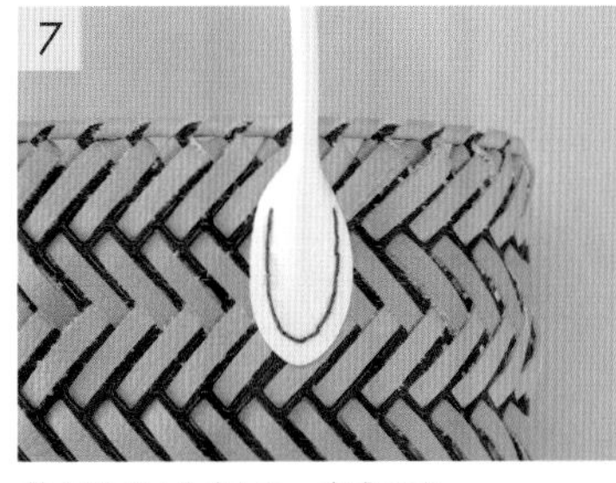

持ち手がつきました。完成です。

STEP.4

Big tote bag

- テープを縦と横に通してみましょう -

STEP3ではテープを2方向から2段階に分けて通す方法で作りました。今度のバッグでは再びスタンダードな縦横タイプのネットを使い、テープを「縦に通したあと、横にも通す」という方法で作成していきます。STEP3と同じ、2段階に分けての通し方になります。荷物が重くなりがちな大きめトートでも、しっかりとした作りなら安心ですね。

テープ　チューブベリー（No.1・段染めパステル）
ロマーレ（No.107・パープル、No.112・シルバー）

ネット　スノー

持ち手　白

Features
この作品の特長

3色で作り出す複雑な色合い

テープが縦横二重に通ることで作品の強度が増します。3色のテープを組み合わせ、バッグの上と下の配色を替えたバイカラータイプ。

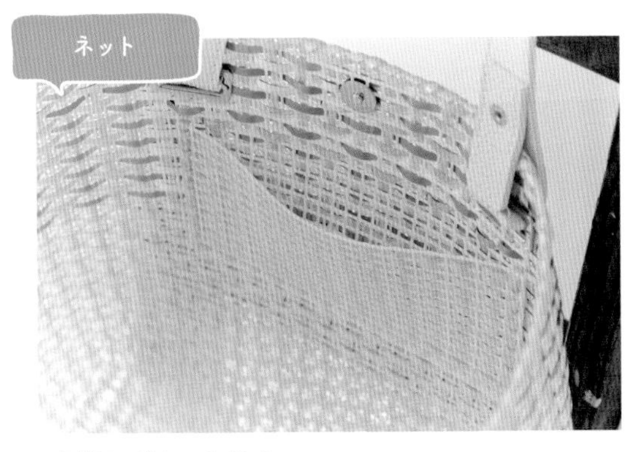

内側にポケット付き

101×61マスのネット1枚をまるごと生かして作る、大判タイプのトート。嬉しい内側ポケット付きで、バッグの中で小物が迷子にならずにすみます。

スナップボタンで着脱できる持ち手

持ち手はスナップボタンで取り外しのできる革平紐タイプ。バッグに空けた持ち手の通し口は四角い金具(ワンタッチハトメ)で補強し、型崩れを防ぎます。

Point
このステップで習得したいポイント

テープ

- 縦方向と横方向にテープを通すテクニックを習得する
- ネットに穴が空いている場合のイレギュラーな通し方に慣れる
- テープを使ってポケット用ネットを装着する方法を知る
- 「表2裏2」の通し方をマスターする

ネット

- 大きい作品を作るときのネットの扱いに慣れる
- 持ち手の通し穴の位置を間違えずに空ける
- ネットでポケットを作る方法をマスターする

金具・持ち手

- あらかじめ空けておいたネットの穴に、補強用の金具を装着する方法を覚える

両手で持ったり腕に通したり、
手持ちバッグとしてもおしゃれです。

しっかりとした持ち手は肩に掛けるのに
ぴったりな長さ。

Style
スタイル

バッグの形はいたってシンプル。
バイカラーのデザインが引き立ちます。

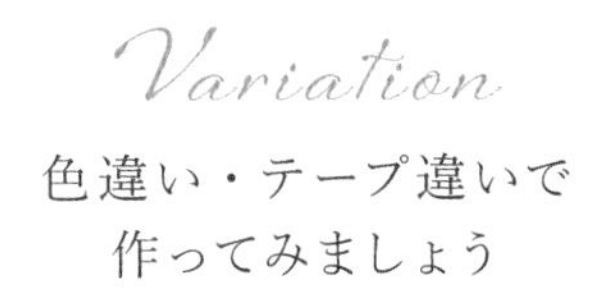

b

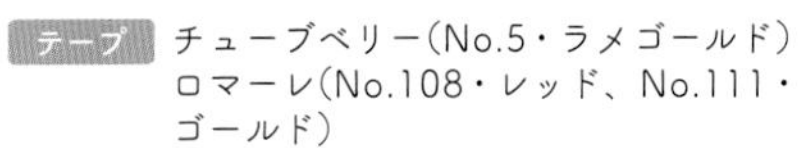

テープ　チューブベリー（No.5・ラメゴールド）ロマーレ（No.108・レッド、No.111・ゴールド）

ネット　ベージュ

持ち手　ゴールド

c

テープ　エレザ（No.7・ネイビー、No.2・ベージュ、No.4・ブラウン）

ネット　黒

持ち手　ネイビー

STEP.4 Big tote bag

Photo P.68~71

a: 段染めパステル　b: ラメゴールド　c: ネイビー

材料

【テープとネット】　※あみあみファインネット　1/2枚（ポケット除く）

	ネットの色	テープ	テープの色	用尺（m）
a	スノー	チューブベリー	A: 段染めパステル	56.18
		ロマーレ	B: パープル	9.4
			C: シルバー	8.4
b	ベージュ	チューブベリー	A: ラメゴールド	56.18
		ロマーレ	B: レッド	9.4
			C: ゴールド	8.4
c	黒	エレザ	A: ネイビー	59.28
			B: ベージュ	9.5
			C: ブラウン	9.5

【その他】

持ち手 1組 、ワンタッチハトメ 4個、マグネットホック 1組

※金具類の品番等詳細はP.99を参照

出来上がり寸法

34×42×10cm

用具

ハサミ、メジャー、両面テープ、ボンド、仮止めクリップ、ダブルクリップ、ラジオペンチ、平ペンチ

作り方

1 ネットとテープを用意する(P.77)。
2 本体に縦テープを通す(P.77～78)。
3 底(1回め)にテープを通す(P.79)。
4 バッグの形に組み立てる(P.80)。
5 マチ→底(2回め)→マチに縦テープを通す(P.80～81)。
6 側面に横テープを通す(P.81～82)。
7 ポケットを作る(P.82～83)。
8 残りの側面を通しながらポケットと金具を取り付ける(P.83～84)。
9 バッグ口を巻きかがる(P.84～85)。
10 穴に金具を付け、持ち手を付ける(P.85)。

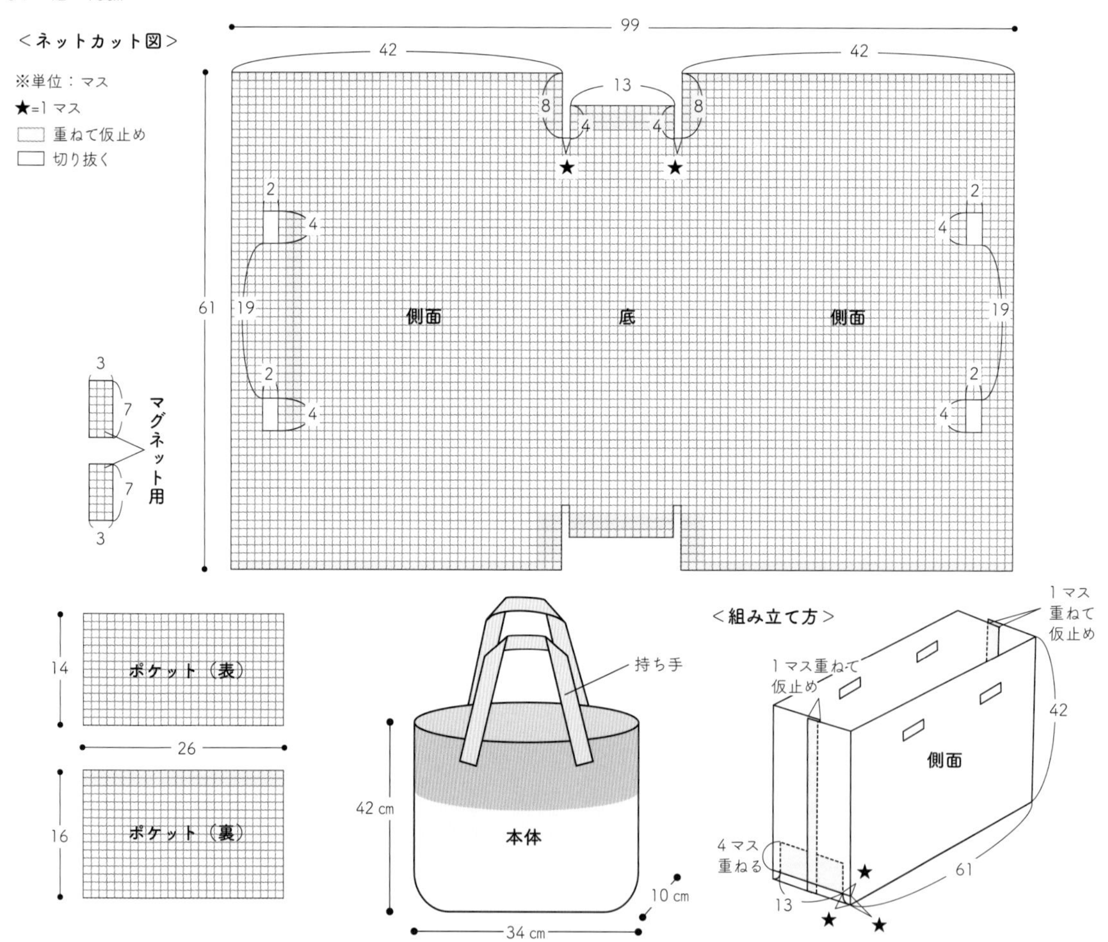

縦テープ・底テープ

<テープ通し図>

◉テープカット（エレザ以外）

- 本体縦テープA色　図①～⑬参照
- 底テープA色　48 cm ×6 本

◉テープカット（エレザの場合）

- 本体縦テープA色　90cm×19 本、80cm×4 本、10cm×4 本
- 底テープA色　48 cm ×6 本

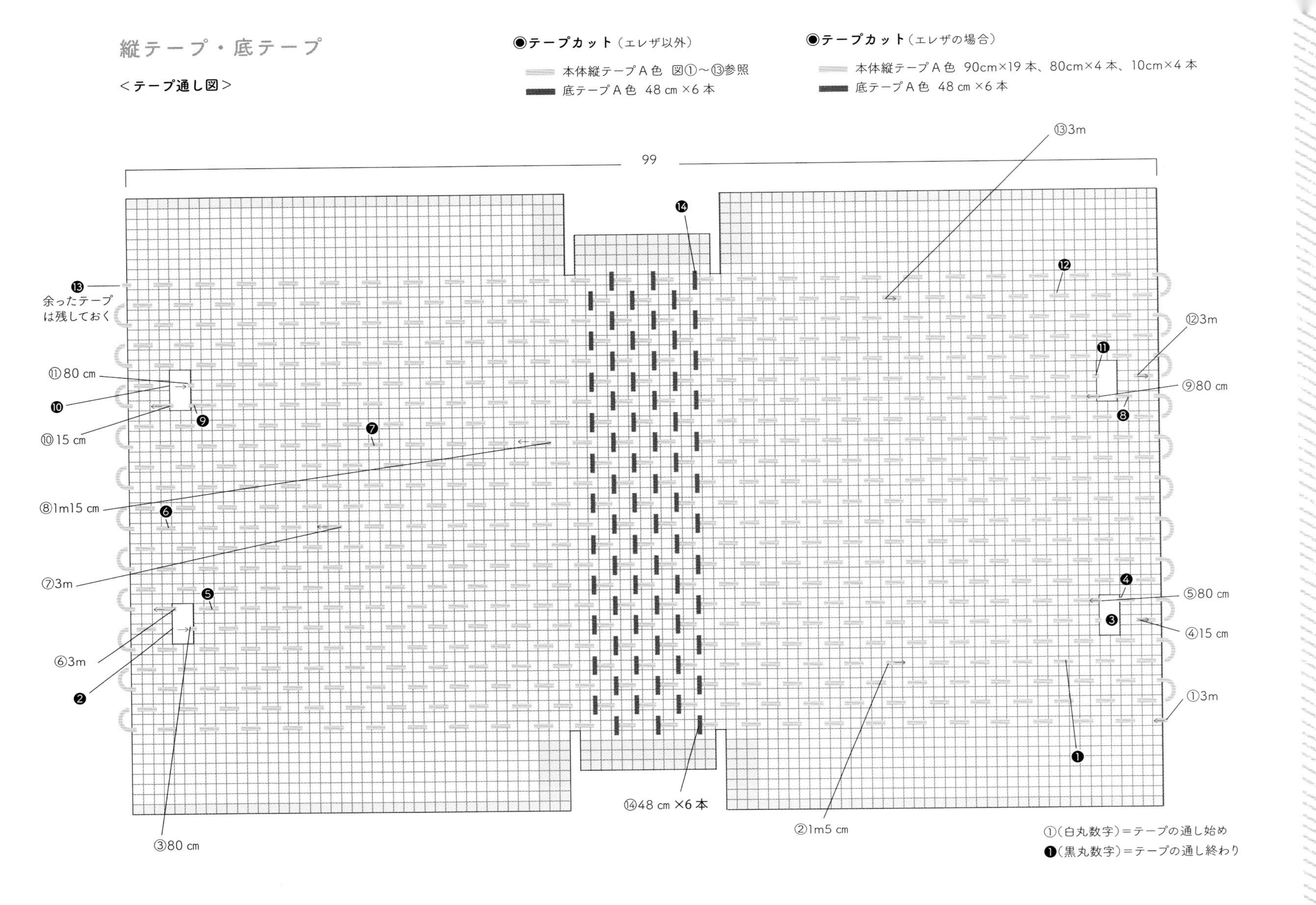

マチ→底→マチテープ・側面横テープ

＜テープ通し図＞

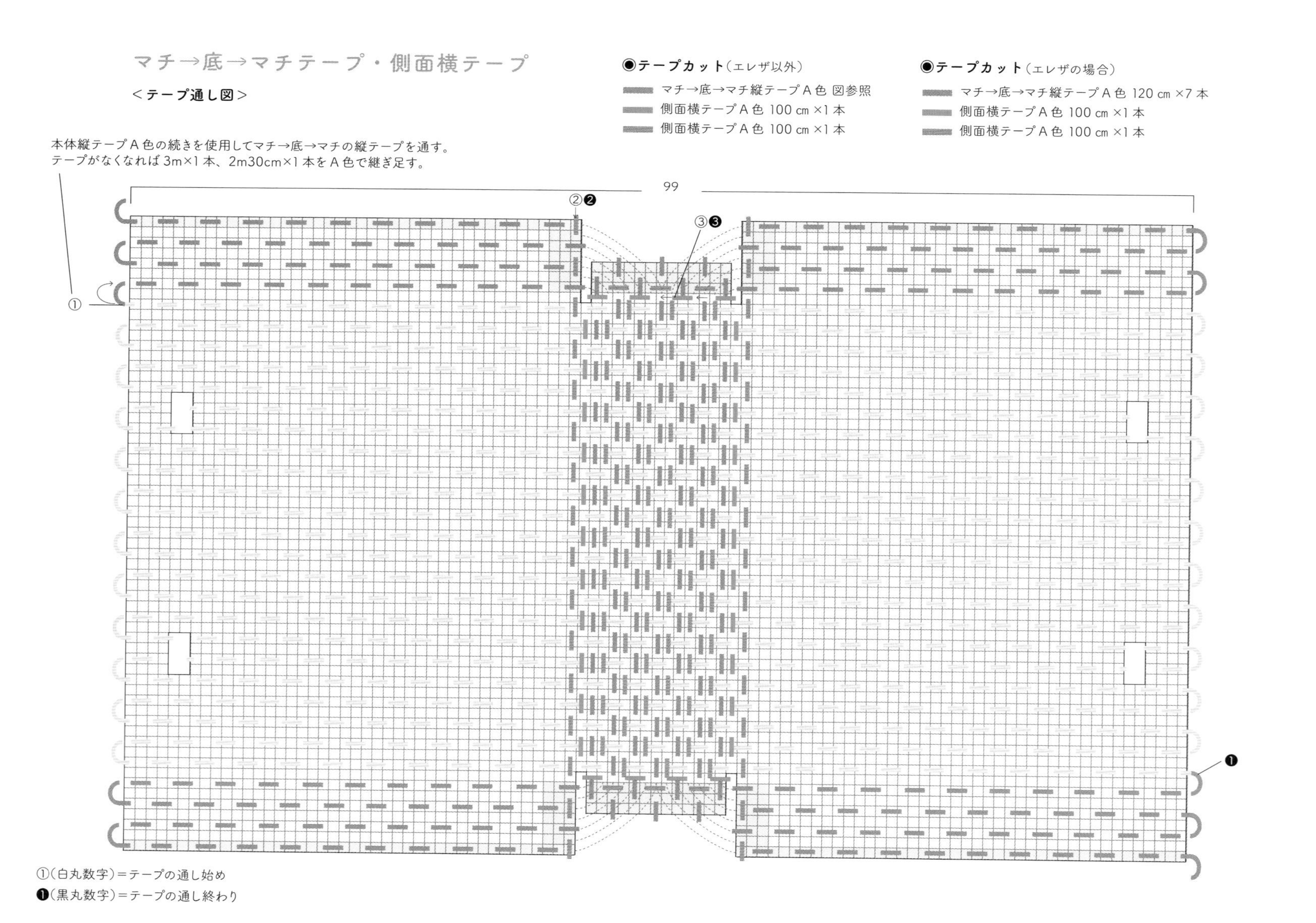

①（白丸数字）＝テープの通し始め
❶（黒丸数字）＝テープの通し終わり

側面横テープ・巻きかがり

＜テープ通し図＞

◉テープカット（共通）

- 側面横テープA色　100 cm ×24 本
- 側面横テープB色　100 cm ×8 本、40 cm ×2 本、30 cm ×2 本
- 側面横テープC色　100 cm ×7 本、40 cm ×2 本、30 cm ×2 本
- 巻きかがりテープA色　130 cm ×1 本

①（白丸数字）＝テープの通し始め
❶（黒丸数字）＝テープの通し終わり

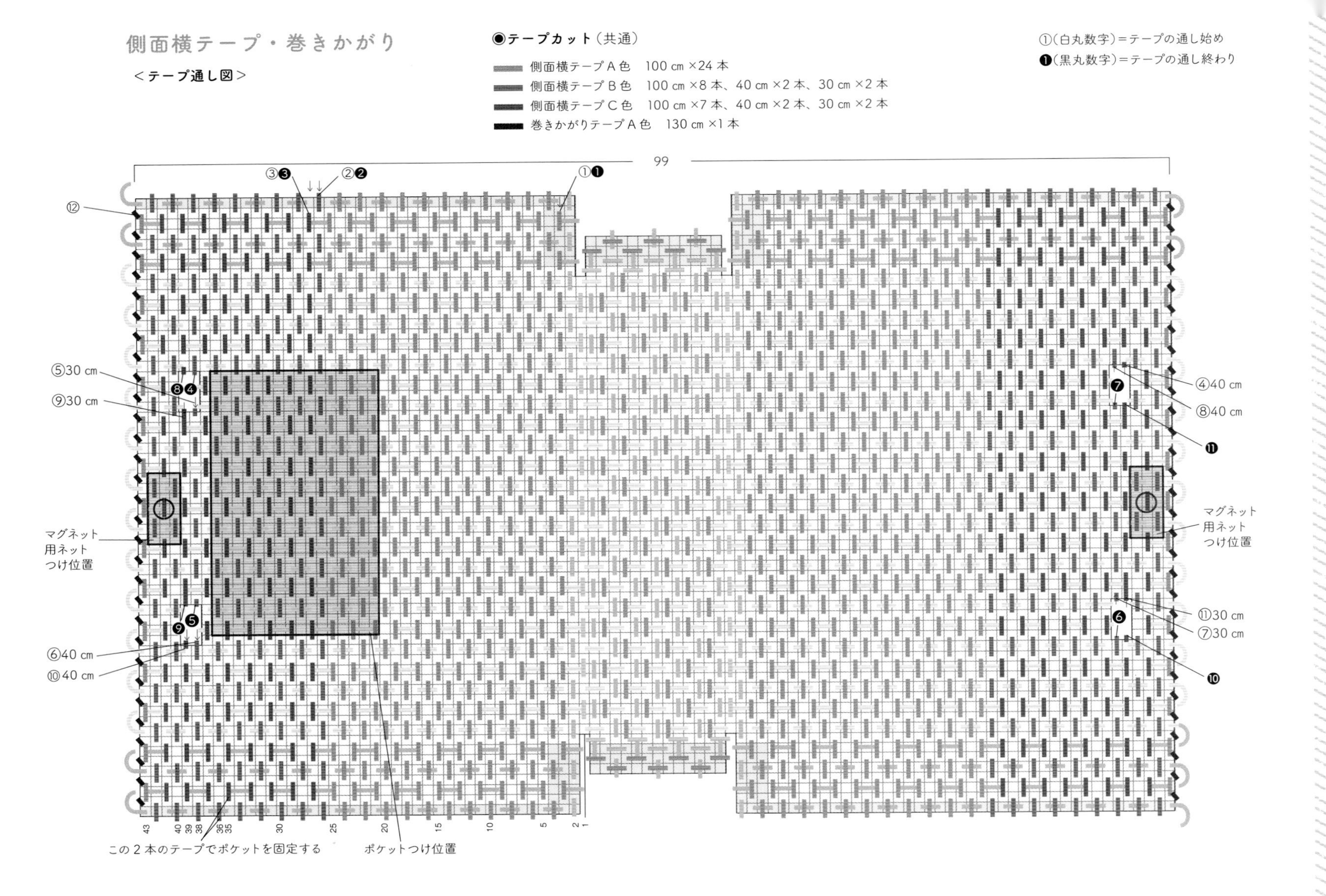

ポケット

<テープ通し図>

◉テープカット

ポケット横テープA色 2m70 cm ×1本

ポケット縁テープA色 55 cm ×1本

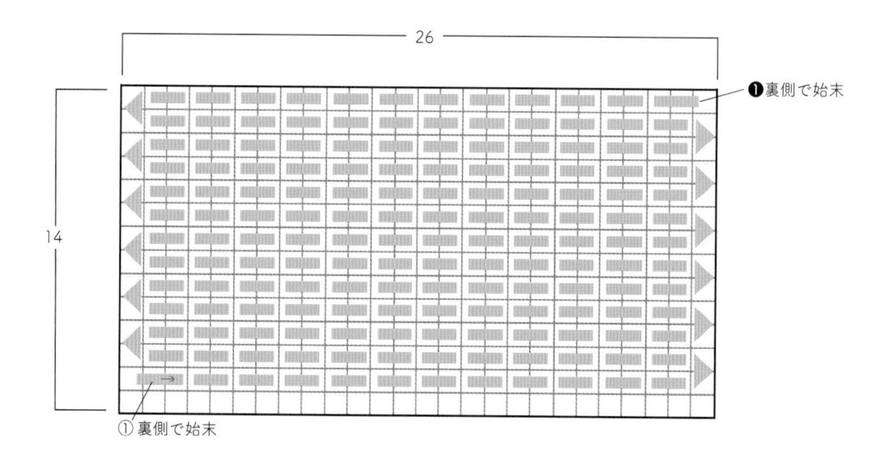

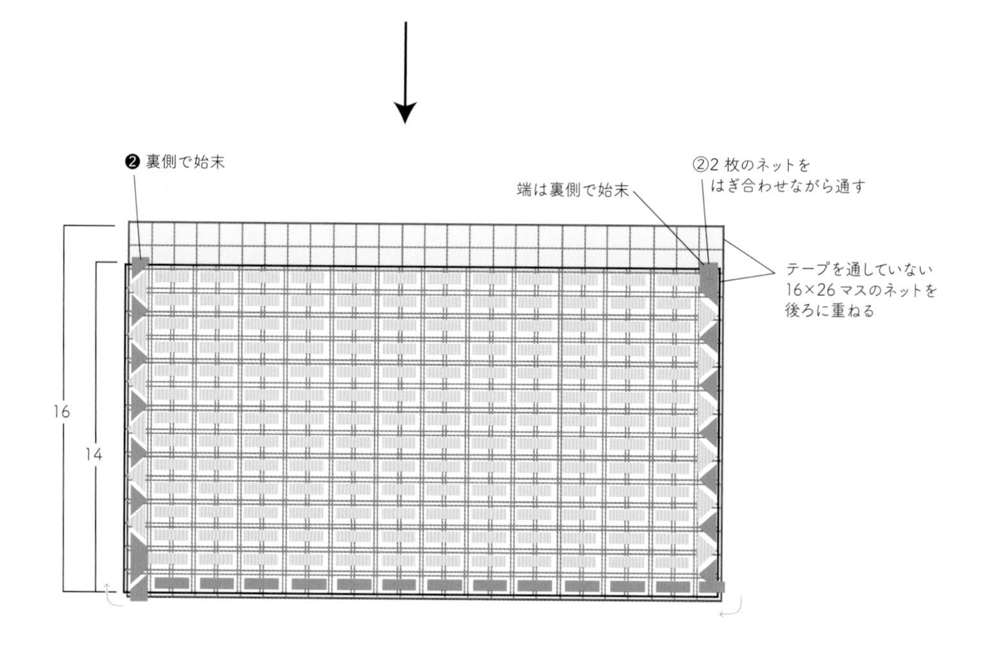

①(白丸数字)=テープの通し始め

❶(黒丸数字)=テープの通し終わり

※この工程はa・b作品の解説です。cのエレザで作る場合はP.73～76のレシピを参照してください

1 ネットとテープを用意する　●型紙に合わせてネットをカットする

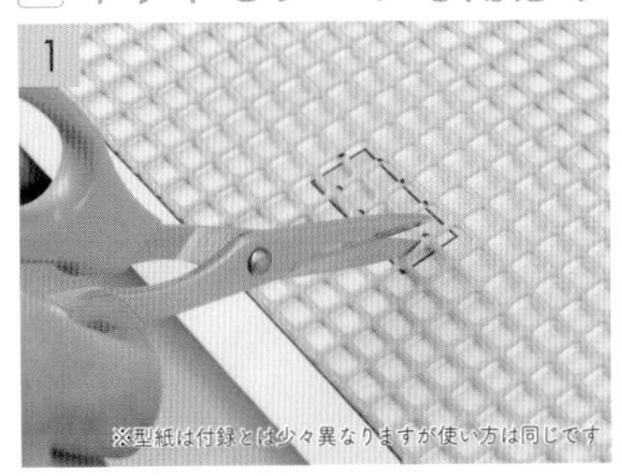

ネットのカットする位置に油性ペンで印をつけ、型紙に合わせて、持ち手の通し穴を切り抜きます。

2×4マスを切り抜くとこのようになります。

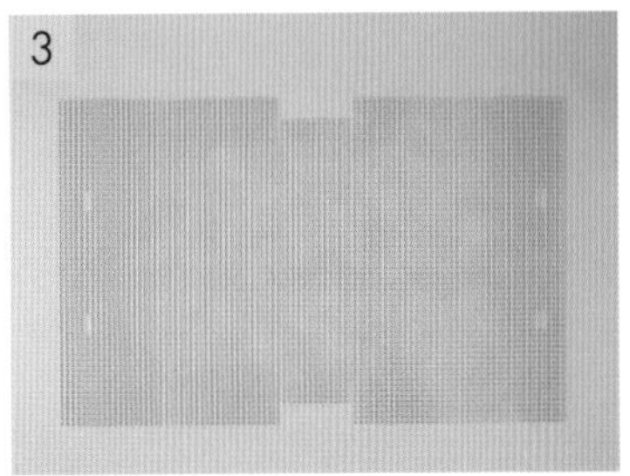

ネットの全体を切り抜きました。

2 本体に縦テープを通す　●端でジグザグに折り返しながら通す

※見やすいように一部テープ色を変えています

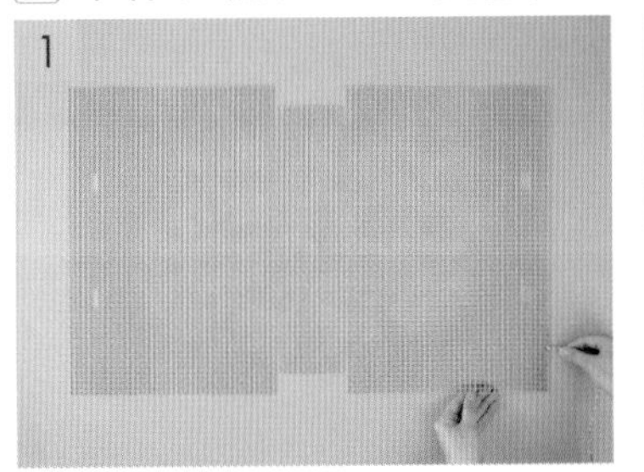

レシピ（P.73）を確認しながら、ネットの右端、下から9列めから本体縦テープA色①3mを「表2裏2」で通し始めます。

2～3模様通したら、テープを引きます。

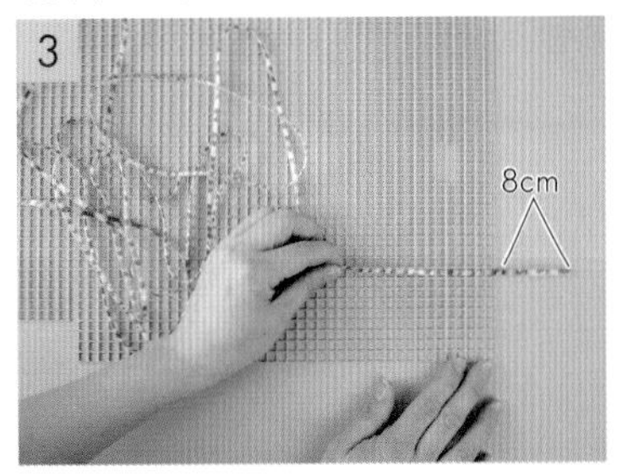

端を8cmほど残してテープを引いたところ。

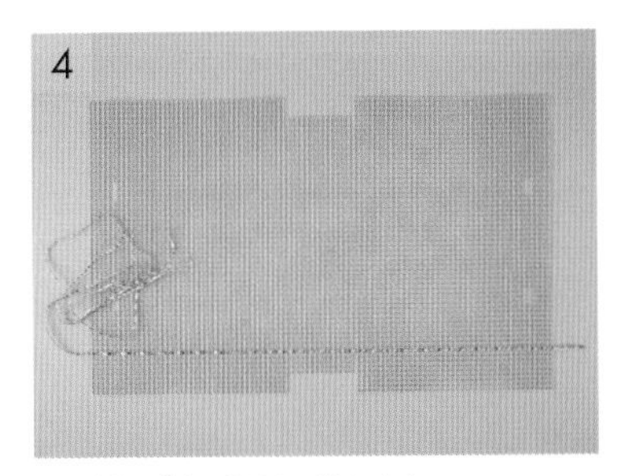

左端まで「表2裏2」で通します。
（※cのエレザの場合は縦テープを1本ずつ通し、始末をします。）

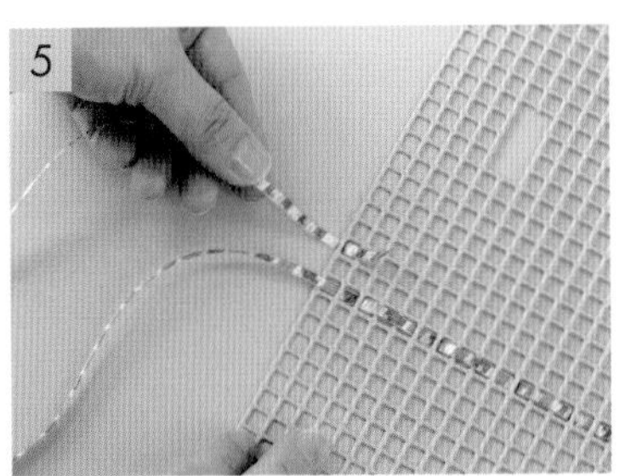

1列飛ばして、ネットの端をまたいでUターンします。

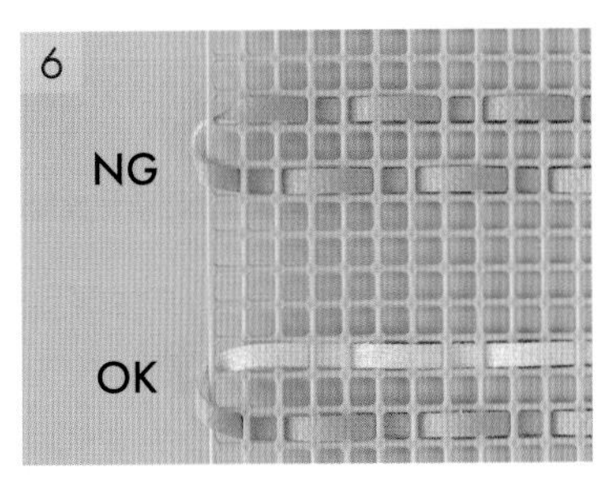

この作品ではUターンする際にテープの表裏を入れ替えます。気をつけて通しましょう。

このようにUターンします。

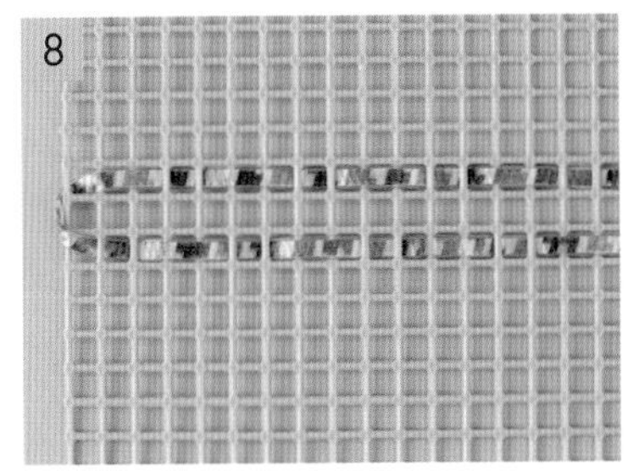

2列めは、1列めとは模様を半分ずらして「表2裏2」で通します。

●テープの継ぎ足し方

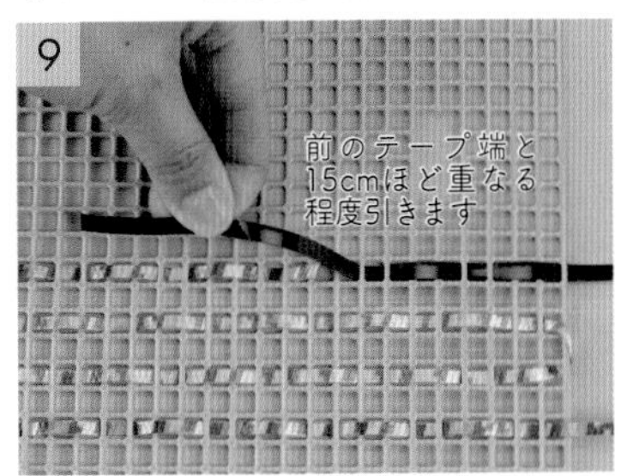

レシピ（P.73）に沿って、途中で新しいテープを継ぎ足します。新しい本体縦テープA色②1m5cmを進行方向逆向きに通します。

※見やすいように一部テープ色を変えています

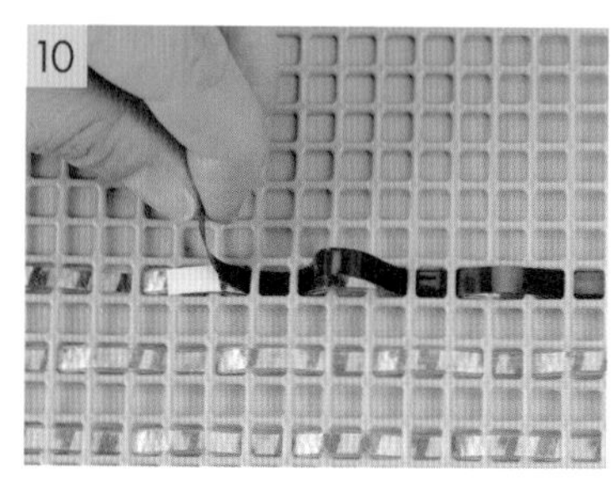

5模様ほど通し重ねて、両面テープで接着します。

余分をカットします。テープが継ぎ足せました。続けて新しいテープで通していきます。

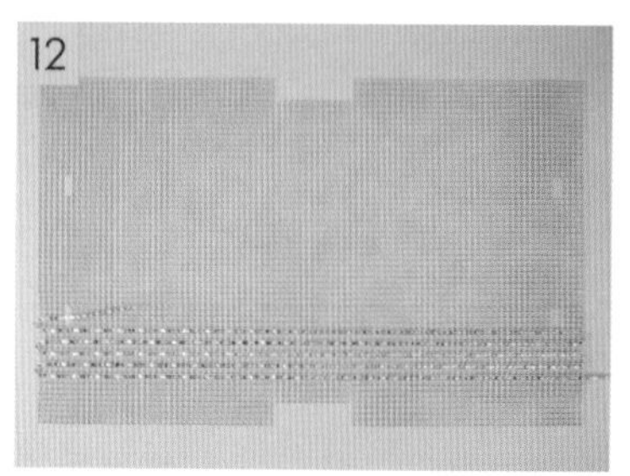

持ち手穴の位置までレシピ通りに通します。

●持ち手穴周りの通し方

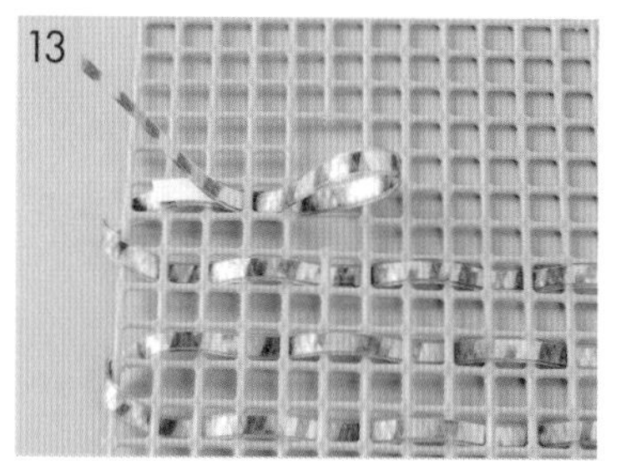

持ち手穴に通して、表側に折り返して両面テープを貼ります。

接着して余分をカットし、始末します。

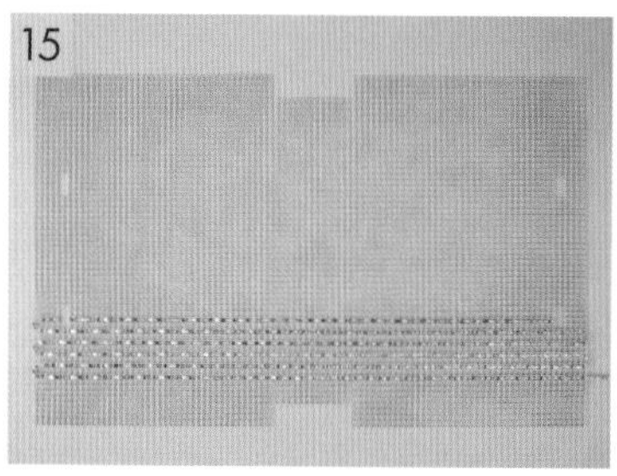

次の本体縦テープA色③80cmを反対側の持ち手穴まで通して、端を始末します。

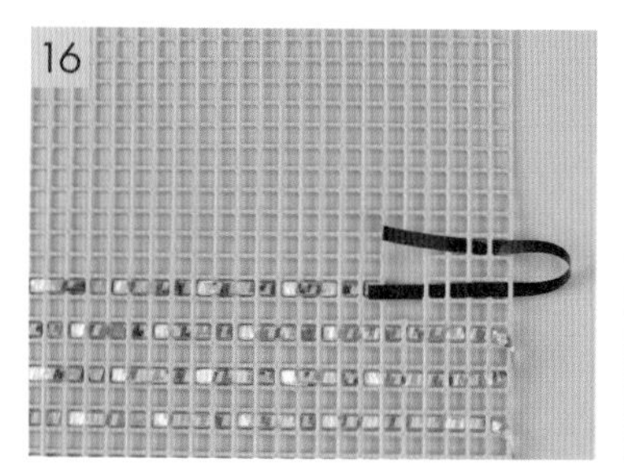

次の本体縦テープA色④15cmを通します。

穴の端で表に折り返して接着して始末します。

もう一方の端は裏へ折り返して始末します。

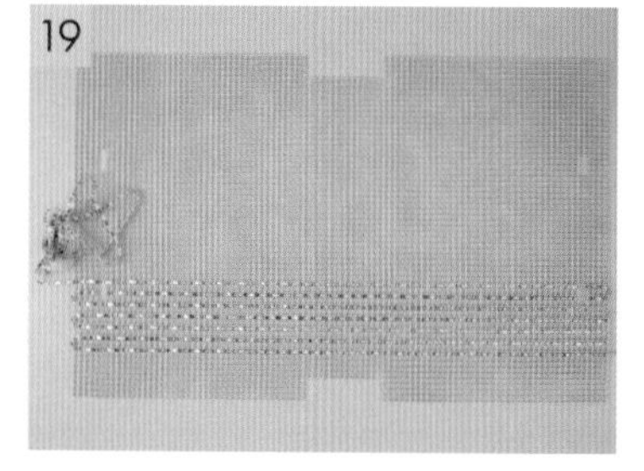

穴から穴までもう1本本体縦テープA色⑤80cmを通して、穴で端を始末します。

左側の穴終わりからは新しい本体縦テープA色⑥3mを通して左端まで通し、ターンします。

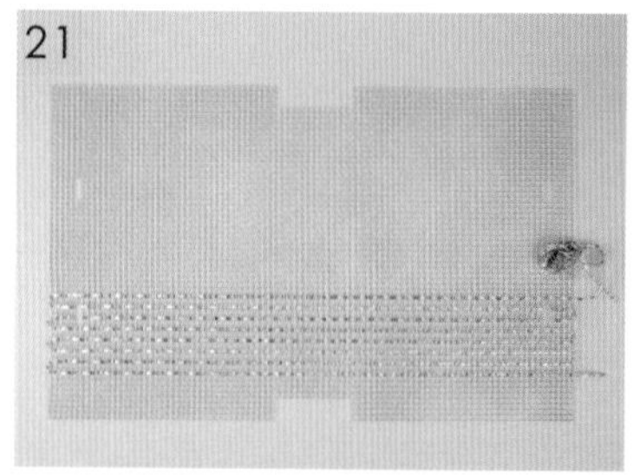

次の列は端から端まで「表2裏2」を繰り返します。同様に反対側9列めまでレシピを参照してテープを通します。

3 底（1回め）にテープを通す

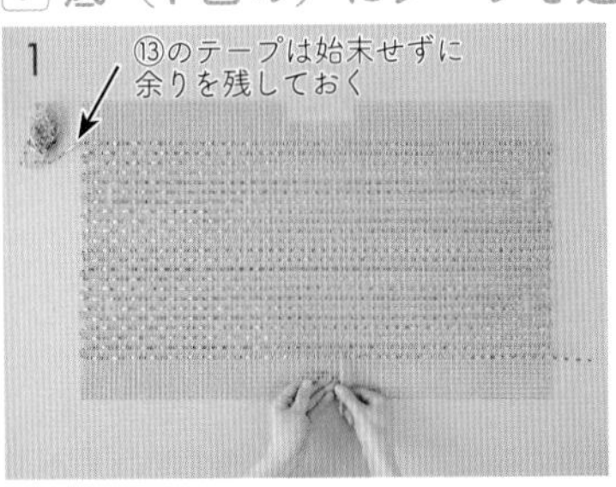

レシピに沿って本体縦テープ(①～⑬)を全て通します。底テープA色48cm×6本を1本ずつ通していきます。

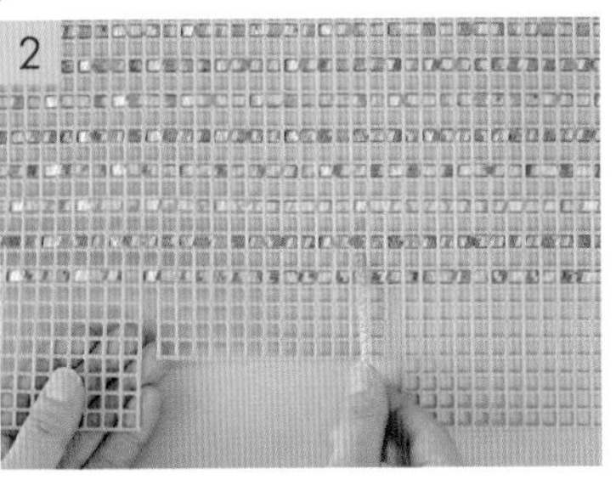

縦テープの上を通して、次は下を通すようにして、「表2裏2」で端まで通します。

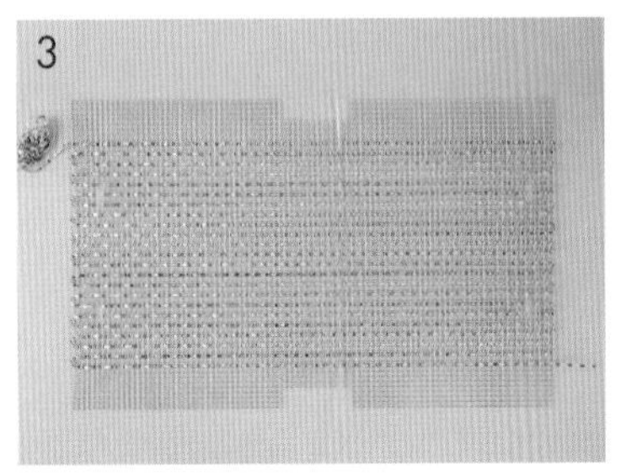

底テープ1列めができました。

2本めは1段飛ばして同様に1本めとは模様を半分ずらして「表2裏2」で通します。

●底テープの始末

1本めの端は裏側で始末するので裏へ通します。

裏へ折り返したら写真のようにネットの柱を拾って両面テープを貼り、始末します。

1本めの始末ができました。

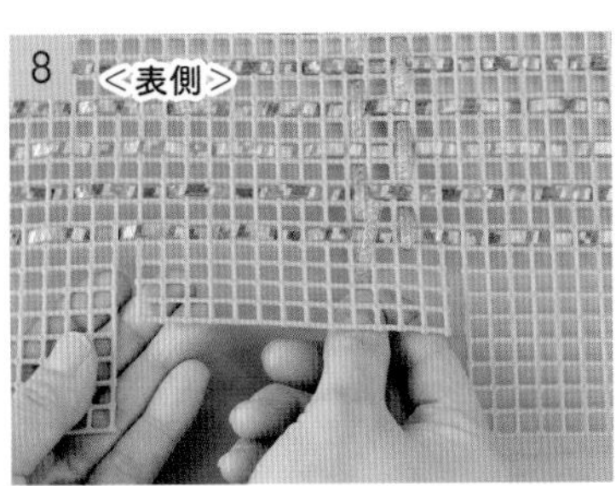

2本めは表で始末するので、端を表に出します。

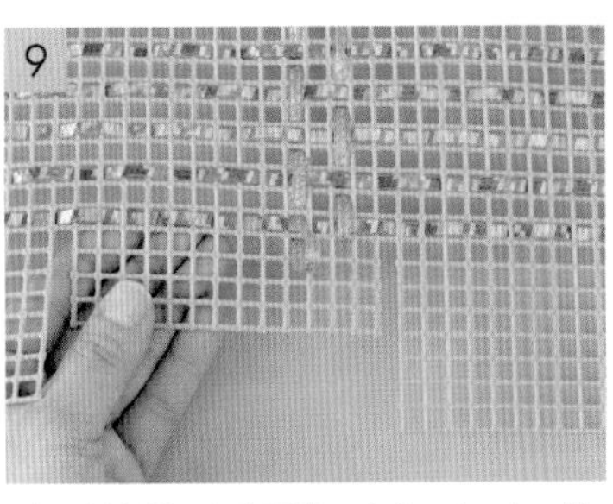

表へ折り返したら写真のようにネットの柱を拾います。

両面テープを貼り、始末します。

2本めの始末ができました。

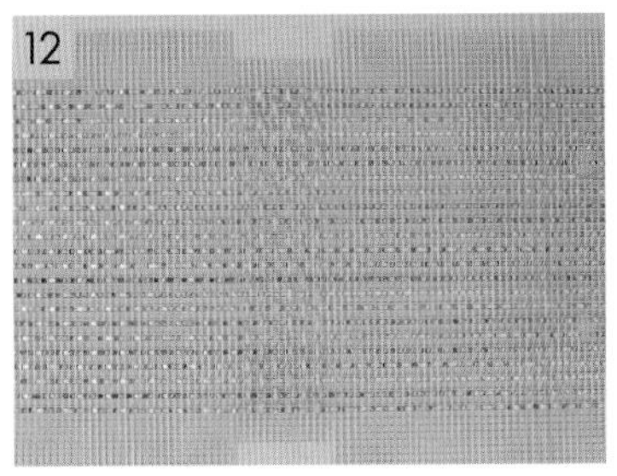

同様にして底テープを6本通します。

4 バッグの形に組み立てる

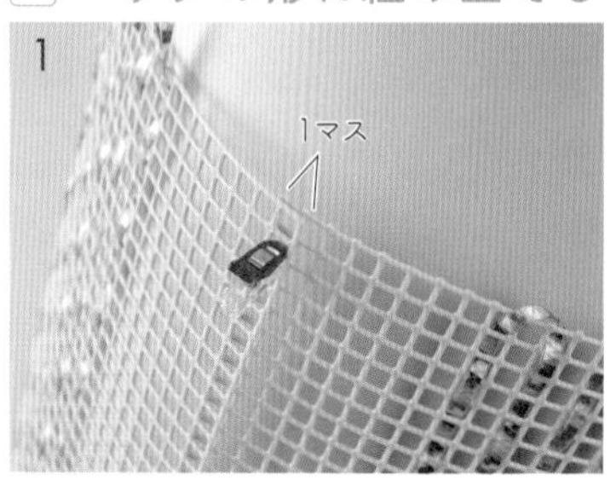

底マチを折り上げ、側面マチを脇に向かって倒して1マス重ね、仮止めクリップで仮止めします。

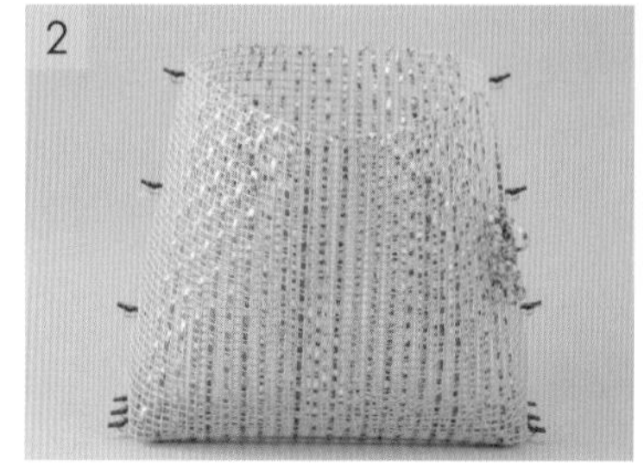

両方のマチを仮止めしました。P.30の 8 と同様に両脇とも同じ側面側が上からかぶさるように重ねます。

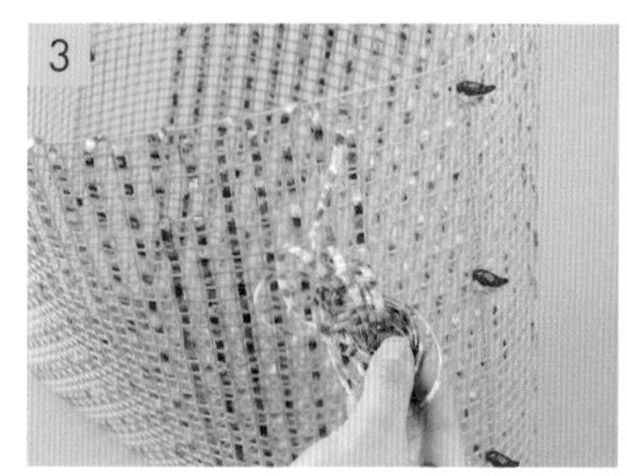

縦テープの通し終わりに残っているテープを使って、続きを通します。

5 マチ→底（2回め）→マチにテープを通す

縦テープ⑬の残りのテープをUターンさせて、1マス隣(＝マチ部分)の列に通します。

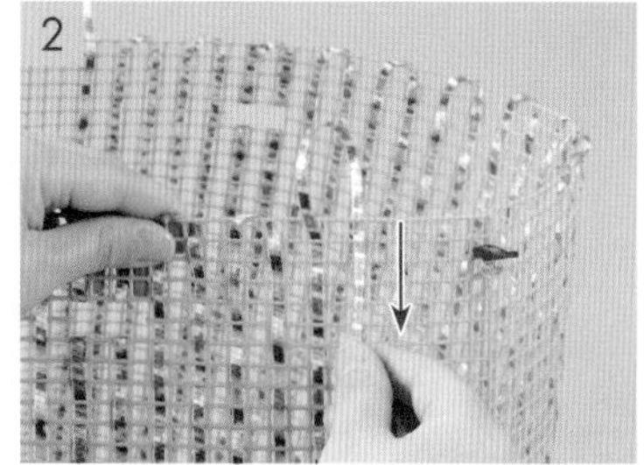

縦テープと同様に折り返します。

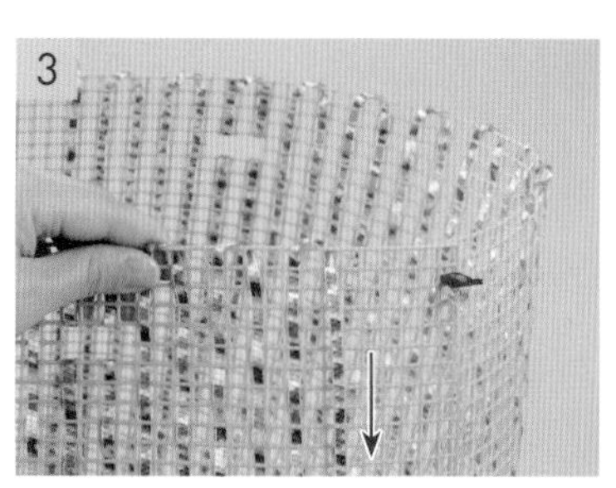

模様が縦テープと続くように底に向かって通します。

※見やすいように一部テープ色を変えています

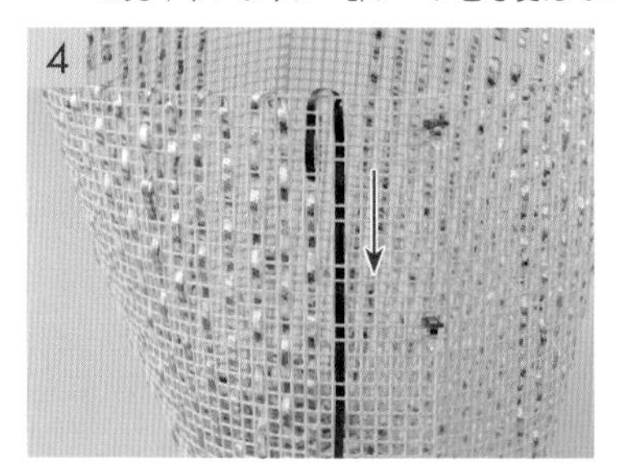

底まで「表2裏2」で通します。

底に来たら、直角に曲がって、底の端の列に通していきます。

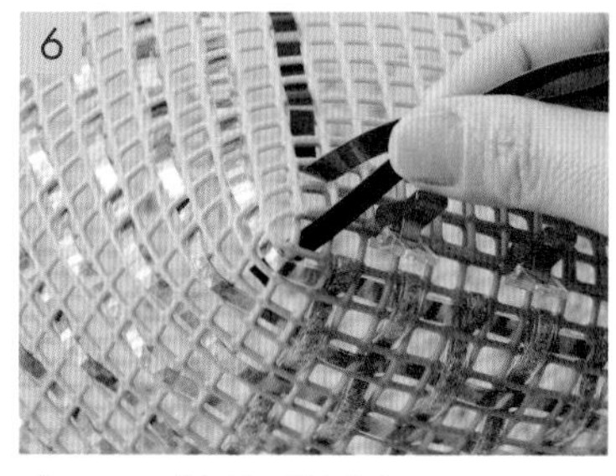

角のマスに「表2」で通します。

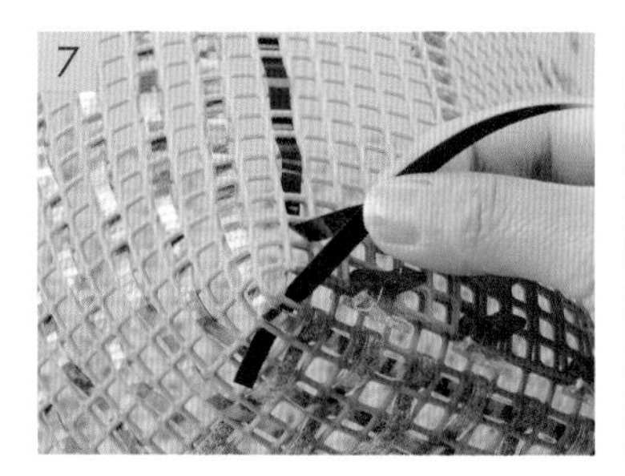

「裏2」で表に出します。

底まで「表2裏2」で通します。

反対側の端まで通したら、次の角はこのように「裏2」で通します。

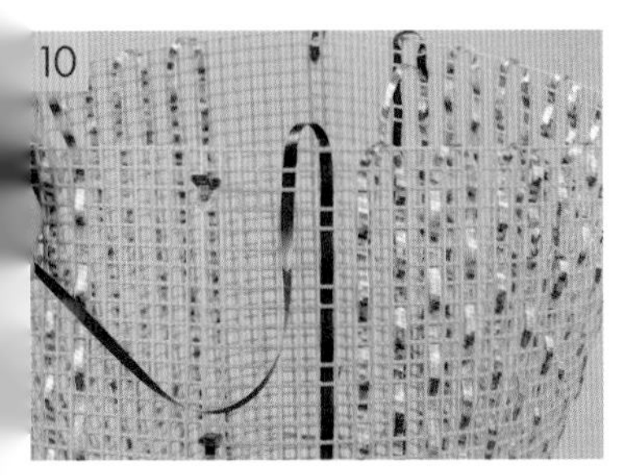

続けて底から反対側の側面を上端まで通して、上端で1列飛ばしてUターンします。

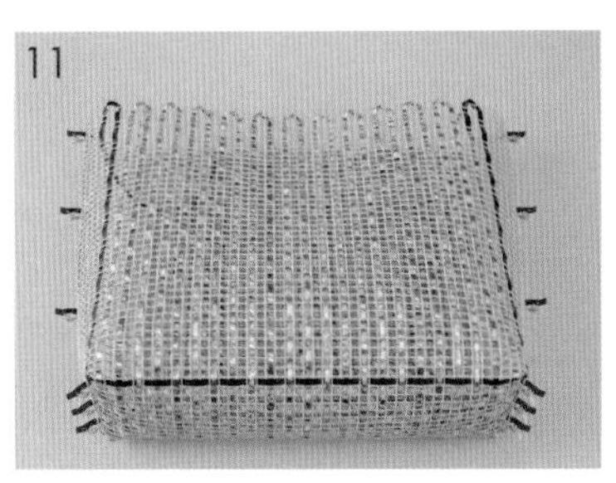

マチ→底→マチが1列通せました。同様にしてUターンしながら6列通します。テープが足りなくなったらA色で継ぎ足します。

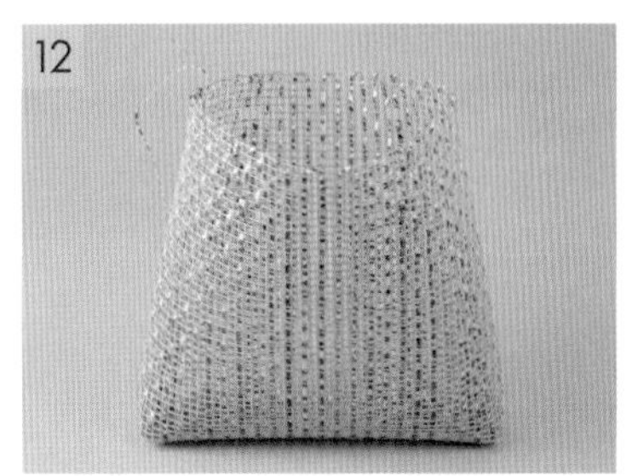

縦のテープが全て通し終わりました。

POINT

この時点で一旦テープの通し間違いや、始末が出来てないところが残っていないかチェックしておきましょう。

●縦テープの始末

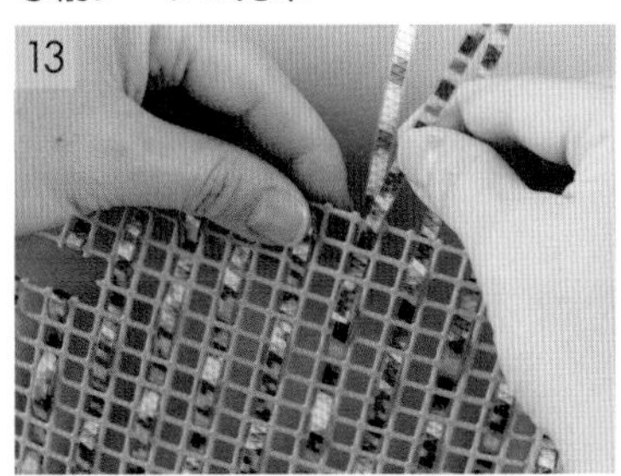

縦テープの端を始末します。通し終わりのテープはUターンして、表で通し始めのテープの上に重ねて通します。

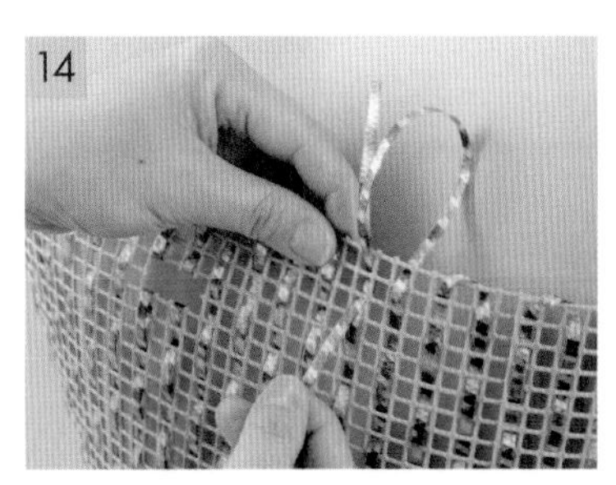

数模様重ねて通します。

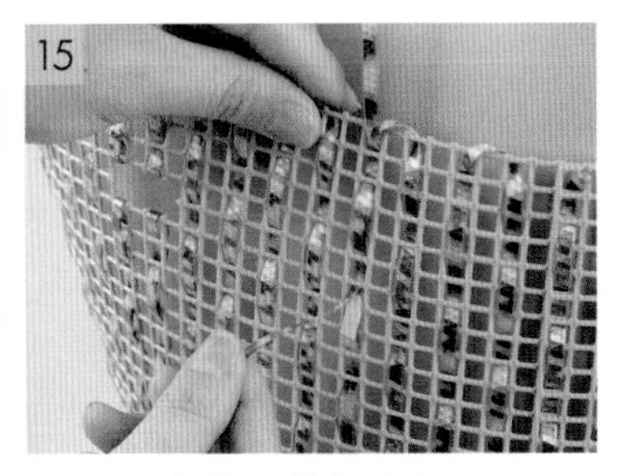

両面テープを貼って始末します。

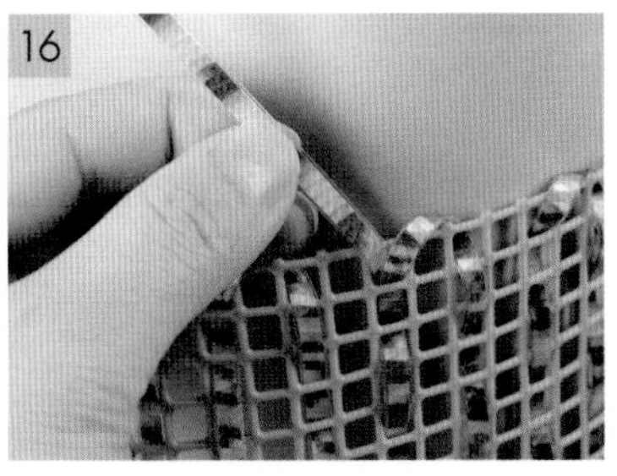

通し始めのテープは、このようにUターンしたテープの内側から出ています。

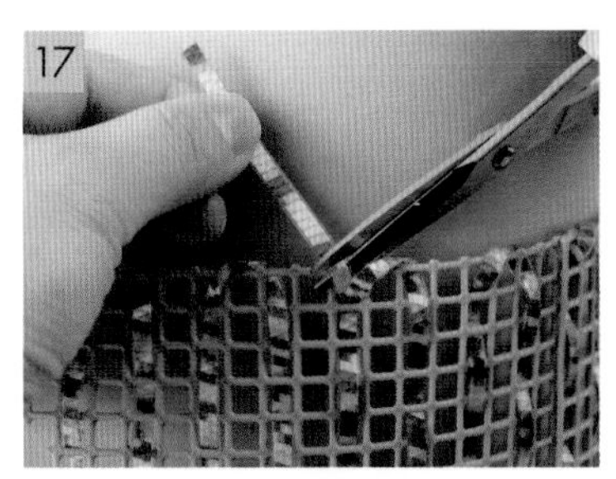

Uターンしたテープの際でカットします。

6 側面に横テープを通す

●側面2段めに通す

1本めは側面の2段め（底から2段上）に側面横テープA色100cmを「表2裏2」で通します。

2本めは先ほど空けておいた1段めに、1本めと模様を半分ずらして通します。角の三角のマスも1マスと数えて通します。

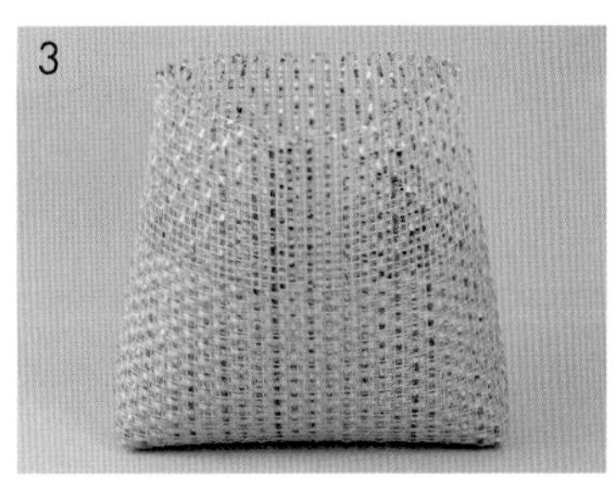

同様に全部で25本通し、25段まで横テープを通します。

●テープの配色を変えて通す

25段めまで側面横テープA色を通したら、配色を変更し、側面横テープB色とC色を交互に通します。

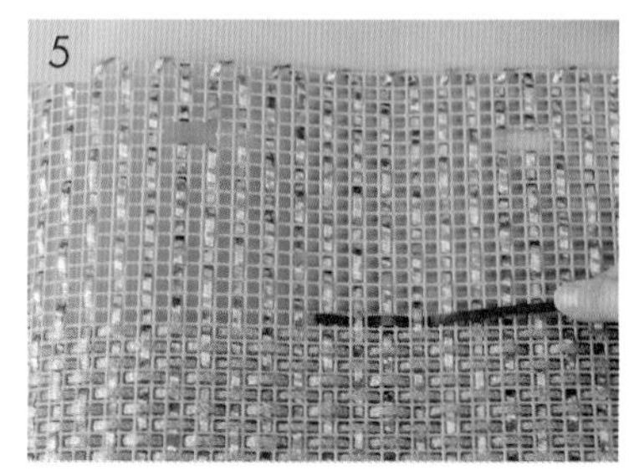

26段めは模様が続くようにして、側面横テープB色100cmで1周通し、始末します。

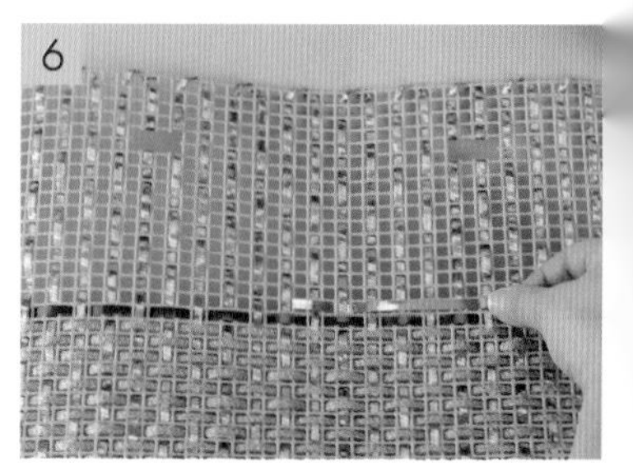

次の段に側面横テープC色で模様を半分ずらして通します。

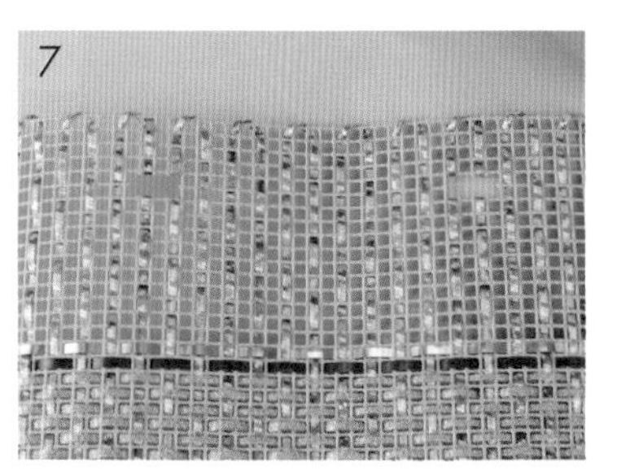

一周したら、始末します。同様に34段まで2段一模様で通します。

7 ポケットを作る

※わかりやすいようにネットの色を変えています

ポケット用のネット2枚を用意します。

縦が14マスの小さい方のネットに左下から「表1裏1」でポケット横テープA色2m70cmを通していきます。

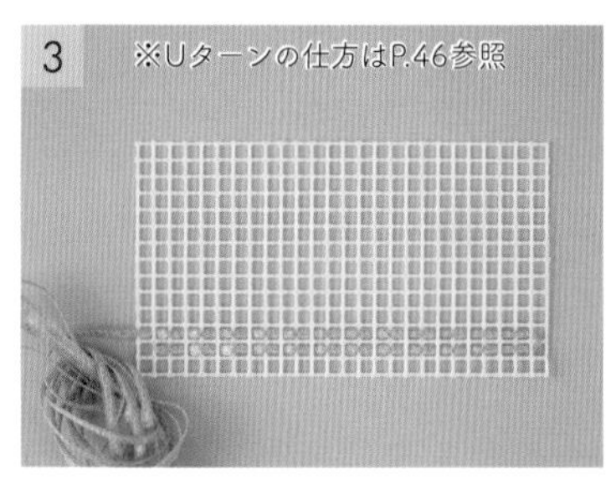

Uターンしながら続けて通すので、最初に端に5cmほど残して、全てのテープを引き出して始末します。端は表側でターンします。

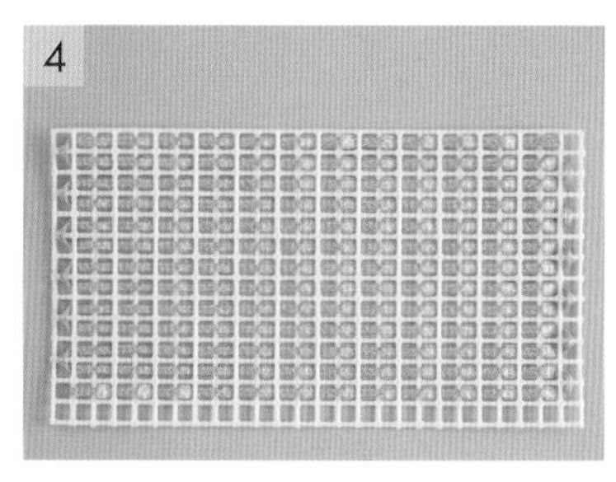

Uターンしながら最上段まで通します。通し終わりも始末しておきます。

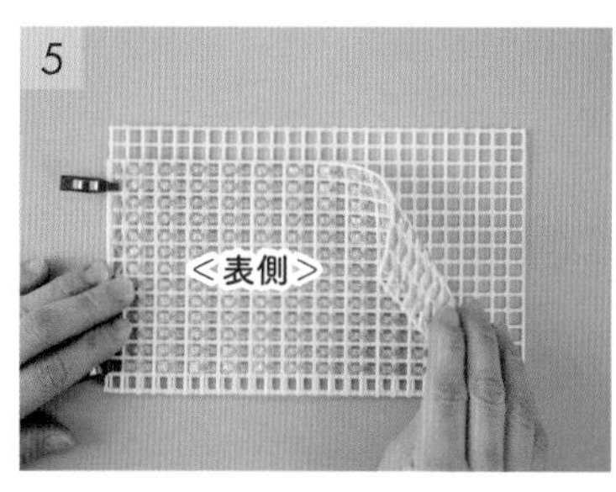

縦16マスの大きいネットを下端を揃えて後ろに重ね合わせ、仮止めします。

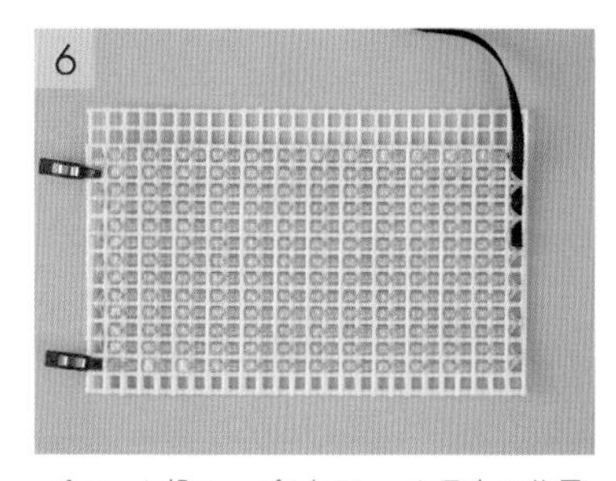

ポケット縁テープA色55cmを写真の位置から下に向かって2枚一緒に「表1裏1」で通します。

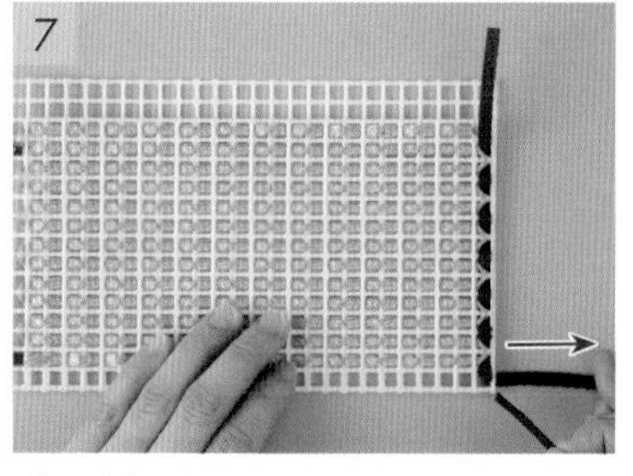

角で直角に曲がります。

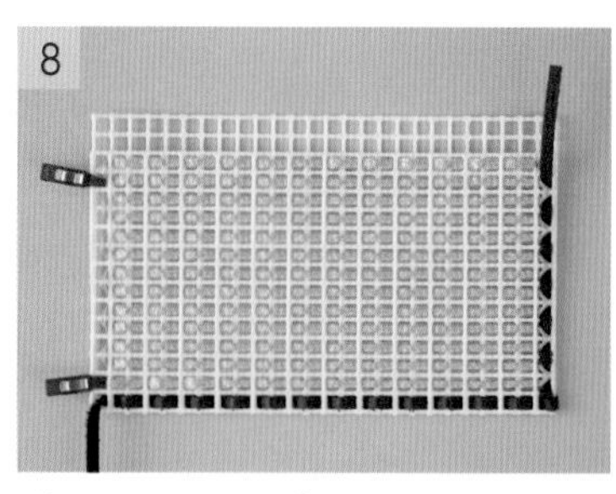

続けて反対の角まで「表1裏1」で通します。

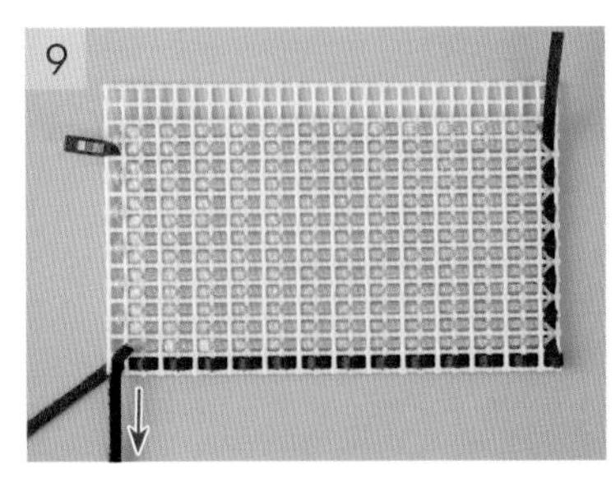

再び直角に曲げて、上方向へ進みます。

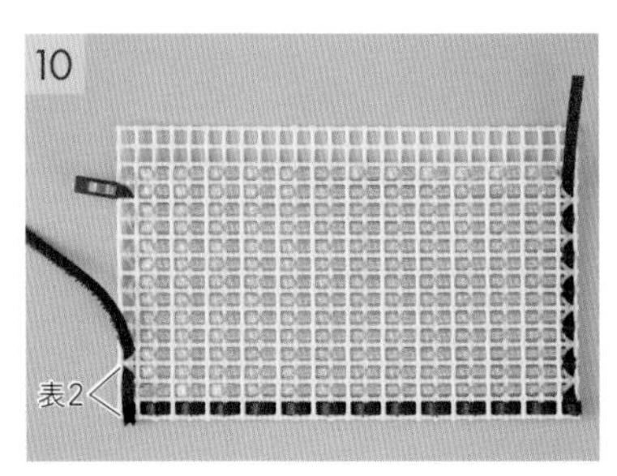

最初だけ「表2」で通し、残りは「表1裏1」で通します。

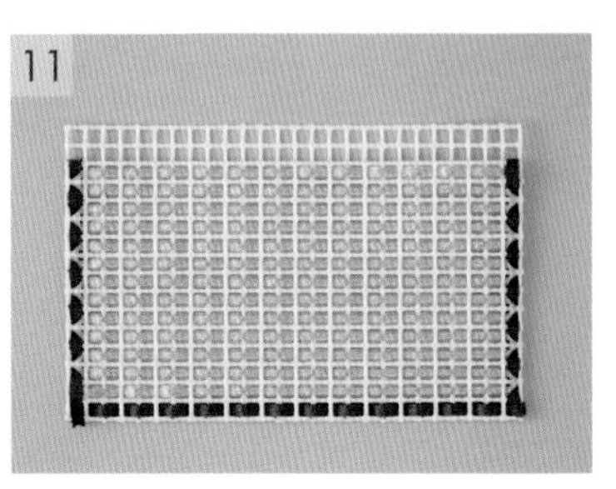

上端まで通したら両端を裏側で始末します。

8 残りの側面を通しながらポケットと金具を取り付ける

34段めまで横テープを通したところ。

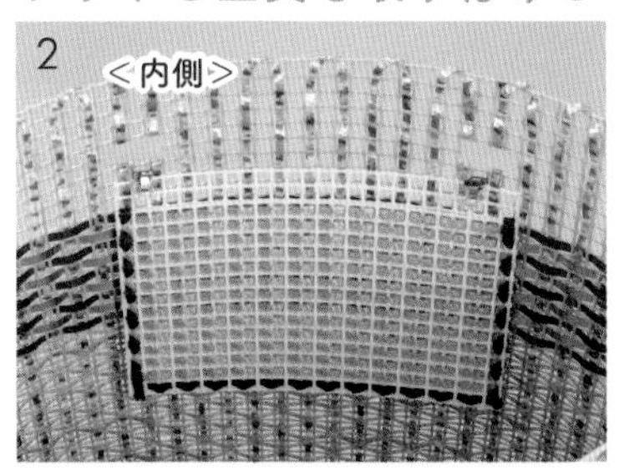

35段めのレシピ（P.75）の指定位置にポケットを仮止めクリップで仮止めします。

●ポケットを合体する

ポケットの右端を右の持ち手穴の端と揃えます。

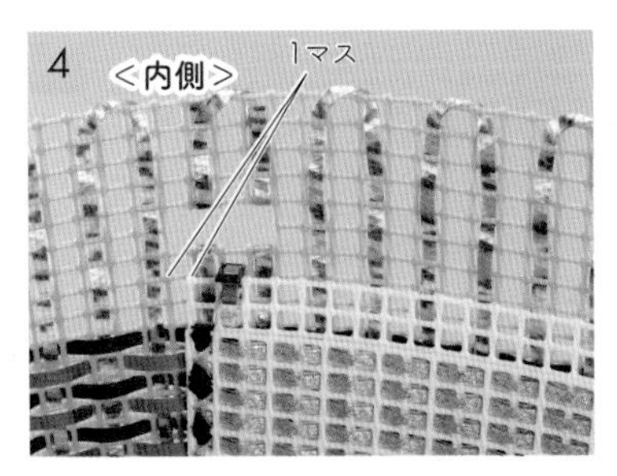

左側はこのように1マスずれたところで留めます。

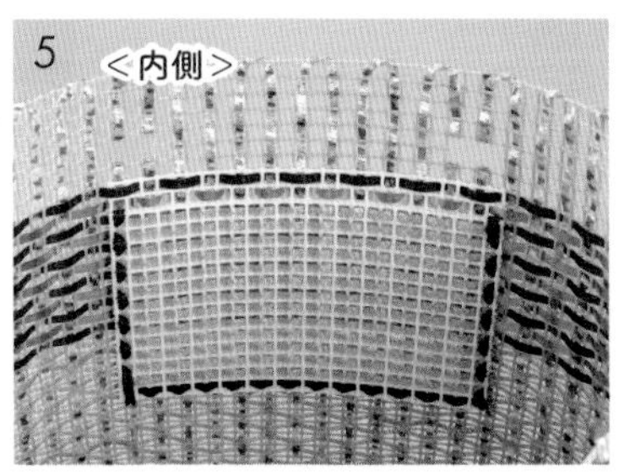

35・36段めを一周通しながら、ポケットのネット上端2段も一緒に拾って通します。

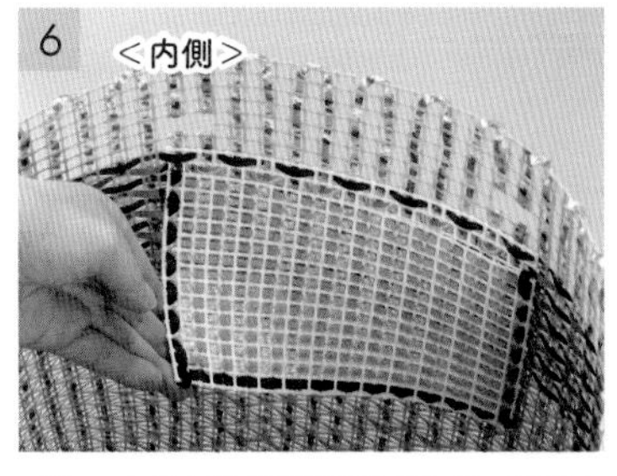

ポケットは上端が本体に合体して、下端は離れている状態です。

●持ち手穴周りの通し方

37段めは側面横テープC色100cmで一周通します。38・39段めは持ち手穴があるので、レシピに沿ってそれぞれ30cmと40cmのテープで通して始末します。

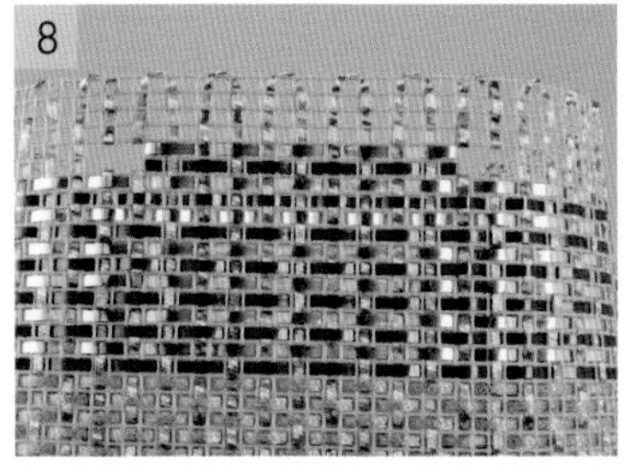

正面の穴と穴の間はB色、C色それぞれの側面横テープ30cmで通します。

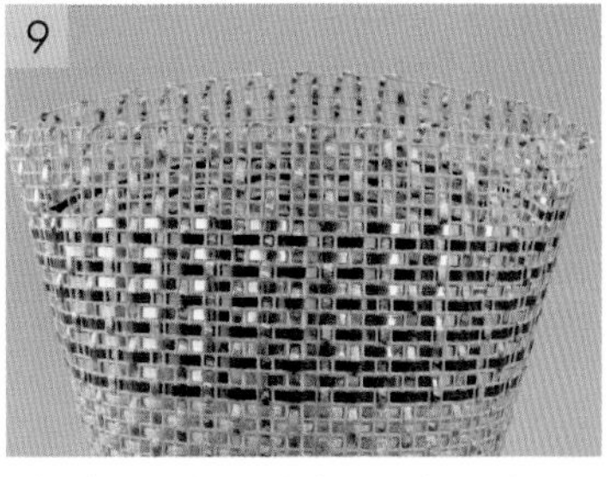

脇を挟んだ穴から穴まではB色、C色それぞれの側面横テープ40cmで通します。

●持ち手穴周りの通し方

10

端は穴の柱をくるんで折り返して始末します。

11

マグネット用ネットの付け位置を確認して仮止めクリップで仮止めし、40段めでネットを拾いながら一緒にテープを通します。

12

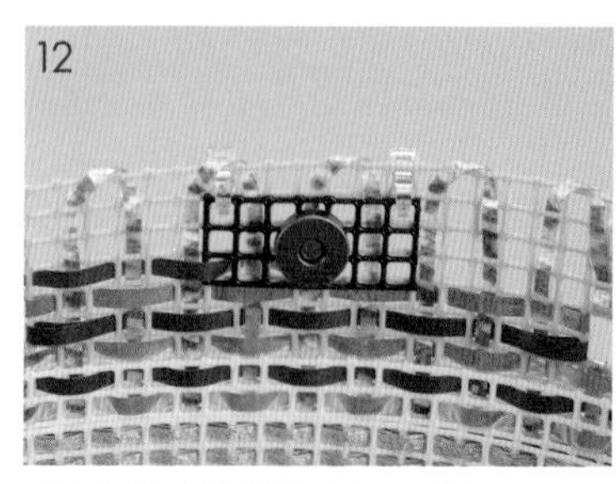

通し方はP.50と同様です。ただし、ロマーレで作業する場合は、テープが折れやすいので慎重に作業してください。

13

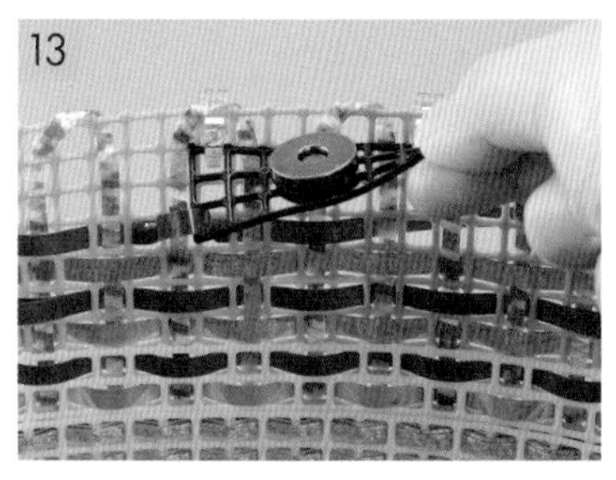

金具の裏はこのように本体側のネットだけを拾って通します。

14

端のマスはネットを2枚ともを拾って通します。同様に41・42段めを通しながらマグネット用ネットにも通し、しっかり固定します。

15

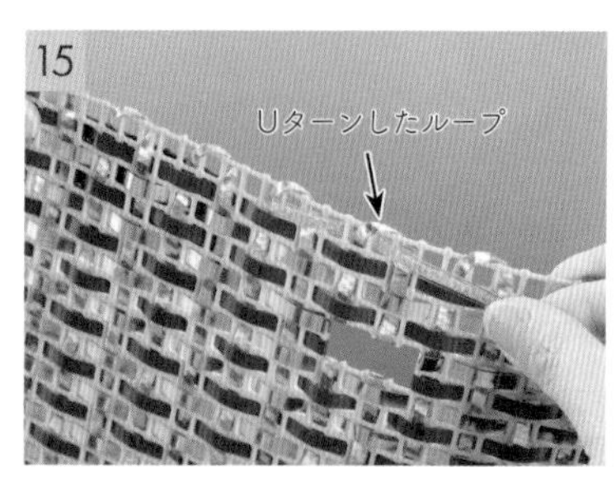

43段めは側面横テープA色100cmを一周通します。縦テープがUターンしたループに通しながら本体ネットに通します。

16

このように「表2裏2」で一周通します。

17

テープを通し終わりました。

18

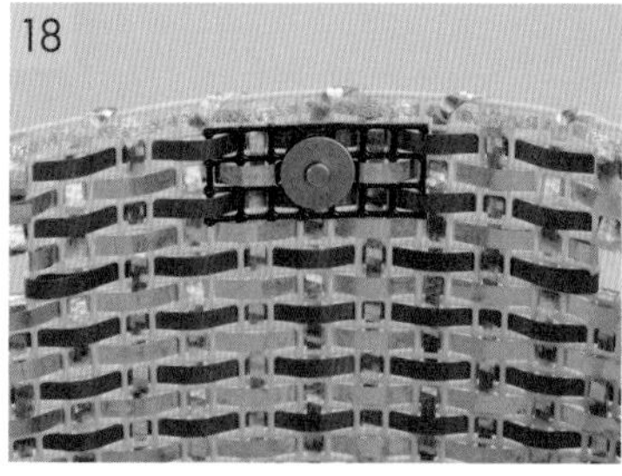

マグネットは内側でこのように編みこまれています。

9 バッグ口を巻きかがる

1

最後に巻きかがりテープA色130cmで、バッグ口を巻きかがります。

2

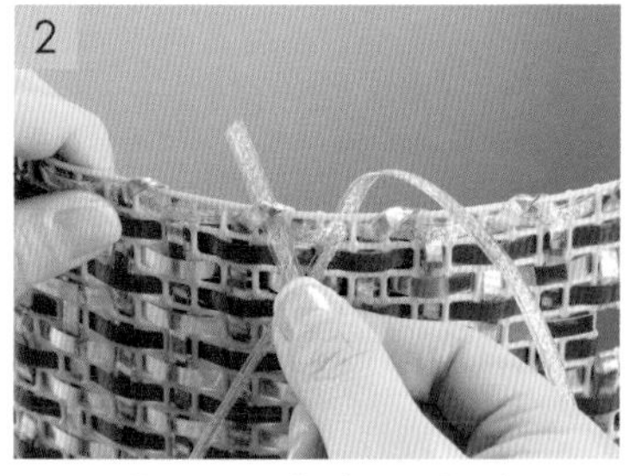

マスに通したテープを半分の長さまでひっぱり、左右に半周ずつ巻きかがります。1マス飛ばして縦テープがUターンしたループに通します。

3

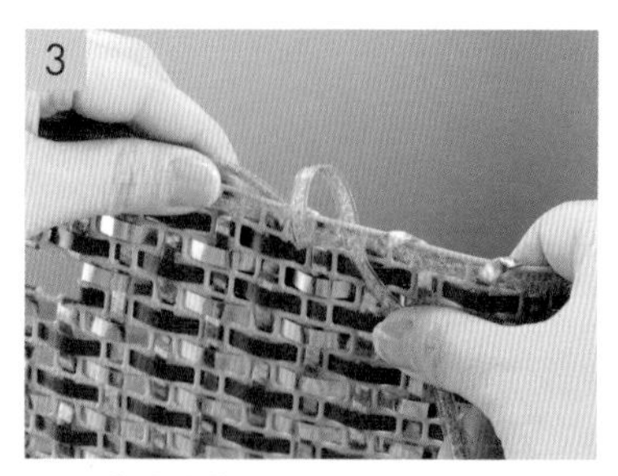

テープを引き締めます。

このように、縦テープのループの間に巻きかがるようになります。

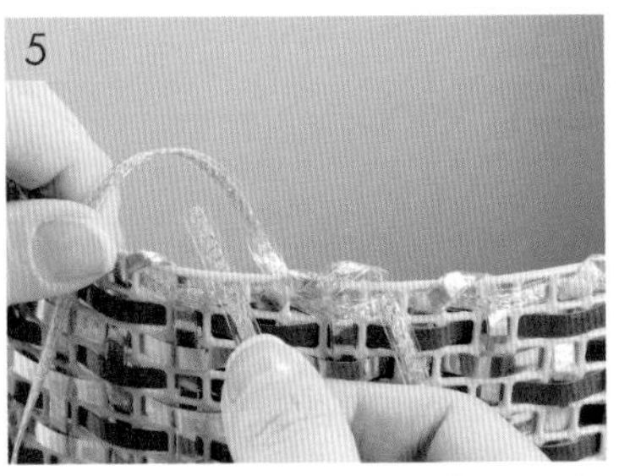

続けて1マス飛ばしでテープを差し込みます。

ループとループの間を巻きかがるので、このようにループが連続したようになります。

同様に続けて一周します。通し終わりはP.33を参照して内側で始末します。

10 穴に金具を付け、持ち手を付ける

ワンタッチハトメで持ち手穴を外側と内側から挟みます。

外側と内側の金具をはめ込み、内側の爪を外側に折って倒します。

表から見たところ。見た目もよくなりますし、力がかかるところなので補強にもなります。

持ち手のスナップボタンを外した状態で、持ち手穴の外側から内側に向かって通します。

スナップボタンを留めて完成です。

STEP.5

Classic bag

- デザイン性の高いバッグに挑戦しましょう -

いよいよ最終ステップ。最後の作品は金具や飾りベルトなどを使った、高級感漂うバッグです。こちらはテープの通し方やネットの成形のしかたがこれまでとは違いますが、ここまでのステップを踏んできていれば完成できます。金具も多く少し手の込んだ作りですが、完成したバッグに腕を通す時の喜びはひとしおです。

テープ a…エレザ(No.5・レッド)　b…エレザ(No.8・ブラック)
ネット a…黒　b…黒
持ち手 a…黒　b…黒

Features
この作品の特長

テープ

イレギュラーな格子模様

「側面」→「底とマチ」→「側面」と3回に分けてテープを通していきます。側面とマチとで違う模様があらわれる作品です。

ネット

2枚のネットを十字に配置

2枚のネットでできているバッグですが、これまでと違い側面とマチをテープで巻きかがります。サイドがまっすぐ立ち上がり、シャープな印象のバッグに。

金具・持ち手

個性を主張するパーツたち

作品に高級感を与えるベルトやフック、カデナなどの金具類。このバッグの象徴とも言えるパーツです。持ち手も革タイプを採用し、上質な印象に。

Point
このステップで習得したいポイント

- 通し方の手順を把握し、順序通りに通す
- テープが重なっている部分も柱をしっかり見て正しく通す
- 「表2裏2」を2段ずつ交互に通す方法を習得する

ネット

- 2枚のネットの配置のしかたを知る
- 配置したネットが動かないようにクリップ等でしっかり固定する
- ベルトの通し穴を正確に空ける

金具・持ち手

- ベルト、フック、カデナなどの複数の金具類を指定の位置に正しく付ける

存在感のあるバッグはクールで
スタイリッシュな装いにぴったり。

手帳やペンケースなども楽々入る大きさで、
ビジネスシーンにも活躍。

エレザで作ればレザー調の高級感ある仕上がりに。
ロマーレやチューブベリーならきらっとした
光沢が楽しめます。

Variation
色違い・テープ違いで作ってみましょう

テープ　チューブベリー（No.6・ラメシルバー）
ネット　白
持ち手　白

テープ　ロマーレ（No.103・ピンクベージュ）
ネット　白
持ち手　焦茶

テープ　チューブベリー（No.5・ラメゴールド）
ネット　ベージュ
持ち手　焦茶

テープ　エレザ（No.2・ベージュ）
ネット　ベージュ
持ち手　焦茶

STEP.5 Classic bag

Photo P.86~89

a: レッド　b: ブラック　c: ラメシルバー　d: ピンクベージュ　e: ラメゴールド　f: ベージュ

材料

【テープとネット】 ※あみあみファインネット　1枚

	ネットの色	テープ	テープの色	用尺（m）
a	黒	エレザ	レッド	53.86
b	黒	エレザ	ブラック	53.86
c	白	チューブベリー	ラメシルバー	53.86
d	白	ロマーレ	ピンクベージュ	53.86
e	ベージュ	チューブベリー	ラメゴールド	53.86
f	ベージュ	エレザ	ベージュ	53.86

【その他】

合皮持ち手1組、テープ付き足折れ金具セット、足折れ金具フック 2個、南京錠　※金具類の品番等詳細はP.99を参照

出来上がり寸法

31×22×10㎝

用具

ハサミ、メジャー、両面テープ、ボンド、仮止めクリップ、ダブルクリップ、ラジオペンチ、平ペンチ、ビニールタイ、エレザ専用とじ針(a,b,fの場合)

作り方

1　ネットとテープを用意する(P.93)。
2　側面に縦テープを通す(P.93)。
3　側面と底とマチのネットを合体する(P.93~94)。
4　側面に横テープを通す(P.94~95)。
5　側面とマチを巻きかがりながらバッグの形に組み立てる(P.95~98)。
6　持ち手と金具をつける(P.98~99)。

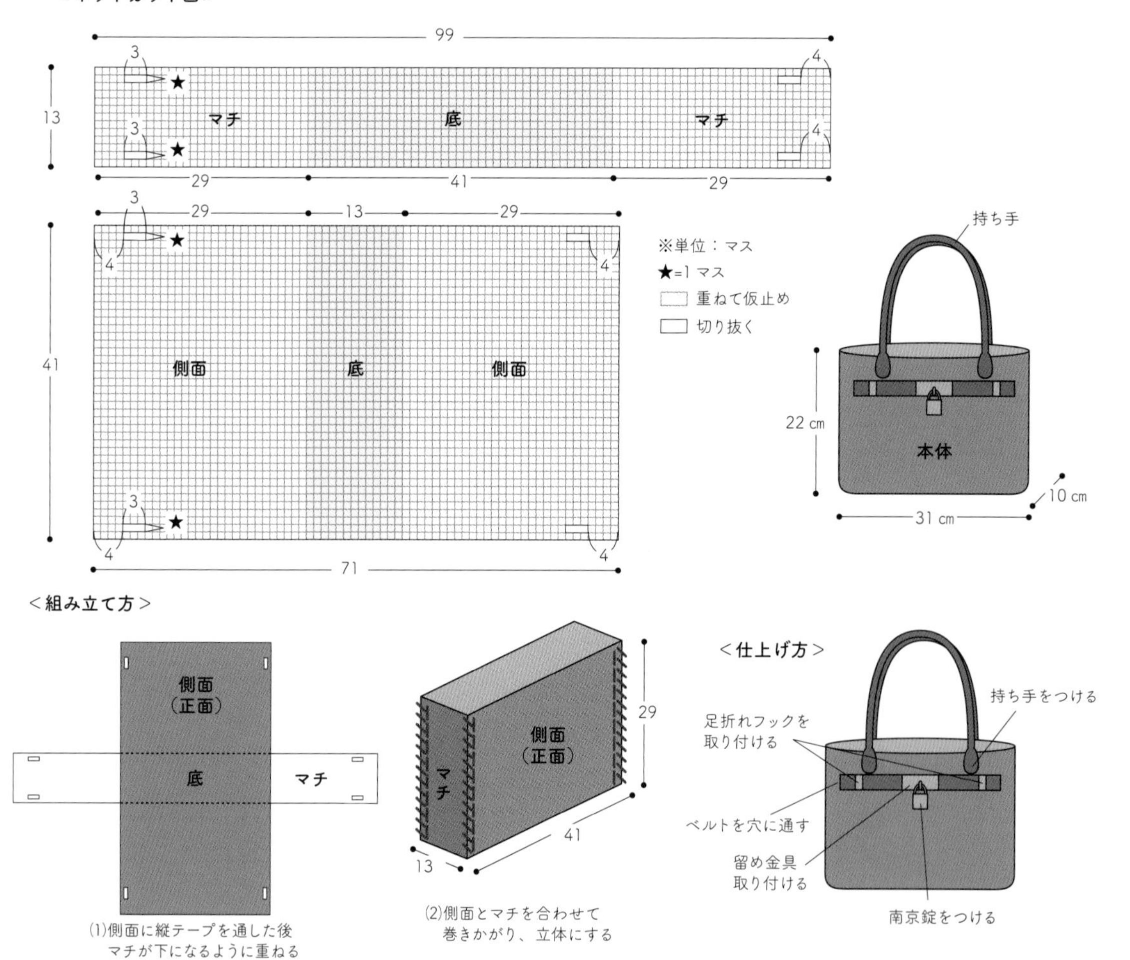

(1)側面に縦テープを通した後
マチが下になるように重ねる

(2)側面とマチを合わせて
巻きかがり、立体にする

側面縦テープ・底とマチの横テープ

＜テープ通し図＞

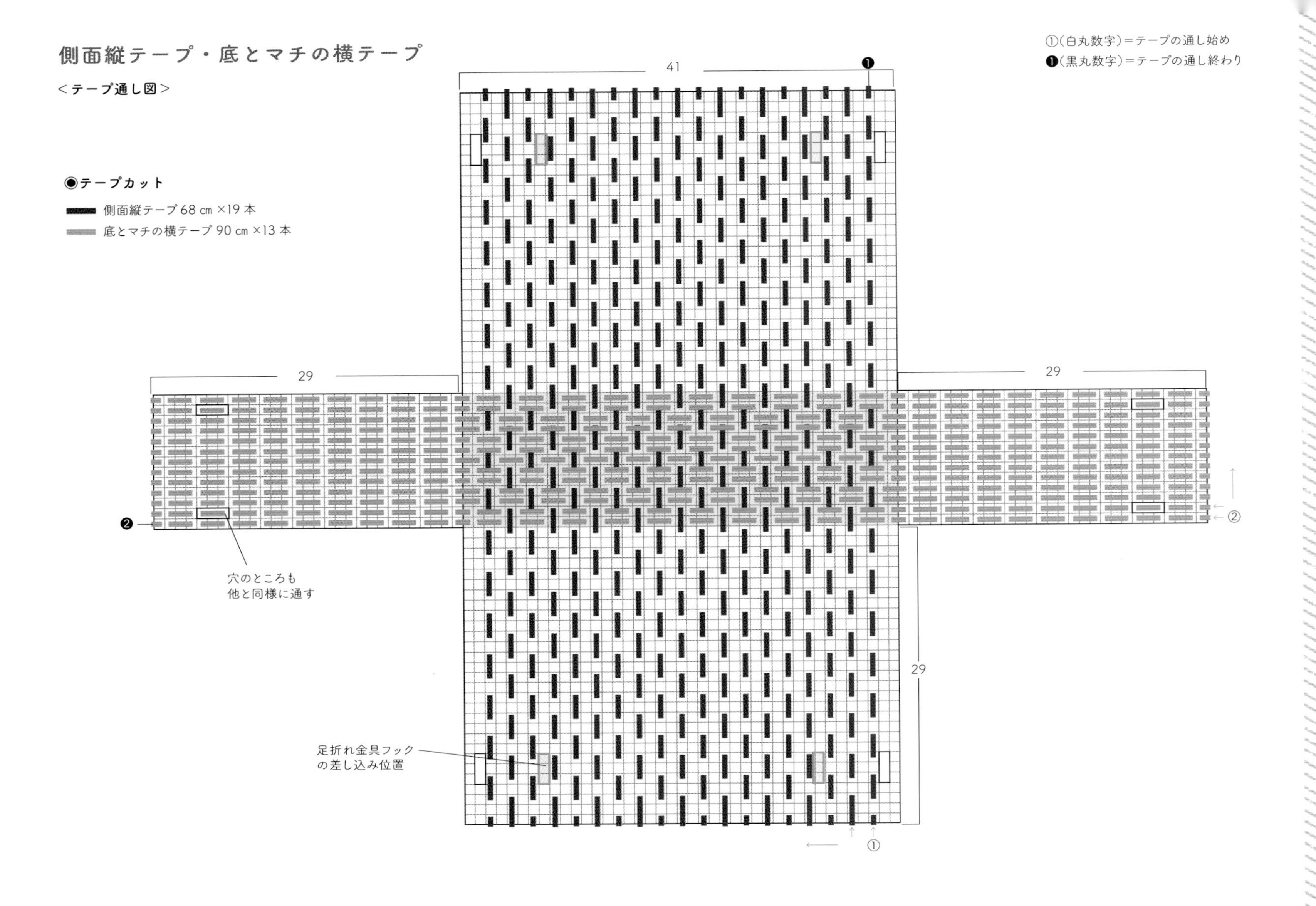

◉テープカット

- 側面縦テープ 68 cm ×19 本
- 底とマチの横テープ 90 cm ×13 本

側面縦テープ・底とマチの横テープ

＜テープ通し図＞

◉テープカット

側面横テープ43 cm ×58 本

巻きかがりと側面縦テープ 2m15 cm ×2 本

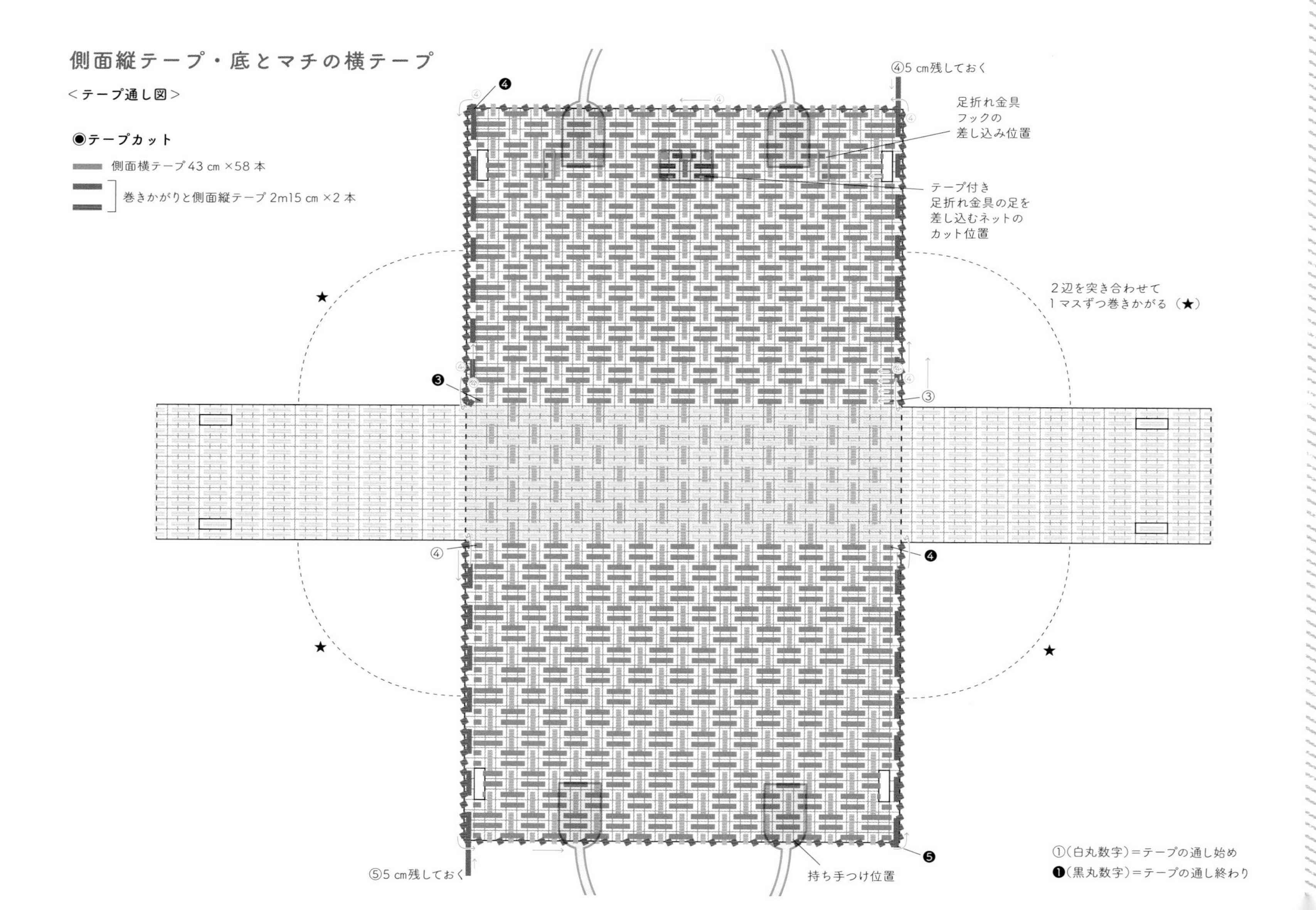

※見やすいように一部テープやネットの色を変えています

1 ネットとテープを用意する

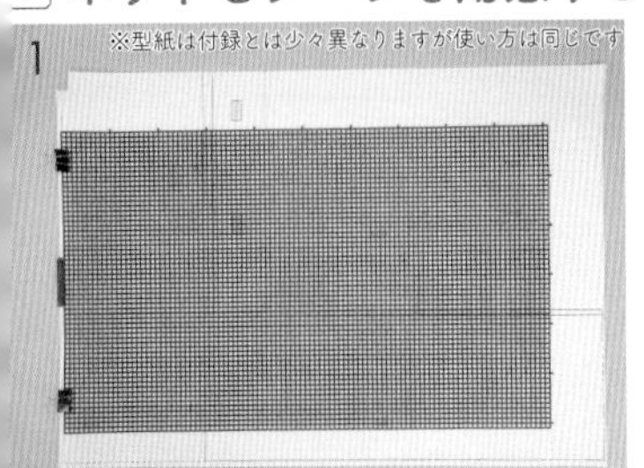

型紙に合わせて、ネットを切り抜きます。

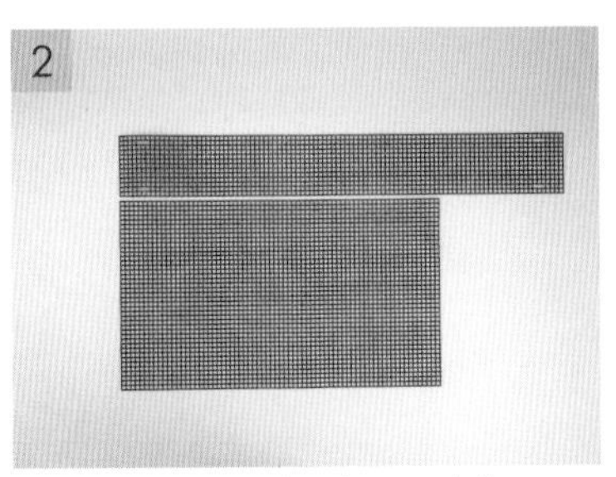

2つのパーツを切り出しました。本体のベルト通し穴はまだ切り抜いていません。

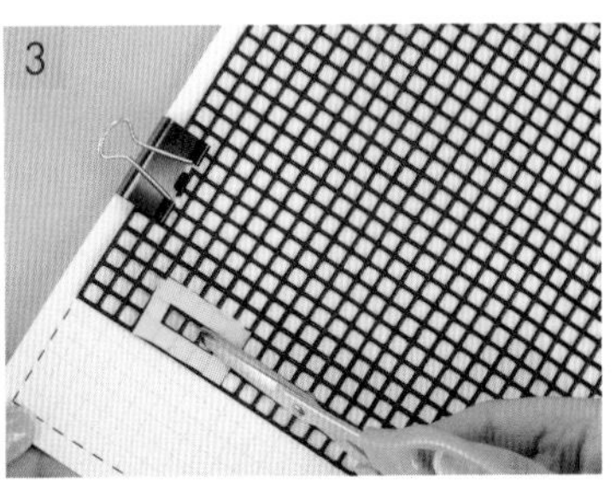

ネットのカットする位置をマスキングテープで囲み、型紙に合わせて、ベルトの通し穴を切り抜きます。

2 側面に縦テープを通す

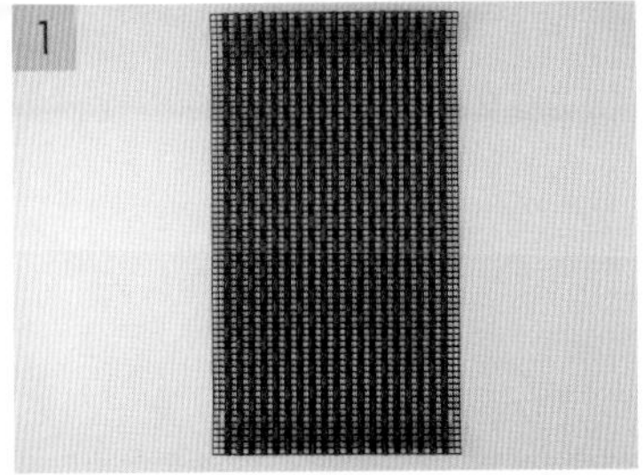

レシピを参照して側面のネットの3列めから、側面縦テープ68cm×19本を1列飛ばしで「表2裏2」の半模様ずらしで1本ずつ通します。テープは裏で始末します。

3 側面と底とマチのネットを合体する

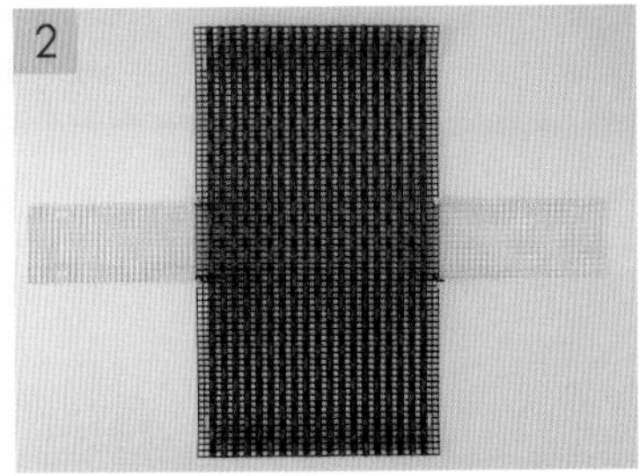

レシピ（P.91）で位置を確認して、底とマチのネットを、側面ネットの下に重ねて、仮止めクリップで仮止めします。

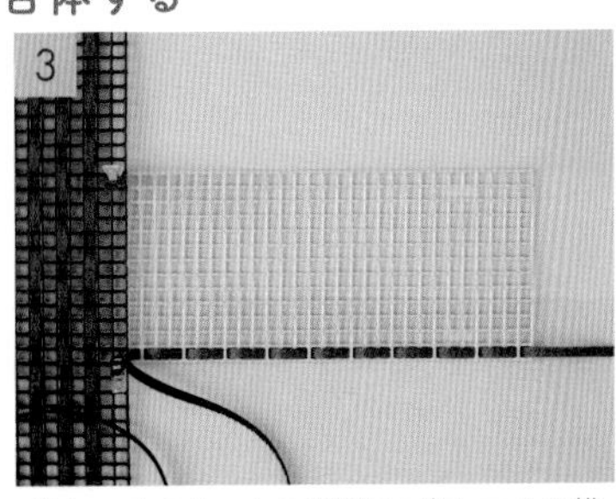

底とマチのネットの1段めに底とマチの横テープ90cmを「表2裏1」で通します。

側面ネットと重なるところまで来たら、「表1」で側面ネットの右端のマスに2枚一緒にテープを通します。

テープを出します。

ここからは「表2裏2」で通します。底は必ず2枚一緒にテープを通しましょう。

続けて側面ネットの反対側の左から2列めまで通します。

「裏1」で側面ネットの端に来たら表にテープを出します。

「表1裏1」で通した後、続けて底とマチのネット1枚だけに「表2裏1」で通します。

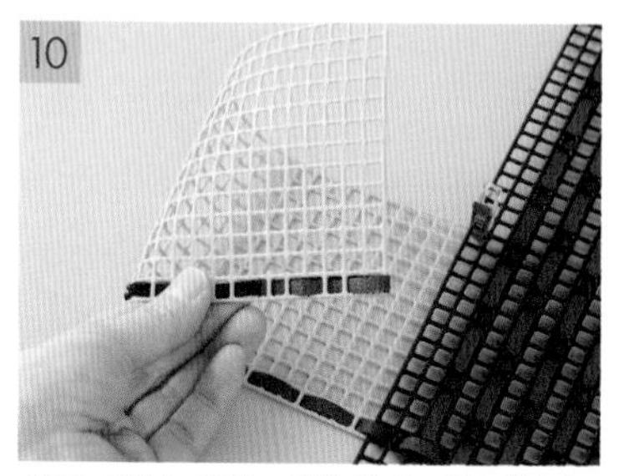

続けて端まで通し、通し始めと通し終わりのテープは裏へ折り返して始末します。

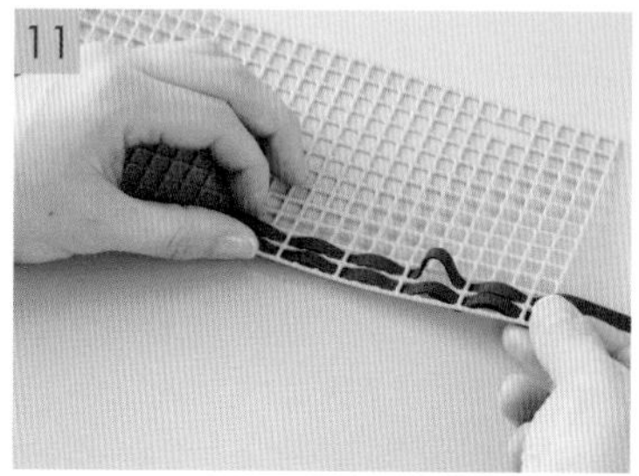

2段めは底とマチのネットは「表2裏1」の模様をマスをずらさずに位置を揃えて通します。ネットの穴部分も同様に通します。

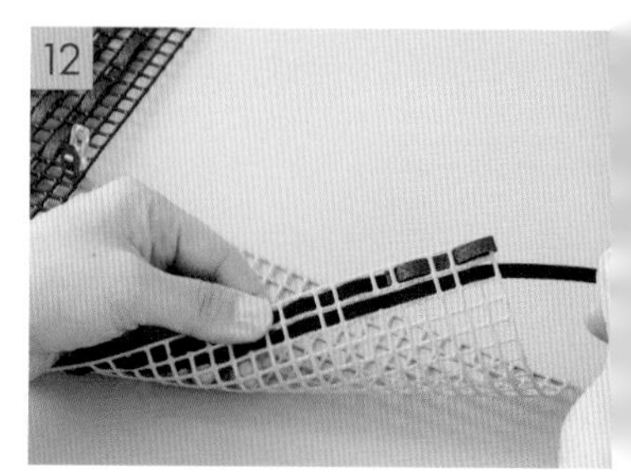

ネットが2枚重なっている部分は、1段めと揃えて「表2裏2」で通します。ネットの穴部分の裏側はこのようになっています。

3段めも底とマチのネットは模様を前段と揃えますが、2重ネット部分は、前段と半模様ずらして「表2裏2」で通します。

レシピを参照し、ネットが2枚重なっている部分（＝底）は4段一模様になるので、模様を確認しながら通します。

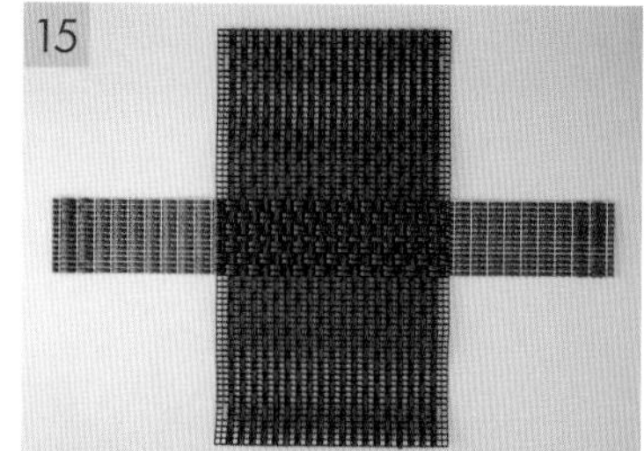

底とマチの横テープを全て通し終わりました。

4 側面に横テープを通す

続けて側面横テープ43cmを、側面の全段に通していきます。

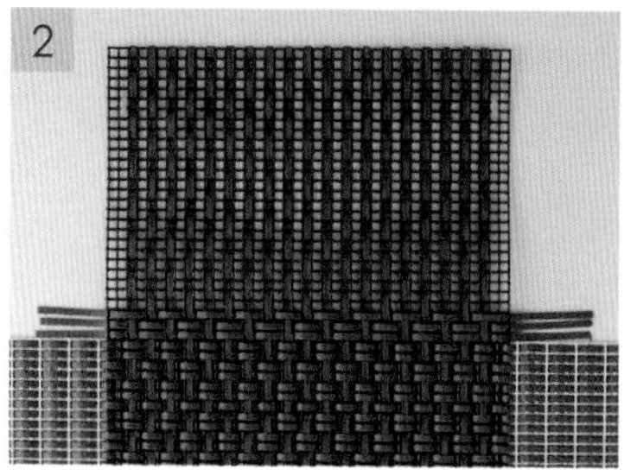

底と模様がつながるように、ただし、両端の列を1列空けるように、両端の通し方だけは変えて横テープを通します。

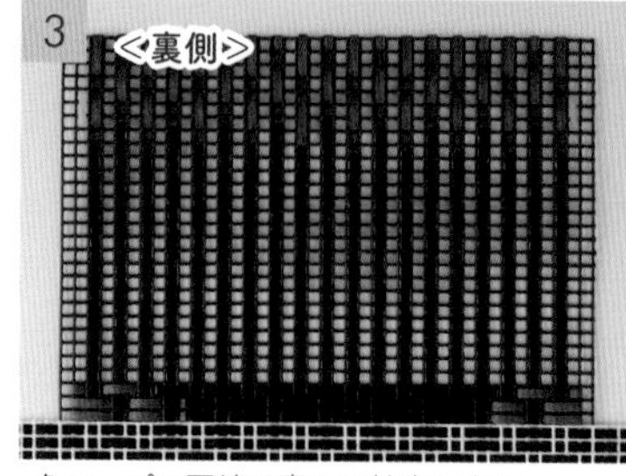

各テープの両端は裏面で始末します。

●穴周りの通し方

裏の始末はこのようになります。

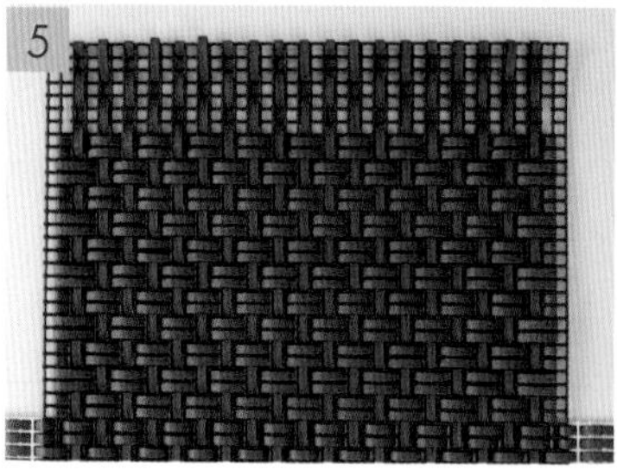

上から8マスめまでは同様に模様を作りながら通します。

穴のある3段も同様に通します。3本とも穴手前で表に出したいので、3本めのテープを穴の手前の隙間から表へ出します。

穴の手前で隙間に差し込み、テープを引いたところ。

表から見るとこのように出ています。

3本とも穴の手前で表に出ました。

テープで穴をくるむように、穴の柱で折り返して、裏で始末します。

始末ができました。

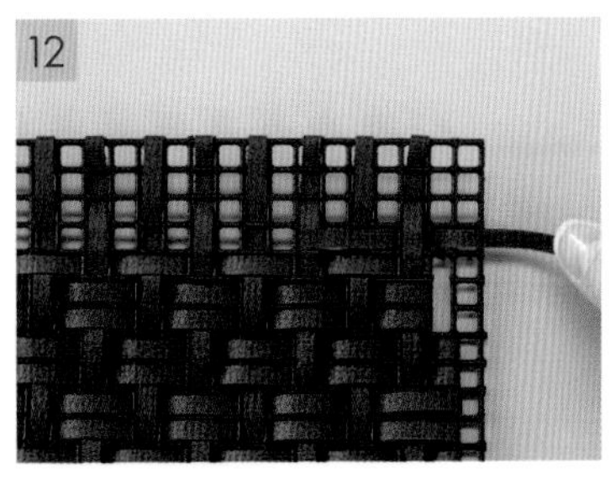

穴より上は、模様がつながるよう側面横テープ43cmで「表2裏1」で通します。

13

側面横テープを通し終わりました。反対側も同様に通します。

5 側面とマチを巻きかがりながらバッグの形に組み立てる

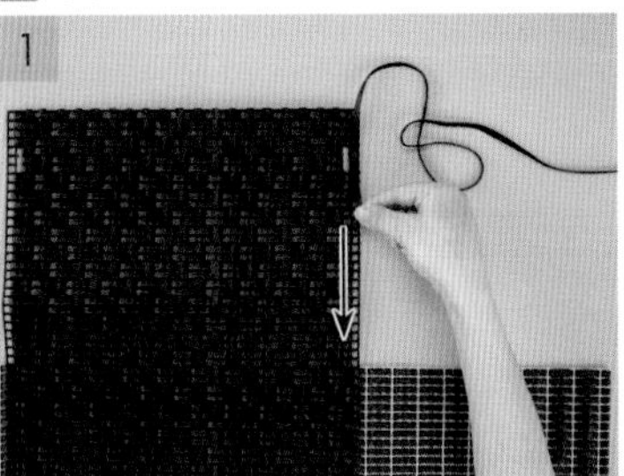

巻きかがりと側面縦テープ2m15cmで、側面端を整えるために1本上から下へテープを通します。

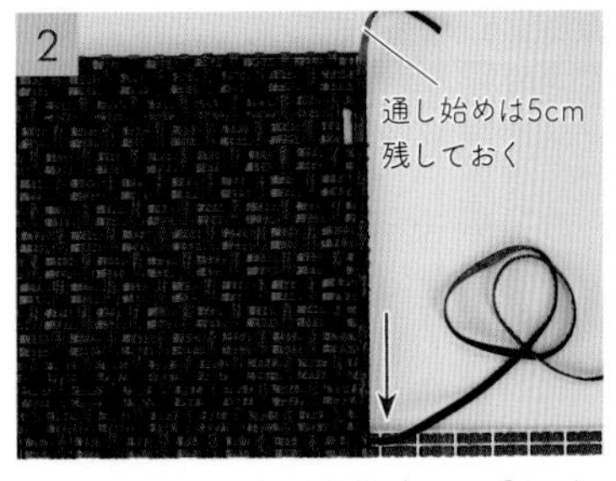

横の側面縦テープと半模様ずらして「表2裏2」で巻きかがりと側面縦テープを下端まで通します。

●巻きかがりながら形を組み立てる

巻きかがりはテープとマスの隙間を通していくので、エレザの場合は、パッケージについているとじ針を使うと通しやすいです。

側面とマチのネットを突き合わせて仮止めクリップで仮止めし、2枚のネットを1マスずつ拾って巻きかがりでとじていきます。

テープを引き締めます。

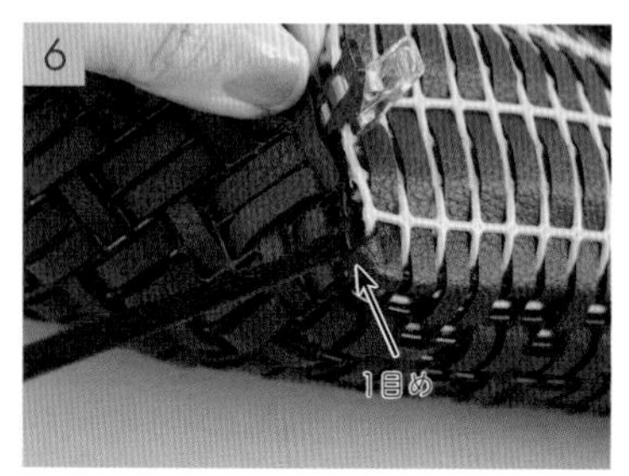

巻きかがり1目めができました。

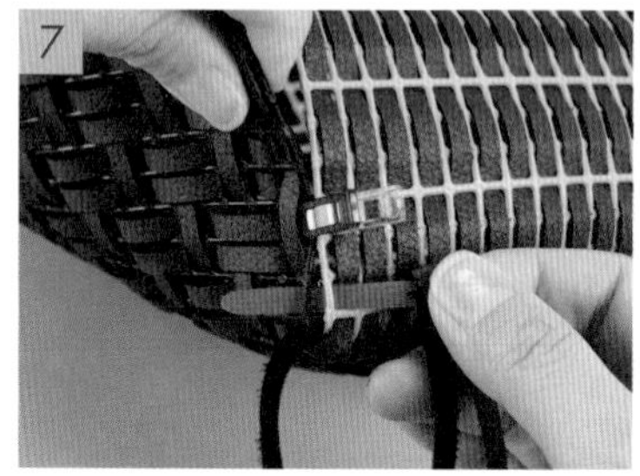

マチと側面を1マスずつ拾い、次のマスを巻きかがります。

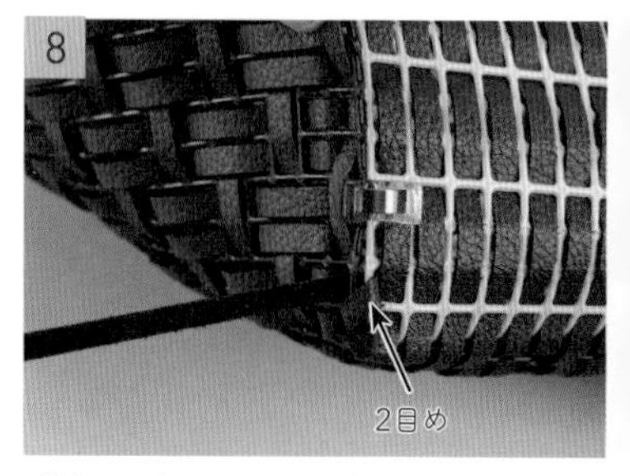

巻きかがり2目めができました。

同様に繰り返して2枚のネットを巻きかがりながらとじていきます。

上端まできたら、角のマスにもう一度針を入れます。

続けて側面の上端の1マスだけ拾って1回巻きます。

引き締めます。上辺の巻きかがりが1目できました。ここからは側面の上辺縁を巻きかがります。

2マス左隣のマスを巻きかがります。すでに縦テープが通っているので上辺の巻きかがりは1マス飛ばしになります。

同様に繰り返して側面上辺を1マス飛ばしで巻きかがります。

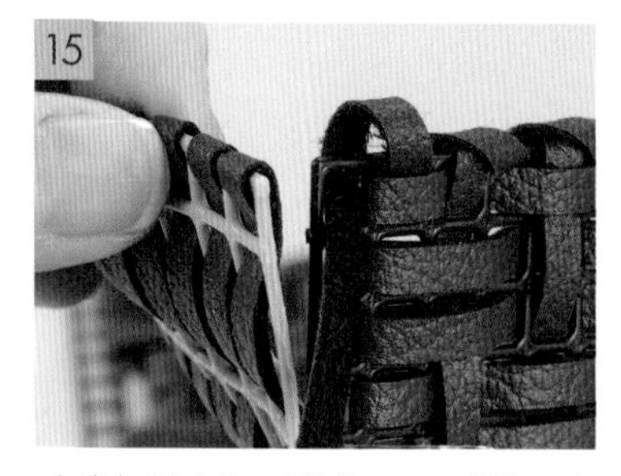

左端まできたら、上辺角のマスに通して手前に出します。

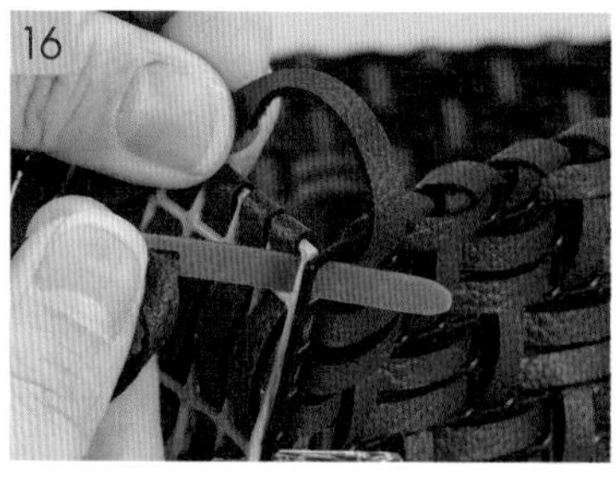

テープを上へ返し、マチから側面の角のマスに向かって、マチと側面を1マスずつ拾います。

テープが反転しないように向きに気をつけて通しましょう。

引き締めて左側の巻きかがりが1目できました。

1つ下のマチと側面の1マスずつを拾って、巻きかがります。

巻きかがりが2目できました。

同様にして下端まで1マスずつ拾って巻きかがります。側面の角のマスからテープを出します。

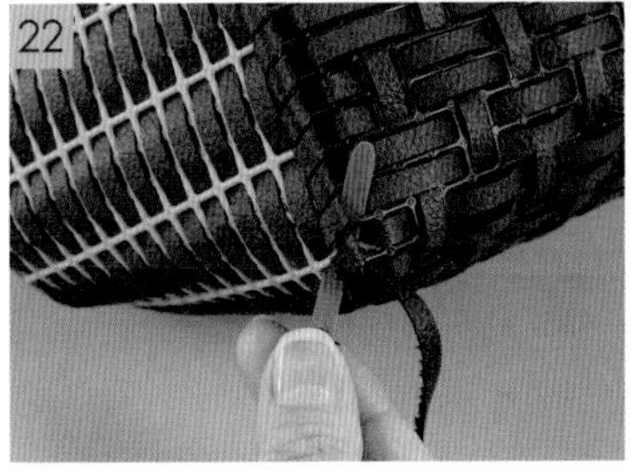

下端でUターンしてマチの1段めのマスに入れ、側面の3段めのマスから出します。

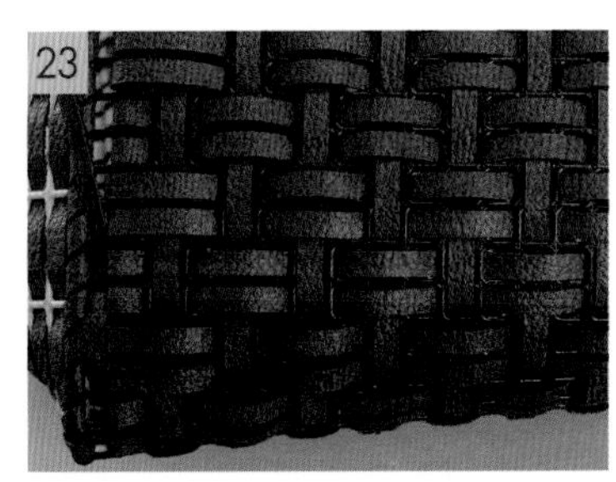

側面の3段めから出したら、「裏2」で通します。

右端の最初と同様に、「表2裏2」で下端から横の側面縦テープと半模様ずらして上端まで通します。

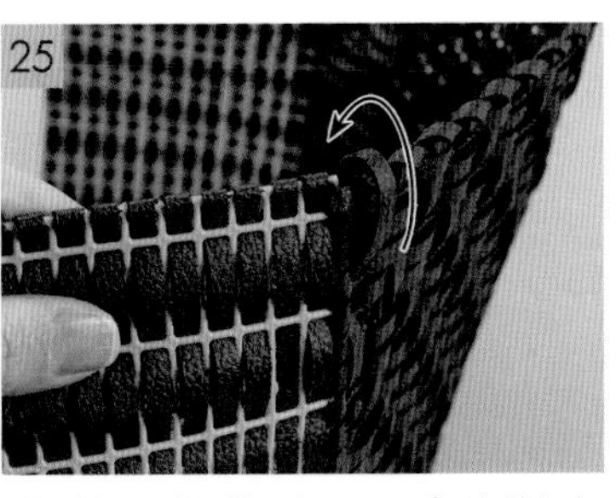

通し始めと通し終わりのテープは上端をまたいで裏へ渡します。

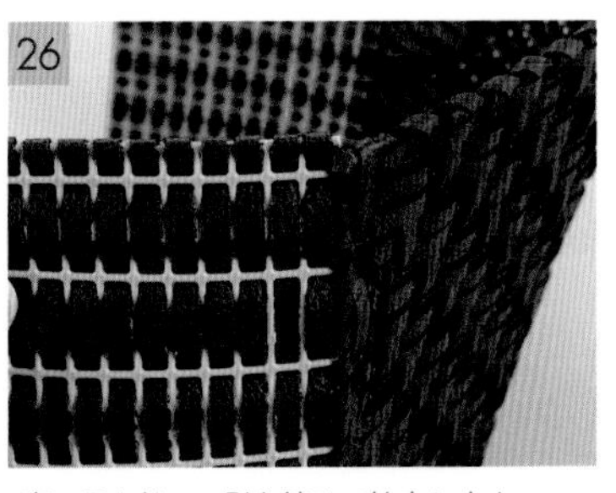

裏の目を拾って引き締めて始末します。

バッグの半分を組み立てられました。

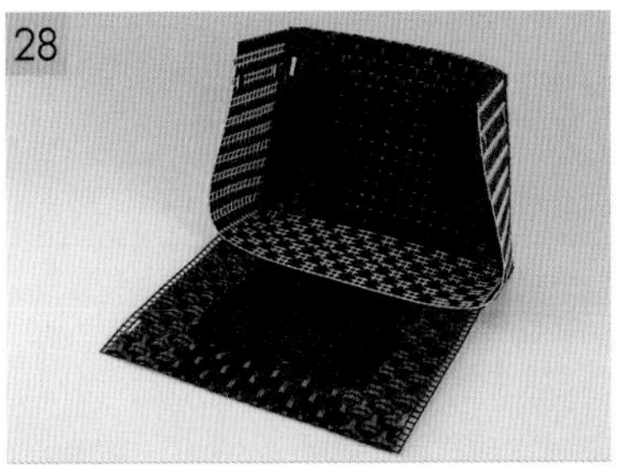

裏はこのような状態になっています。

反対側も同様に作業して箱形にできあがります。

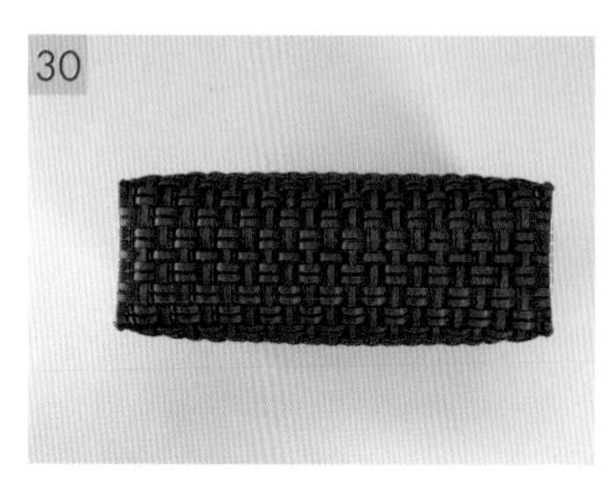

底面はこのような模様になっています。

6 持ち手と金具を付ける

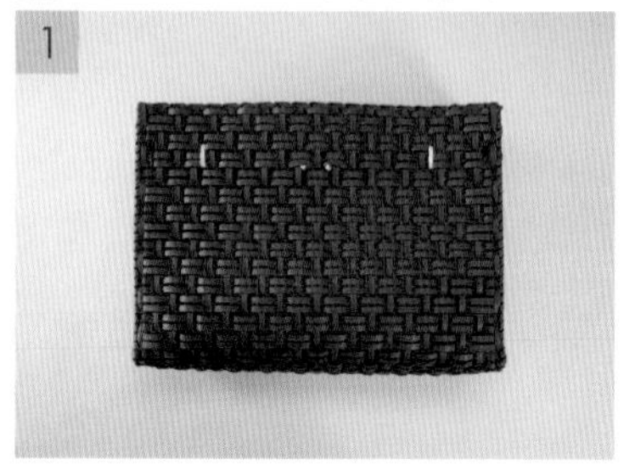

レシピ（P.92）を確認して足折れ金具とフックの付け位置に目印にビニールタイを差し込みます。

目印部分のネットの柱を1本カットします。

テープの下にハサミを差し込んで柱1本だけを切ります。

このように穴を開けます。もう1ヵ所も同様に柱を切ります。

足折れ金具の足を目印位置に差し込みます。

足をテープの隙間にぐっと入れ込みます。

内側にこのように足が出ます。

ラジオペンチでそれぞれ内側に倒します。

足折れ金具フックの足を、目印を付けていた位置の柱の内側にそれぞれ差し込みます。

内側で足に座金を被せ、ラジオペンチで足を内側に倒します。

このように金具が取り付けられました。

持ち手のハサミカン部分を少し広げます。

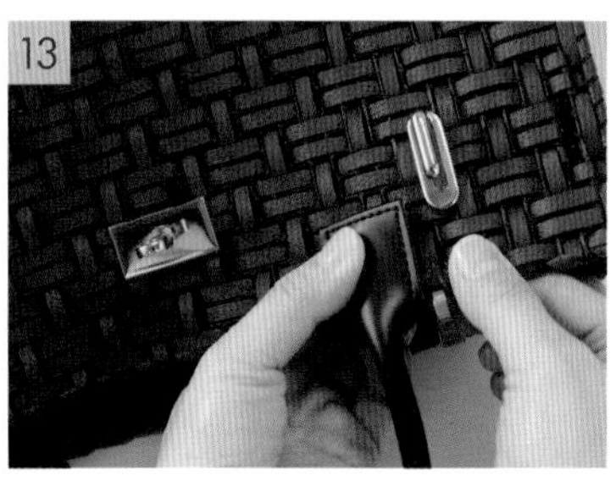

レシピ（P.92）で確認した取り付け位置に挟みます。

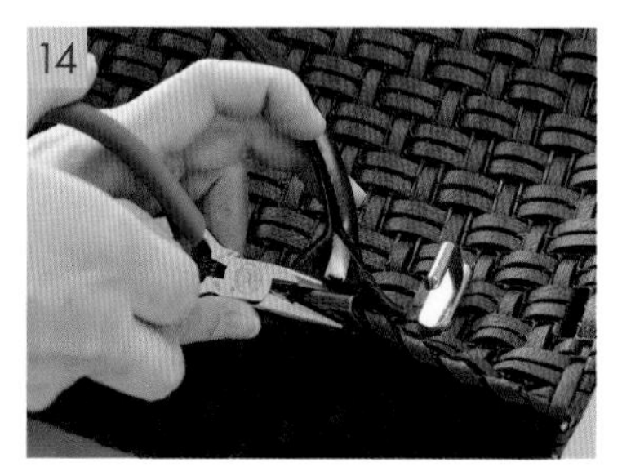

ラジオペンチでハサミカン部分をかしめます。

足折れ金具フックにベルトを通します。

通し地に開けておいた穴にベルトを通して、一周させます。マチに通っているテープは避けて通します。

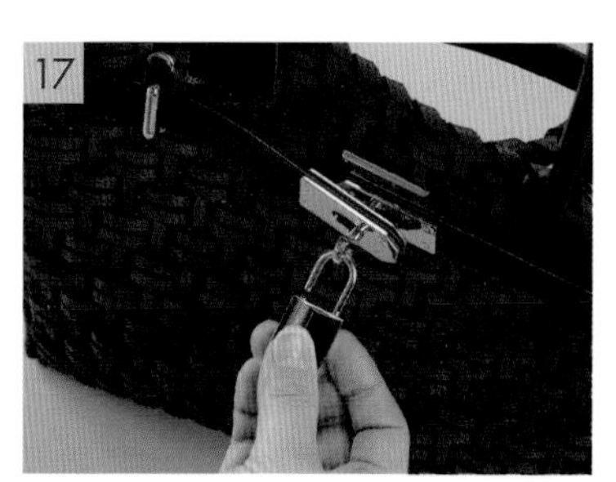

中央のベルトの足折れ金具に南京錠をつけて完成です。

◆この本で使用している持ち手・金具類品番一覧◆

● WEB 通販
手編みワイヤーバッグ協会
https://www.handmadewirebag.com

すべて右に記載のWEB通販または巻末に記載の実店舗にて購入できます。
各パーツの品番がないものや色番号の詳細はWEB通販で確認してお好みのカラーを選んでください。

ページ	コーナー	バリエーション	＜アイテム名＞メーカー名・名称（品番） ＊は色番号または記号
22	STEP1	共通	＜持ち手＞ハマナカ・クラフトハンドル ハサミカン付き（H210-217-＊／H210-218-＊／H210-219-＊）
34	STEP2	a〜e	＜マグネットホック＞ハマナカ・マグネット付き丸型ホック18mm（H206-041-＊）、＜角カン＞イナズマ・角カン20mm×26mm
		a,b,c	＜持ち手＞ハマナカ・クラフトハンドル ハサミカン付き（H210-217-＊／H210-218-＊／H210-219-＊）、＜ショルダー＞メルヘンアート・ラメルヘンショルダーベルト
		d,e	＜持ち手＞イナズマ・くわえ金具合成手さげタイプ皮革持ち手、＜ショルダー＞イナズマ・合成皮革ショルダータイプ持ち手
54	STEP3	共通	＜持ち手＞イナズマ・合成皮革手さげタイプ持ち手30cm、＜丸カン＞手編みワイヤーバッグ協会・マルカン10mm、＜マグネットホック＞ハマナカ・マグネット付き丸型ホック14mm（H206-043-＊）
		b,c,f	＜ショルダー＞イナズマ・合皮ショルダーストラップ
		d,e	＜ショルダー＞ジャスミン・合皮ショルダーストラップ
68	STEP4	共通	＜マグネットホック＞ハマナカ・マグネット付き丸型ホック18mm（H206-041-＊）、＜ハンドル＞日本紐釦・エンボス加工ホック式ハンドル60cm、＜ワンタッチハトメ＞手編みワイヤーバッグ協会・ワンタッチハトメ

ページ	コーナー	バリエーション	＜アイテム名＞メーカー名・名称（品番） ＊は色番号または記号
86	STEP5	共通	＜テープ付き足折れ金具＞イナズマ・テープ付き足折れ金具、＜足折れ金具フック＞イナズマ・足折れ金具フック、＜南京錠＞イナズマ・南京錠
		a,b,d,e	＜持ち手＞ジャスミン・合成皮革加えカン付き持ち手
		c	＜持ち手＞メルヘンアート・合成皮革加えカン付き持ち手
100	テトラポーチ	共通	＜ファスナー＞手編みワイヤーバッグ協会・ファスナー10cm、＜レザーフラワー＞手編みワイヤーバッグ協会・レザーフラワー、＜バッグチャームチェーン＞メルヘンアート
101	ショルダーバッグ	共通	＜留め具＞ハマナカ・留め具 だ円おこし（H206-051-＊）、＜角カン＞手編みワイヤーバッグ協会・角カン10mm、＜ショルダー＞手編みワイヤーバッグ協会・チェーンショルダー
101	クラッチバッグ	共通	＜口金＞日本紐釦・文鎮口金19cm
102	ブラックショルダー	共通	＜留め具＞日本紐釦・錠前金具、＜角カン＞手編みワイヤーバッグ協会・角カン10mm、＜ショルダー＞ジャスミン・革入りチェーンショルダー
103	エレガントトート	共通	＜持ち手＞日本紐釦・エンボス加工ホック式ハンドル40cm

色とりどりのテープとネット、バリエーションに富んだ金具や持ち手…厳選されたアイテムを組み合わせて作る、魅力的な作品の数々を紹介します。こちらの作品の作り方は図解のみとなり、写真でのプロセス解説はありませんが、STEP5までの基本的なテクニックを習得できていれば作れるようになっています。ぜひ挑戦してみてください！

◆テトラポーチ

ピラミッドのような三角形のフォルムがおしゃれな、コロンとしたかわいらしいポーチです。キャンディやリップバームなど小さなものの収納にぴったり。キラキラしたフラワーモチーフもポイントです。

Open

Recipe P.104

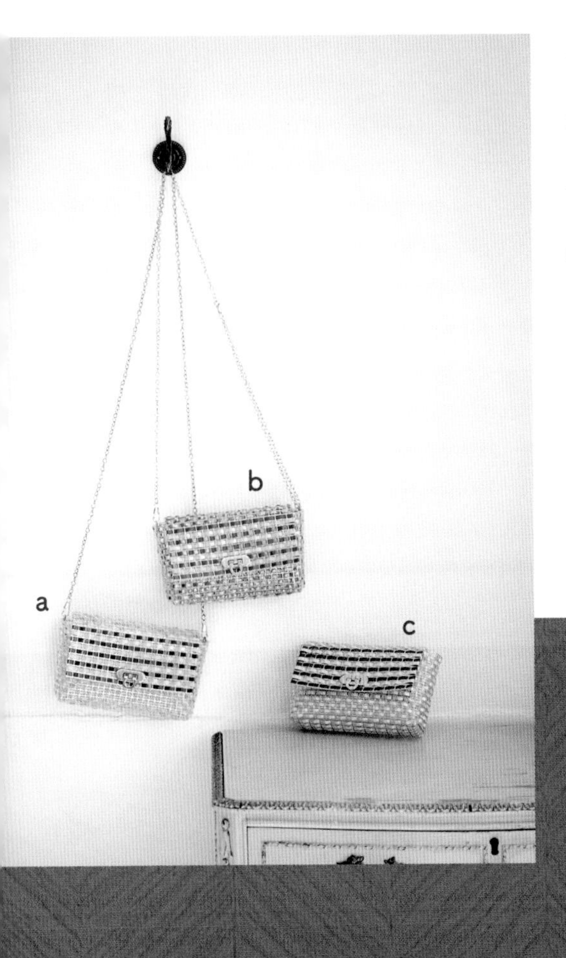

◆ ショルダーバッグ

きらびやかな輝きが美しいショルダーバッグは、着脱可能なチェーンつきでクラッチとしても使えます。フラップ部分のテープには表裏で色の違うタイプのロマーレをあしらい、開いたときも柄を楽しめる仕上がりに。

Recipe P.105

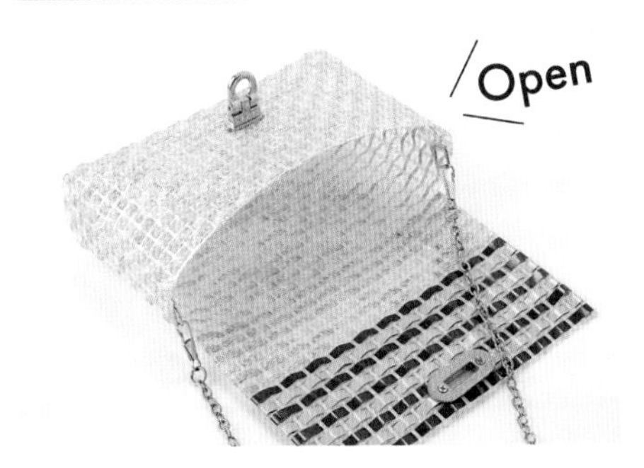

◆ クラッチバッグ

上のショルダーバッグと同じ配色展開で作ったクラッチバッグです。1枚のネットで上のショルダーとクラッチ、両方を作れるよう計算されています。ぜひショルダーと一緒に作ってワードローブに加えてみて。

Recipe P.107

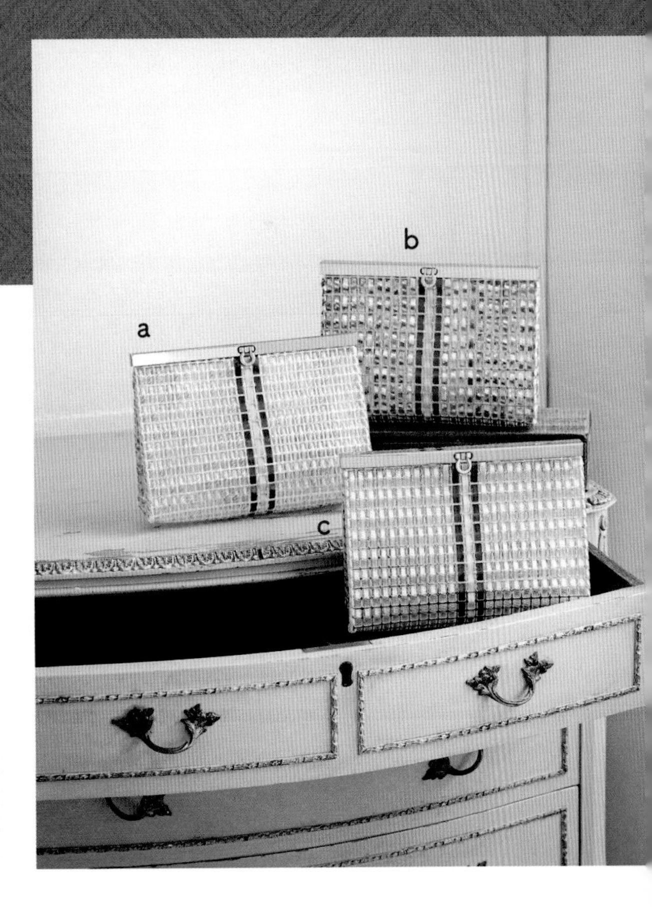

Recipe P.108

♦ブラックショルダー2種

フォーマルシーンで優雅に活躍してくれる、落ち着いた大人のバッグ2種。左はエレザの黒×ゴールド金具でシックな仕上がりに、右はチューブベリーの黒×シルバー金具で光沢感のある印象に仕上げました。

Recipe P.110

◆エレガントトート

STEP2と同じ、底と側面とで2枚のネットを使って作るバッグです。楕円形になっている市販の底用ネットを使うことで、バッグの脇になだらかで美しい曲面を与えています。上部にはメタルカラーのロマーレをあしらって輝きをプラス。

EXTRA　テトラポーチ

Photo P.100

※お好みの配色で作りましょう

材料

【テープ】A色(チューブベリー)3.07m、B色(ロマーレ)0.84m
【その他】あみあみファインネット、ファスナー(10cm)、丸カン、バッグチャーム用チェーン、フラワーモチーフ2個
※金具類の品番等詳細はP.99を参照

用具

ハサミ、メジャー、両面テープ、針、縫い糸 少々、仮止めクリップ、ダブルクリップ

出来上がり寸法

11.5×10×11.5cm

作り方

1　ネットとテープを必要な分用意する。
2　ネットを輪にして仮止めクリップで止め、横にテープを13段通す。
3　底を折りたたみ、巻きかがる。
4　ファスナーを縫いつけ、丸カンとチェーンをつける。
5　フラワーモチーフをつける。

<ネットカット図>
※単位：マス
重ねて仮止め

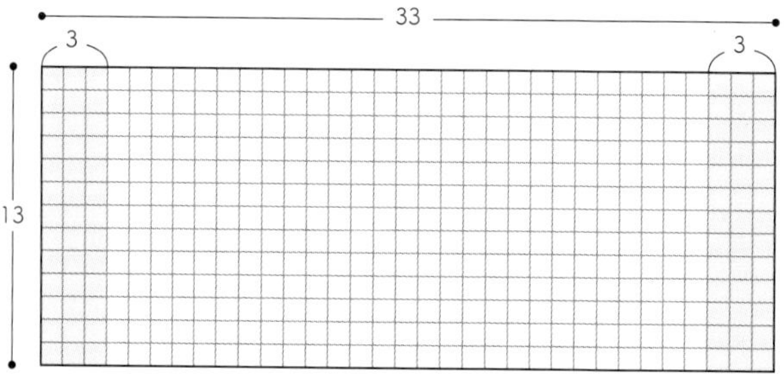

33　3　3　13

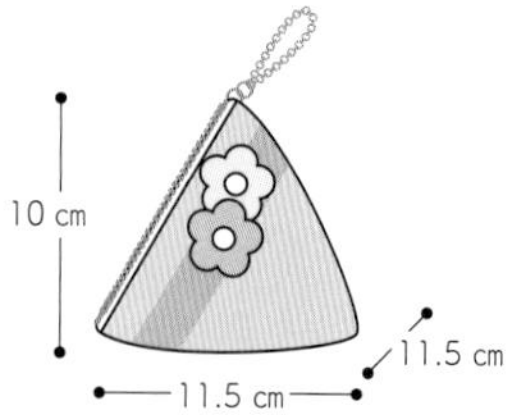

10 cm　11.5 cm　11.5 cm

<テープカット>

A色 28 cm ×9本
B色 28 cm ×3本
A色 55 cm ×1本

<組み立て方>

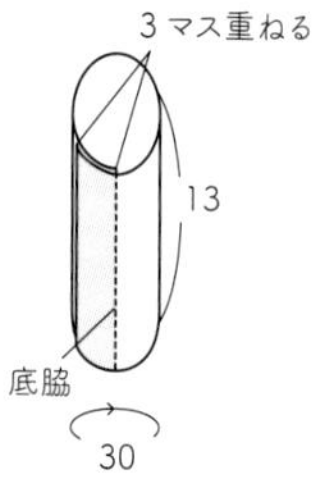

3マス重ねる　13　底脇　30

<仕上げ方>

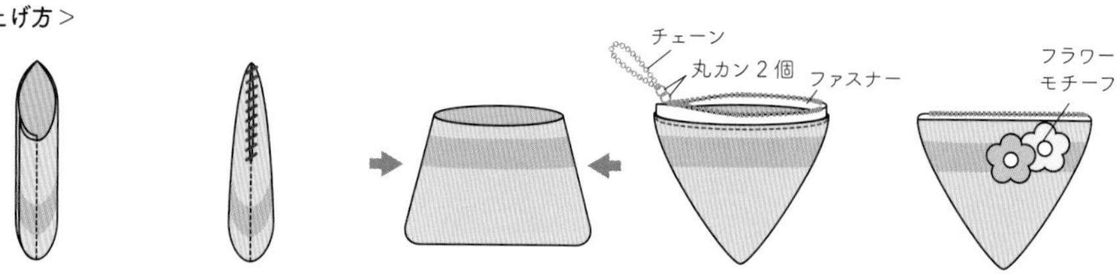

チェーン　丸カン2個　ファスナー　フラワーモチーフ

(1)半分に折りたたむ。
(2)1段めの通し終わりに残しておいたテープを使い、底を巻きかがる。
(3)上下にひっくり返し、本体の側面を押して三角にする。
(4)内側にファスナーを縫い付け、丸カンとチェーンを取り付ける。
(5)お好みで本体にフラワーモチーフ2個を取り付ける。

<テープ通し図>

①(白丸数字)＝テープの通し始め
❶(黒丸数字)＝テープの通し終わり

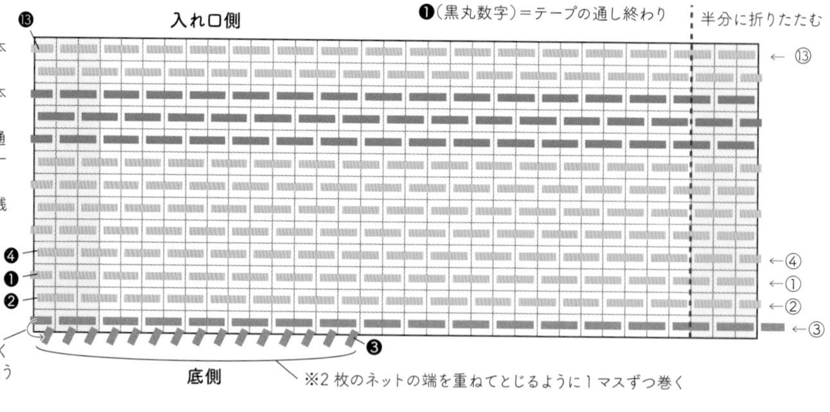

(1)下から3段めに1本めのテープを通す。
(2)下から2段めに2本めを通す。
(3)1段めに3本めを通す。通し終わりのテープは残す。
(4)配色を変えながら残りのテープも通す。

入れ口側　半分に折りたたむ　⓭　←⑬　❹　❶　❷　←④　←①　←②　←③　❸

通し終わりを残しておく
最後に巻きかがりに使う

底側　※2枚のネットの端を重ねてとじるように1マスずつ巻く

EXTRA　ショルダーバッグ

Photo P.101

a: ブルーシルバー　b: 段染めベージュ　c: 段染めパステル

材料

【テープ】チューブベリー(a：ブルーシルバー、b:段染めベージュ、c:段染めパステル)10.35m、ロマーレ(a:こげ茶／水色、b:抹茶／薄茶、c:紫／薄もも)3.46m
【その他】あみあみファインネット(30×48マス a:銀、bc:金)、留め具だ円おこし、角カン(10×15㎜) 2個、チェーンショルダー120m　※金具類の品番等詳細はP.99を参照

用具

ハサミ、メジャー、両面テープ、仮止めクリップ、ダブルクリップ、ラジオペンチ

出来上がり寸法

18×11×4㎝

作り方

1　ネットとテープを必要な分用意する。
2　底にテープを5段通す。
3　バッグの形に組み立てる。
4　本体側の留め具を取り付ける。
5　本体側面に横テープを14段通す。最上段は角カンも一緒に通す。
6　テープの配色を変えながら、ふたテープを15段通す。
7　ふたの金具を取り付け、チェーンショルダーをつなぐ。

<ネットカット図>

※単位：マス
★=1 マス
重ねて仮止め
切り抜く

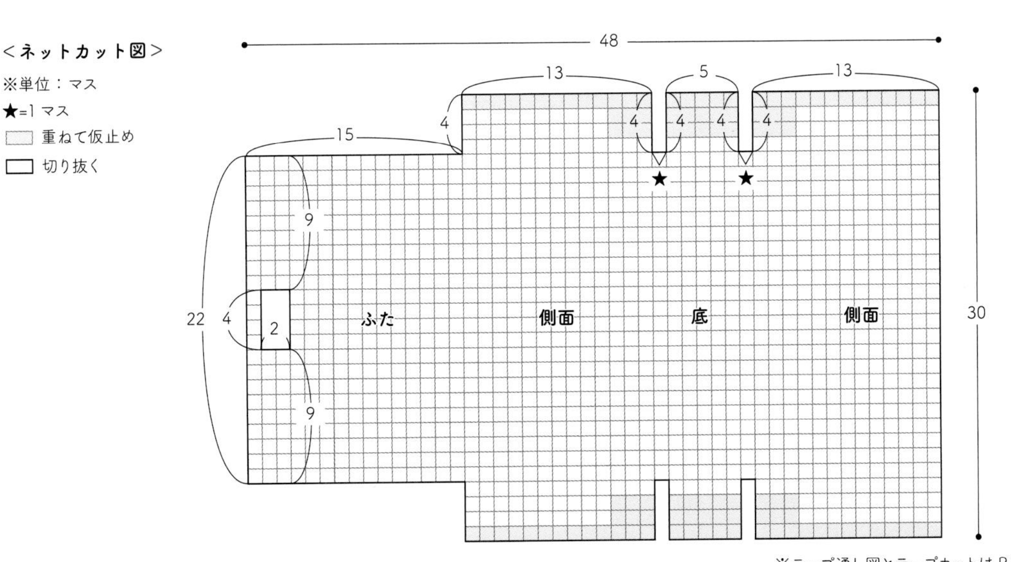

※テープ通し図とテープカットは P.106 参照

<組み立て方>

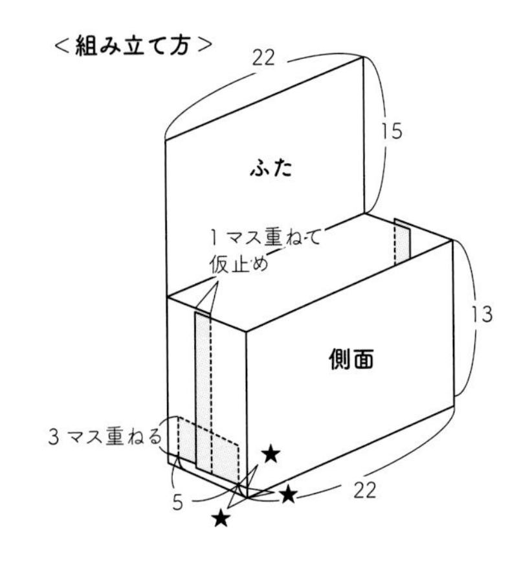

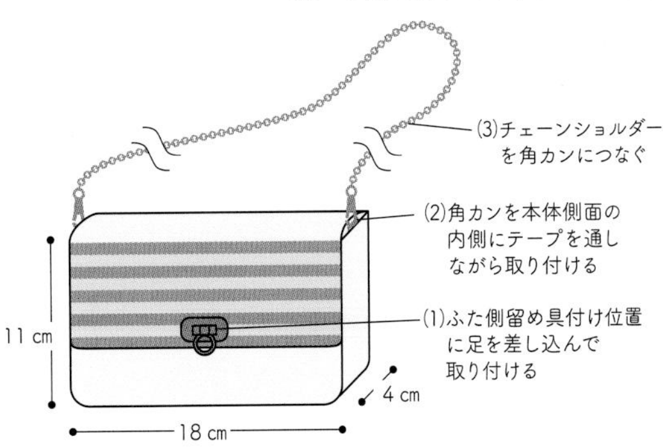

P.105 続き
<テープ通し図>

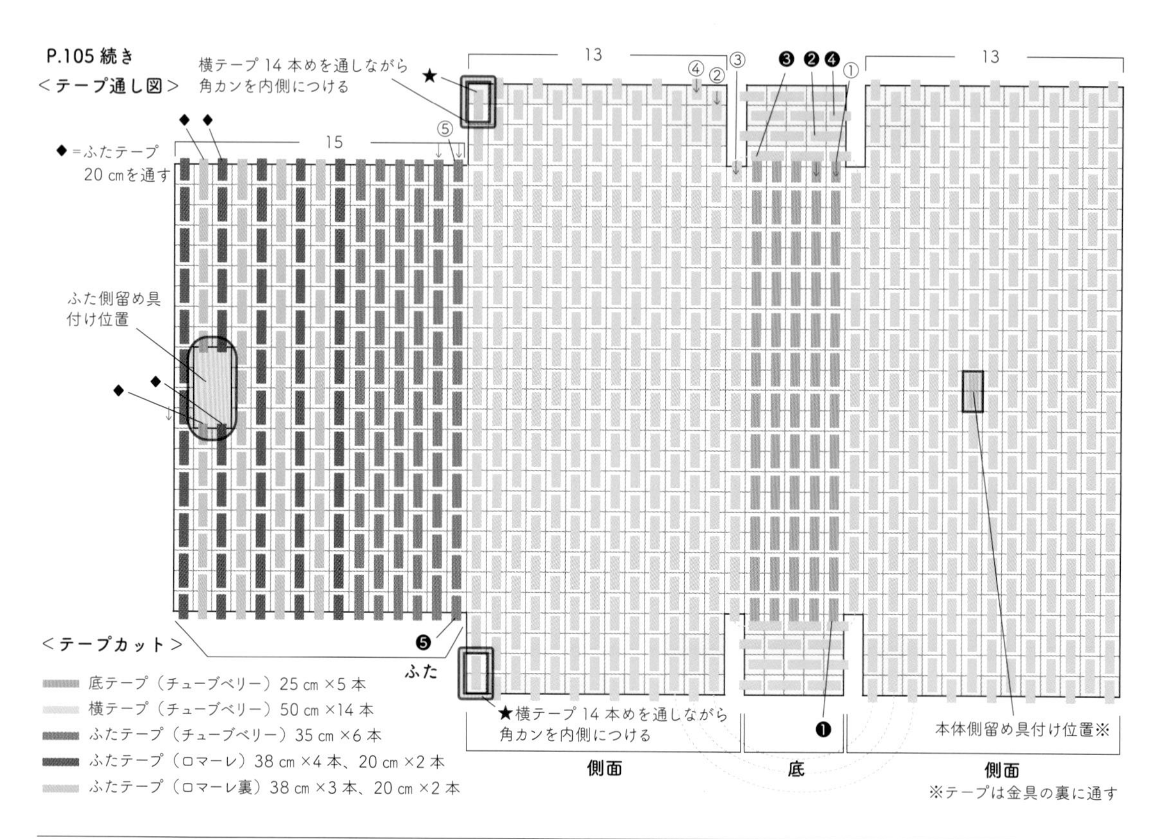

- 底テープ（チューブベリー）25 cm ×5 本
- 横テープ（チューブベリー）50 cm ×14 本
- ふたテープ（チューブベリー）35 cm ×6 本
- ふたテープ（ロマーレ）38 cm ×4 本、20 cm ×2 本
- ふたテープ（ロマーレ裏）38 cm ×3 本、20 cm ×2 本

P.107 続き
<テープ通し図>

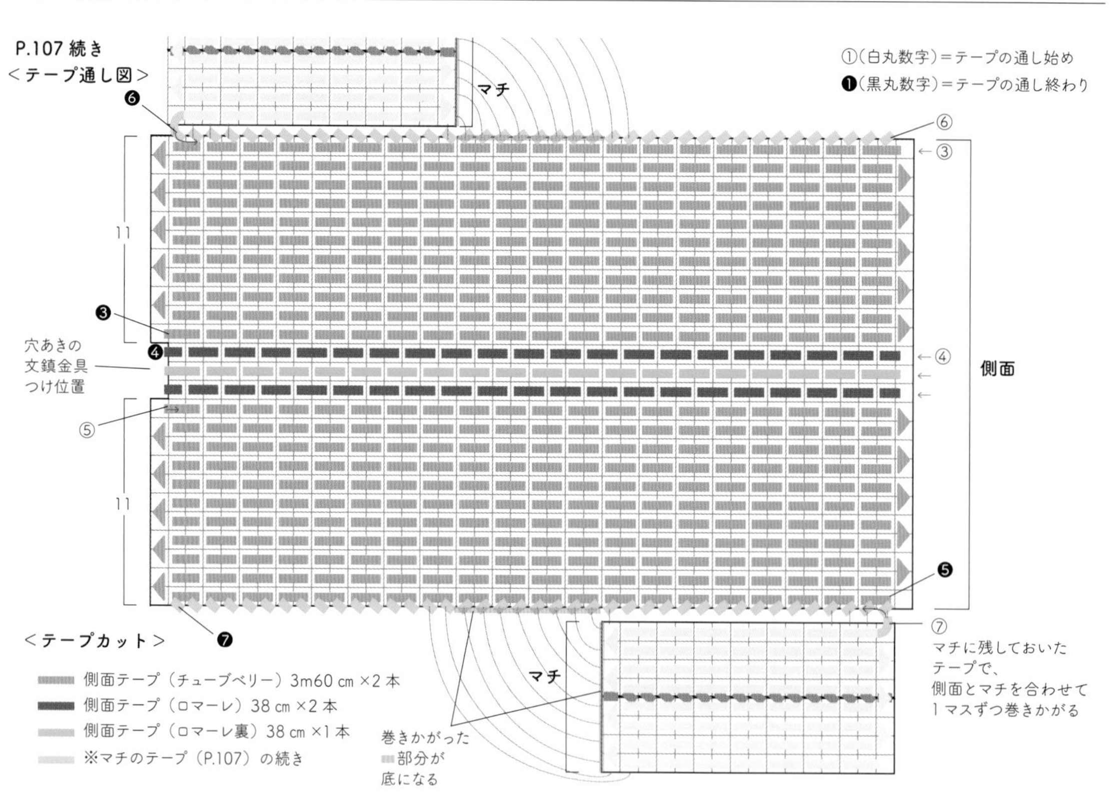

- 側面テープ（チューブベリー）3m60 cm ×2 本
- 側面テープ（ロマーレ）38 cm ×2 本
- 側面テープ（ロマーレ裏）38 cm ×1 本
- ※マチのテープ（P.107）の続き

EXTRA　クラッチバッグ

Photo P.101

a: ブルーシルバー　b: 段染めベージュ　c:　段染めパステル

材料

【テープ】チューブベリー(a：ブルーシルバー、b:段染めベージュ、c:段染めパステル)11.2m、ロマーレ(a:こげ茶／水色、b:抹茶／薄茶、c:紫／薄もも)1.14m

【その他】あみあみファインネット(30×50マス　a:シルバー、bc:ゴールド)、文鎮口金 19cm　※金具類の品番等詳細はP.99を参照

用具

ハサミ、メジャー、両面テープ、仮止めクリップ、ダブルクリップ、プラスドライバー

出来上がり寸法

19×13.5×6.5cm

作り方

1　ネットとテープを必要な分用意する。
2　マチ2枚を巻きかがり、テープを8列通す。同じものをもう1枚作る。
3　側面に配色を変えながらテープを25列通す。
4　側面を表側を内にして2つ折りにし、両脇にマチを合わせて巻きかがる。
5　バッグ口にプラスドライバーで文鎮金具を取り付ける。

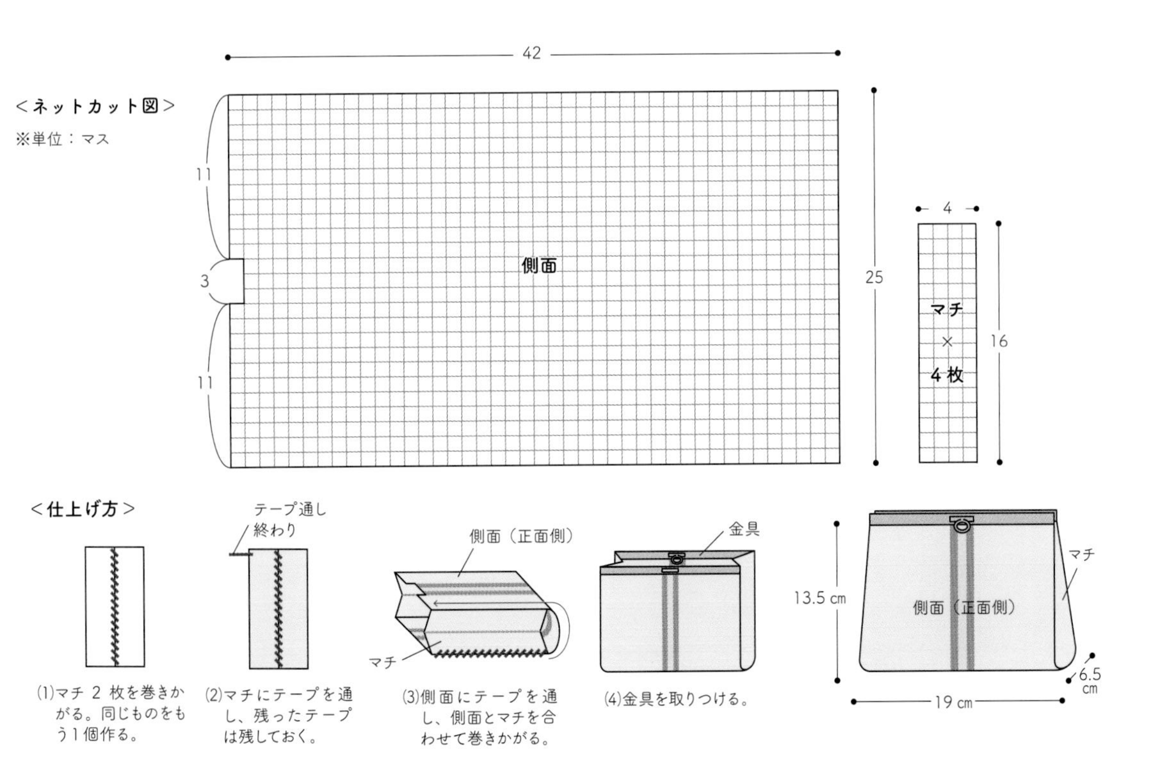

(1)マチ 2 枚を巻きかがる。同じものをもう1個作る。

(2)マチにテープを通し、残ったテープは残しておく。

(3)側面にテープを通し、側面とマチを合わせて巻きかがる。

(4)金具を取りつける。

<テープカット>

マチ 2 枚巻きかがり用（チューブベリー）35cm×2 本

マチテープ（チューブベリー）1m65 cm ×2 本

マチの巻きかがり

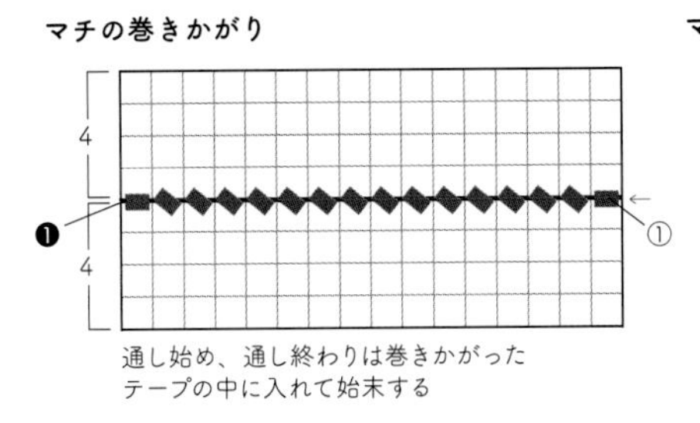

通し始め、通し終わりは巻きかがったテープの中に入れて始末する

マチ

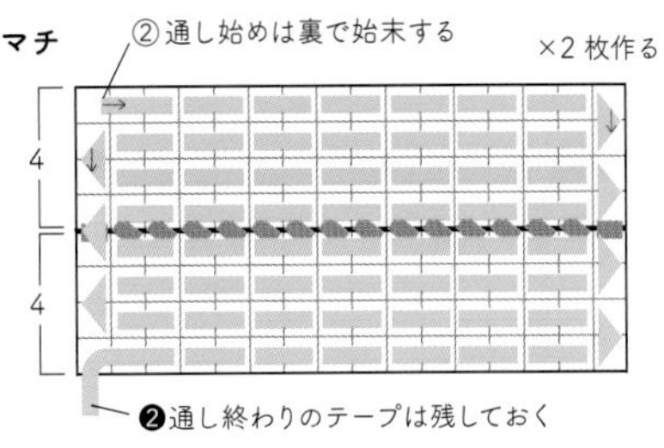

❷通し終わりのテープは残しておく

EXTRA　ブラックショルダー2種

Photo P.102

a: ブラック　b: ラメブラック

材料

【テープ】a：エレザ(ブラック)、b：チューブベリー(ラメブラック)各32.93m

【その他】あみあみファインネット(45×61マス ブラック)、錠前金具、角カン(10×15㎜)2個、チェーンショルダー 120cm

※金具類の品番等詳細はP.99を参照

用具

ハサミ、メジャー、両面テープ、ボンド、仮止めクリップ、ダブルクリップ、ラジオペンチ、プラスドライバー

出来上がり寸法

23×13×6cm

作り方

1 ネットとテープを必要な分用意する。
2 本体(マチ以外)に縦テープを通す。
3 底にテープを通す。
4 バッグの形に組み立てる。
5 マチの縦テープを通す。
6 側面の横テープを通す。最上段は角カンも一緒に通す。
7 ふたの横テープを通す。
8 バッグ口とふたの先端を巻きかがる。
9 本体とふたに金具を取り付け、チェーンショルダーをつなぐ。

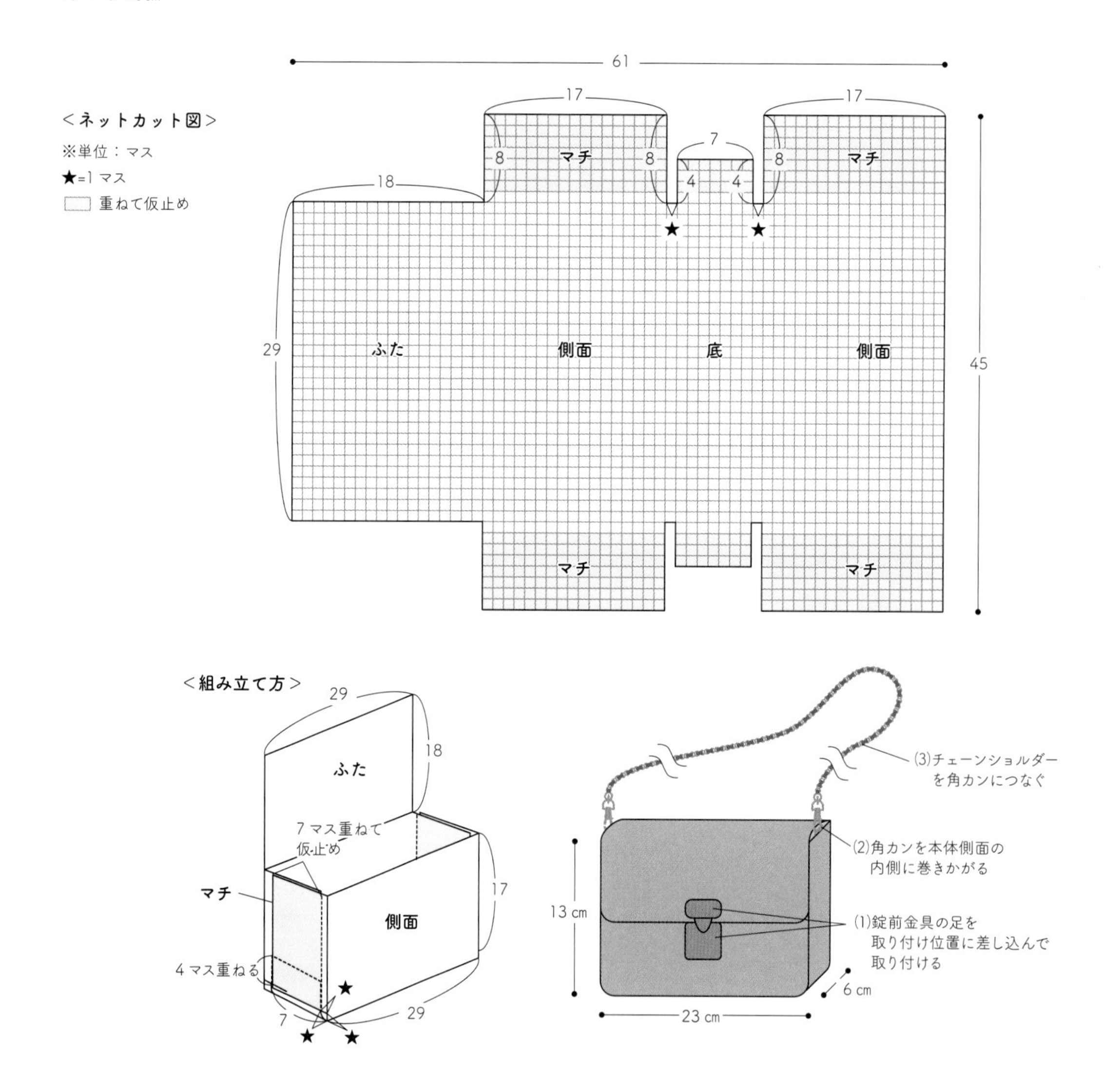

<テープ通し図>

◉テープカット

- 縦テープ 62 cm ×15 本
- 底テープ 33 cm ×3 本
- マチ縦テープ 70 cm ×4 本
- 側面横テープ 68 cm ×18 本、ふたテープ 36 cm ×18 本
- 巻きかがりテープ 48 cm ×1 本、65 cm ×1 本

①(白丸数字)=テープの通し始め
❶(黒丸数字)=テープの通し終わり

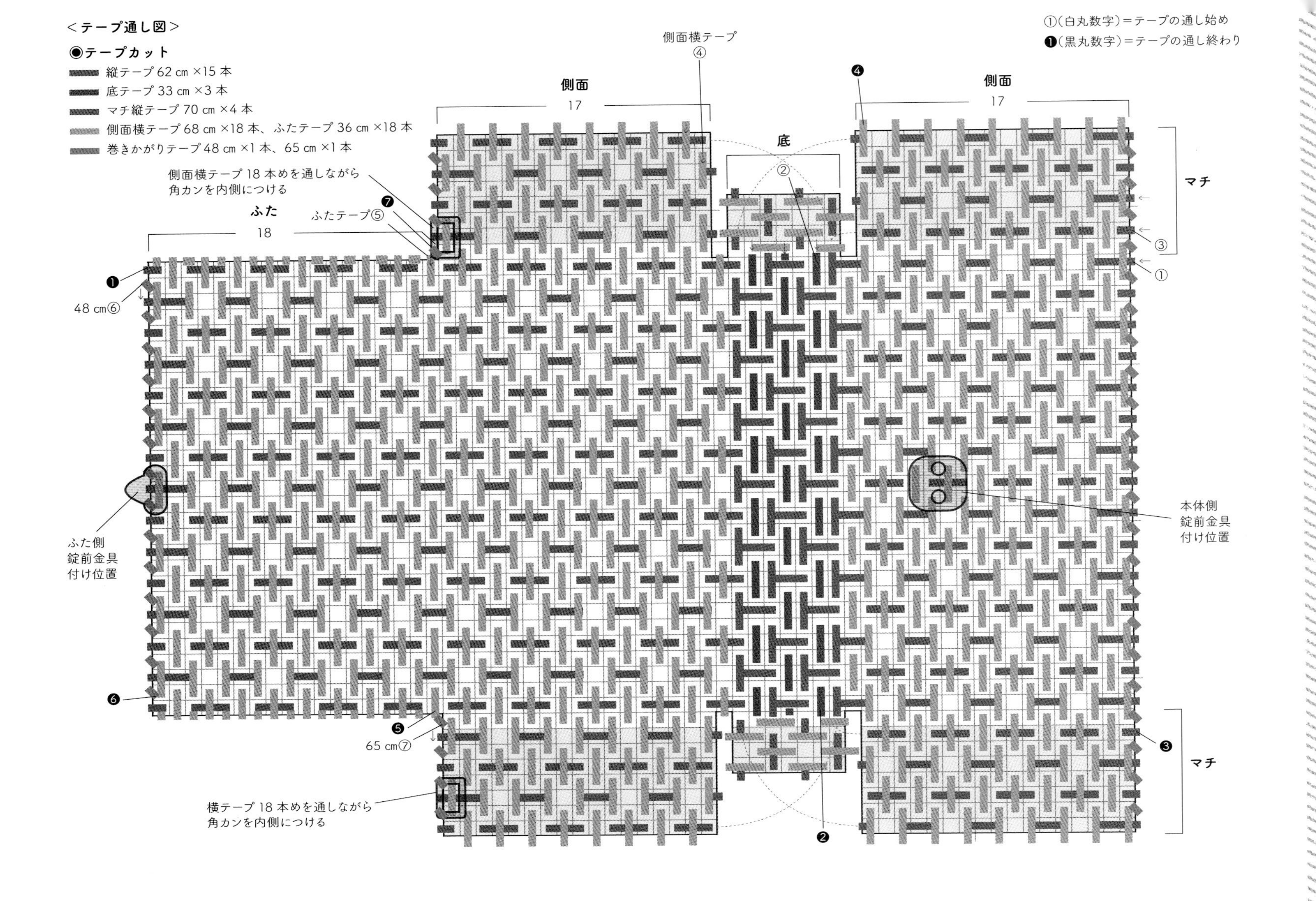

EXTRA　エレガントトート

Photo P.103

a：ホワイト、b：シルバー

材料

【テープ】a:A) エレザ(ホワイト)28.82m、B) ロマーレ(ピンクゴールド) 3.42m　b：A) チューブベリー(ラメシルバー)29.68m 、B) ロマーレ(シルバー)3.42m
【その他】あみあみファインネット1/2枚(a:白、b：銀)、だ円モチーフ1枚(ab：白〈H202-551-1〉)、エンボスホック式ハンドル(40cm)
※金具類の品番等詳細はP.99を参照

用具

ハサミ、メジャー、両面テープ、仮止めクリップ、ダブルクリップ、平ペンチ

出来上がり寸法

30×23×10cm

作り方

1　ネットとテープを用意する。
2　底にテープを通す。外側から円形に5段、内側3段は横に通す。
3　側面下から2段と、上から9段に配色を変えながら横テープを通す。
4　下から3段(♠)、上から10段(♤)の間の段に縦テープを通す。折り返しはネット裏に三角が出るように通す。
5　下から3段め(♠)、上から10段め(♤)に裏の折り返しの三角を隠すように横テープを通す。
6　バッグ口を1周巻きかがる。
7　底と側面を突き合わせて1周巻きかがる。
8　持ち手をネットの穴に通して取り付ける。

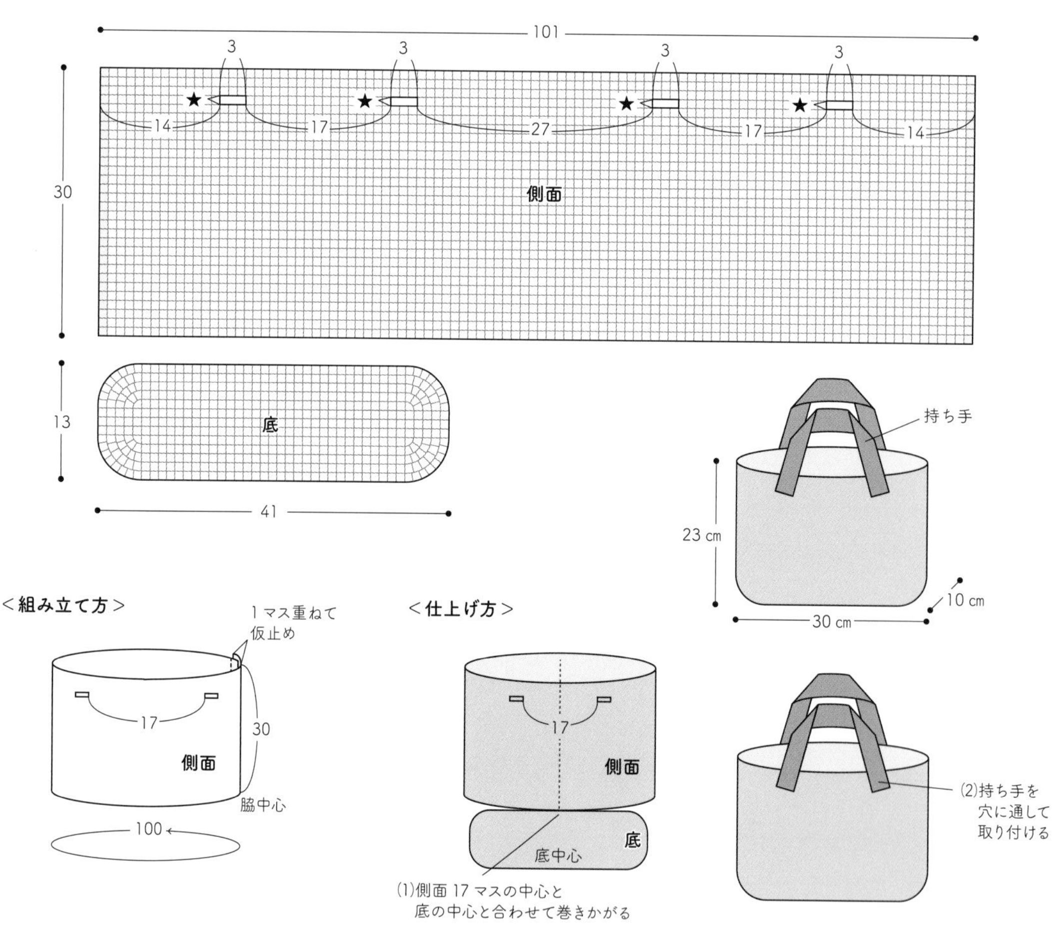

<テープ通し図>

①（白丸数字）＝テープの通し始め
❶（黒丸数字）＝テープの通し終わり

◉テープカット

- 底テープＢ色 32 cm ×3 本
- 底テープＡ色 80 cm、77c cm、72 cm、67 cm、62 cm × 各 1 本
- 側面テープＡ色 82 cm ×7 本、側面テープ持ち手部分テープＡ色 24 cm ×2 本、32 cm ×2 本
- 側面テープＡ色 82 cm ×2 本
- 側面テープＢ色 82 cm ×3 本
- 側面縦テープＡ色 2m10 cm ×7 本
- 巻きかがりテープＡ色 130 cm ×1 本、160 cm ×1 本

※♠♤段は本体縦テープを通した後に、縦テープの折り返した三角を隠すように横テープを上から通す

◆＝この列はネットの穴から通し始める

♣＝この列は必ずネットの重なり端を押さえるようにしてテープを通す（ネットの重なりマスの右隣のマスから出して「表 1」通し始める）

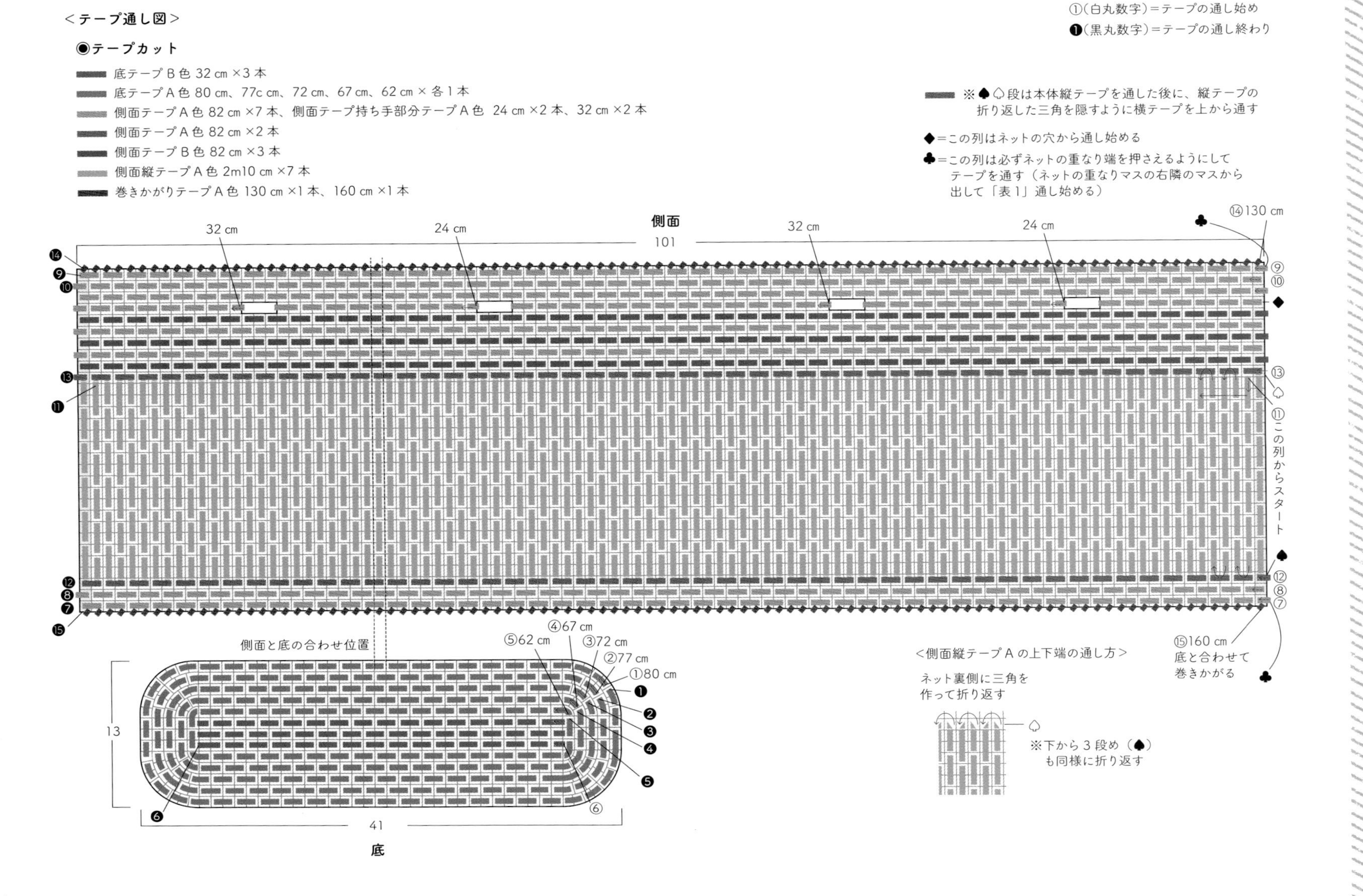

山本加那子　やまもとかなこ

一般社団法人手編みワイヤーバッグ協会代表理事。1979年生まれ。奈良県出身。大阪教育大学附属平野中高卒業。大阪教育大学教育学部、京都造形芸術大学通信教育部建築デザイン学科卒業。二級建築士。インテリアコーディネーター。第一子妊娠中にワイヤーバッグの制作を始め、2013年より自宅やカルチャー教室で講習会を開始。華やかながらもシンプルで使いやすく、機能性を重視した無駄のないデザインが人気。分かりやすさにこだわったキットレシピも定評がある。2015年協会設立、現在に至る。
https://abeblo.jp/wirebag/

ネットとテープで作る
バッグと雑貨の基礎BOOK

2021年5月10日 初版第1刷発行

著者　山本加那子
発行者　廣瀬和二
発行所　株式会社日東書院本社
〒160-0022 東京都新宿区新宿2丁目15番14号 辰巳ビル
TEL 03-5360-7522（代表）　FAX 03-5360-8951（販売部）
振替 00180-0-705733　URL http://www.TG-NET.co.jp

印刷　三共グラフィック株式会社
製本　株式会社セイコーバインダリー

ISBN 978-4-528-02353-6

この本で使用している材料・用具はすべて以下で購入できます。
● WEB通販
手編みワイヤーバッグ協会
https://www.handmadewirebag.com
●実店舗
世界の毛糸・手芸材料　ユニオンウール株式会社
神戸市中央区北長狭通1丁目30-16号（三宮センイ商店街）
TEL 078-331-8854

STAFF

ブックデザイン　守真樹（株式会社レシピア）
カバー・口絵撮影　福本旭
プロセス撮影　たやまりこ
スタイリング　笨田ゆかり（オフィスミュウ）
イラスト　keico.
進行　鏑木香緒里
編集　宮崎珠美（Office Foret）
山口裕子（株式会社レシピア）

素材提供

ハマナカ株式会社
〒616-8585
京都市右京区花園薮ノ下町2番地の3
FAX 075-463-5159

撮影協力

Studio Tenjin Base
〒530-0046
大阪府大阪市北区菅原町1-23 西垣ビル1F
TEL 06-6886-5100

制作協力

山内芳子
小畑典世
一ノ瀬貴子
竹之内章子
井上千晶
黒木奈津

【読者の皆様へ】

本書の内容に関するお問い合わせは、
お手紙または
FAX（03-5360-8047）
メール（info@TG-NET.co.jp）
にて承ります。
恐縮ですが、電話でのお問い合わせはご遠慮ください。
『ネットとテープで作るバッグと雑貨の基礎BOOK』編集部

＊本書に掲載している作品の複製・販売はご遠慮ください。